杜甫

诗中的病

孙小潭
孙锡刚
——
著

山东城市出版传媒集团·济南出版社

图书在版编目（CIP）数据

杜甫：诗中的病 / 孙小潭，孙锡刚著 . — 济南：济南出版社，2023.9

ISBN 978-7-5488-5920-8

Ⅰ . ①杜… Ⅱ . ①孙… ②孙… Ⅲ . ①杜甫（712-770）—人物研究 Ⅳ . ① K825.6

中国国家版本馆 CIP 数据核字（2023）第 182284 号

杜甫：诗中的病 DU FU SHIZHONG DE BING

孙小潭　孙锡刚 / 著

出 版 人	田俊林
责任编辑	姜如孟　李　哲
封面设计	胡大伟
封面题图	傅　晨
封面题字	尚致丞

出版发行	济南出版社
地　　址	济南市市中区二环南路 1 号（250002）
总 编 室	（0531）86131715
印　　刷	山东新华印务有限公司
版　　次	2023 年 9 月第 1 版
印　　次	2023 年 9 月第 1 次印刷
成品尺寸	170mm×230mm　16 开
印　　张	24.5
字　　数	329 千
定　　价	89.00 元

（如有印装质量问题，请与出版社出版部联系调换，联系电话：0531-86131716）

序

洪业先生在其《杜甫：中国最伟大的诗人》中说："在成千上万的中国诗人当中，杜甫也是独一无二的，他是唯一一位随着时间流逝而声名与日俱增的诗人。"的确如此，杜甫在中国历史上是一个特殊的存在，研究历史的、文学的、思想的、地理的、经济的等都在研究他，他简直就是一座文化宝库。我个人学杜的体会是：刚刚接触杜甫的时候，知道他是唐代的诗人；了解渐深，更觉得他还是一位儒者；搞了一定的研究之后，方才明了他是一位世界文化名人，是中国古典诗歌的集大成者，是"诗圣"，又是"情圣"。读了孙小潭、孙锡刚合著的《杜甫：诗中的病》以后，又知道他是一位病者乃至一定意义上的医者。

当年冯沅君先生曾谆谆教诲我的导师张忠纲教授说，做学问"功夫要死，心眼要活"。所谓"功夫要死"，就是要肯下苦功，博览穷搜，精严审慎，来不得半点马虎，对知识的掌握要做到博、深、透、熟；所谓"心眼要活"，就是要肯动脑筋，善于思考，有所创建，不能因袭成说，对知识的运用要做到活、新、真、准。这八字箴言是前辈学者做学问的座右铭，也是我做学问、培养研究生的法宝。《杜甫：诗中的病》是在小潭硕士学位论文《杜甫的以"病"入诗》基础上充实完成的，不论是篇幅上还是深度上，都有质的飞跃。从其引用的材料看，不管是杜甫的生活及其诗歌，还是相关的药物药理、病名病理等，都富瞻而准确，是下了一番死功夫的。如何驾驭、爬梳这些汗牛充栋的材料，怎样用他山之石攻我之玉，则非"心眼活"不可，此书文学与医学的巧妙结合正是"心眼活"的结晶。

在杜甫一千四百五十余首诗作中，提到"吾病""身病""卧病""老病""衰病""多病""病肺""病脚""病渴"等凡带"病"字者，计一百三十多处（据《杜诗引得》），这在整个中国诗歌史上都是罕见的。与白居易以"儒道禅治疗法"和"自我疗愈"来疗救自己的"头风""肺病""风痹"有差异，与李贺的"诗乃万灵药"也有不同，遍观杜甫的"病诗"，杜甫采用的主要是"病理医疗"法，而且有着较为完整的"疾病叙事"模式，即一种疾病式的自我见证模式，内涵丰富。与之相对应，《杜甫：诗中的病》有相对独到的研究模式，基本上是以时间为序，以杜甫所患的疾病种类为主体，剖析其病因、病程以及对其生活、诗歌创作乃至诗歌风格的巨大影响。单从"杜甫有病"的视角看，杜甫大致经历了早年微恙、中年初病、数疾并发、晚年病笃四个阶段，这些病类都是从杜甫的诗文中拈出，又以其诗文及有关史料佐证，此所谓"诗病互证"。进一步说，就是人文与医学的融会，需要跨度思维，否则写不好。本书是文、医跨度思维的成功尝试，无疑是杜甫研究的新开拓。

从宏观上说，"有病"所呈现的是医学向人文的跨越，"病诗"是人文向医学的跨越，合而言之，纵观杜甫的人生历程，他首先是一位诗人、儒者，然后才是一名病者乃至一定意义上的医者。这种以诗人、儒者为生命起点的养成模式，是中国古代传统社会多数士人共同经历的，唐代尤其如此。

而从一名病者乃至医者的角度来写作诗文，在唐代恐怕只有杜甫、白居易能做到（李贺有些勉强）。此书就是本着这样的构想，以杜甫的疾病为研究对象，即从杜诗出发，借中医原理的帮助，挖掘杜甫的病身，探寻杜甫疾病的文化、思想根源，取得可喜成果。

具体说来，此书以杜甫书写病痛的诗文为基础，广征博引各类医书，特别是中医典籍，加以条分缕析，大致顺着两个思路拓展：一是由病名、病因、病征、病痛等构成的相当完整的疾病叙事模式；二是疾病的隐喻。传统意义上的隐喻，是建立在类比基础上的，构成于运用一个意象来再现某个意念或者某种情感。杜甫的疾病书写也有其隐喻的成分，不仅仅为写病而写病，二者构成了杜甫历时与共时交织的疾病世界。

第一个思路赖以立足的关键是"病人的成立"，即杜甫确是一个病人。可以说，伴随杜甫生命二分之一多的各种疾病，诸如肺萎、疟疾、消渴、风疾、湿痹、耳聋、眼疾、偏枯等，带给了杜甫无限的痛苦和折磨；同时在杜甫对个体生命及帝国兴衰的见证中，发挥了非常关键的效用。对此，本书的作者有着清醒的认识和细致的分析。阅读进而研究杜甫，我们会发现杜甫本人从来不讳言自己患得某病某症，而是往往以第一人称陈述之，并且交代由疾病所带来的饥、渴、衰、老等结果，本书对此诸多现象的剖析用功甚勤。同时，杜甫作为一个儒者，又将自己"不敢忘祖，不敢违仁"的思想同他身患的各种病症联系起来，注入"有病"的内涵，各种病症的演化一定程度上具有了儒化、仁化的趋势，然而毕竟不同于白居易的以儒教精神的自我疗救，关于这一点，从此书的字里行间也能看得出来。

当然，此书突出的贡献是对杜甫病因的精妙分析，这类分析俯拾可得。像肺疾、疟疾、消渴、坐痹、偏枯、耳聋、失眠、眩晕、关禹冷这些疾病，杜甫的诗中都有提及，是秃头上的虱子。但作者通过翔实的历史和医学知识与杜甫诗中的描述相印证，考证杜甫童年所患的"时疫"是肺痨；考证杜甫的肺疾是从慢性支气管炎，逐步发展成肺气肿、肺源性心脏病，最终导致杜甫死于心力衰竭；考证杜甫的"坐痹"是类风湿，而不是痛风、风湿性关节炎或老年退行性骨质病变；考证杜甫的糖尿病并发了脑梗，并出现耳聋、视网膜病变、偏瘫、语言障碍等后遗症；考证杜甫神经官能症、抑郁症、癔症、选择性遗忘等一系列精神疾病与身体疾病的相互侵害……作者的学术方法是独辟蹊径的，所呈现的成果也是无可替代的，可以说填补了杜甫诗歌研究史上的一项空白。

尤其是作者通过对杜甫疾病所呈现症状的整体辨证，考证出杜甫患有甲状旁腺功能亢进症，令人十分信服，再读杜甫的"病诗"，对他诗中所描述的症状就有进一步的理解。

甲状旁腺功能亢进症十分隐形，体检时会发现血钙、血磷或甲状旁腺素异常，但身体没有明显症状。但是随着病情进展，病人会出现记忆力减退、抑郁、嗜睡等症状，身体也容易疲倦，有时候四肢无力、食欲减退、消化不良，出现便秘、恶心、呕吐等，严重的还能诱发急性胰腺炎；在骨骼系统则表现为骨骼疼痛，主要位于腰背部、肋骨和四肢，后期会出现骨骼畸形、行走困难，甚至起不来床……作者提到这种病主要是由肝气郁结、肝郁脾虚、气滞化火、痰湿互结引起的。杜甫的"郁结回我首""记一不识十""呕泄卧数日""似欲忘饥渴""头白昏昏只醉眠""我衰更懒拙""年侵腰脚衰""临餐吐更食""吐药揽衣巾""骨出热中肠"……这些诗句中提到的各种症状，原来都与他的甲状腺功能异常有关，而不单单是肠胃、湿痹症的问题。再读到"疏布缠枯骨，奔走苦不暖"（《逃难》）时，你就明白这时的杜甫不仅仅是骨瘦如柴，而且因为骨钙的大量流失，他的骨头都枯萎了，身体也变矮小了，有一种灯枯油尽的感觉。作者在书中也引用医学研究和临床经验来证实自己的这种推断："自身免疫性肝病及病毒性肝病可合并或导致甲状腺疾病发生。""有医生在临床上发现，有些患者在胆囊切除手术后不久，生出甲状腺癌的；有些在甲状腺手术后不久发生胆囊肿瘤的。这其实为中医辨证甲状腺疾病提供了科学依据……"

又如对杜甫死因的探讨，有理有据。此书根据《风疾舟中，伏枕书怀三十六韵，奉呈湖南亲友》《江阁卧病，走笔寄呈崔卢两侍御》等诗，首先确定杜甫是病死而不是他因这个大前提，而且从"郁郁冬炎瘴，濛濛雨滞淫"判断，杜甫病逝在大历五年（770）的冬天，这都是没有问题的。接着，此书通过对"风疾"病因、病状及其恶化脉络的层层缕析，发现"风疾"是由肺心病引发的头痛眩晕，杜甫这次得的不是一般的"风疾"，而是致命的："心脏供血不足会导致出汗胸闷，这种出汗是大汗淋漓，也就是杜甫诗中所说的'行药病涔涔'。当心力开始衰竭的时候，一般还会伴有烦躁不安、大汗、恐惧或濒死感，最终可能引起杜甫的心肺功能衰竭，而导致死亡。"此书又从反面排除了糖尿病脑梗或者脑栓塞死亡的可能性："因为脑梗死亡，一旦发作就是急症，可能就进入昏迷、休克或者猝死，不可能大汗淋漓地强撑着作诗。"这个结论是较为可靠的，进一步证明文学向医学的跨界是多么重要！

第二个思路即是疾病的隐喻。此书在整个写作过程中，始终遵循着一个原则：杜甫不是为写病而写病，写病是为了与疾病抗争，写病痛时时与家国关联，这就是"隐喻"。其一，杜甫病诗超越了一般生理的治疗书写，即疾病对治方式，并借由疾病消弭了理想与现实的鸿沟。杜甫在书写疾病时，不仅将自己采药、种药、晒药、制药、卖药等情节写入诗中，还写出健康向上的疾病对治方式，把自己的生命牢系在时间这条主线上，将自我身躯与家国形态交织在一起。记得我在给小潭他们开杜甫研究课，讲到"杜诗常用意象分析"时说过，杜甫将自己伤时忧国情怀寄寓于瘦马、病马、病橘、枯棕、枯楠、病柏、病鹘等客观物象中，形成浓厚忧郁色彩的意象群，他在这些被损害、被遗弃的生物身上，寄托了多种深沉而忧郁的情思。

此书从医学和心理学的角度把这些意象概括为"病物"这一"隐喻"，把杜甫的痛苦命运与国家灾难联系在一起，这同杜甫将疾病与漂泊同体看待的一贯思维是一致的，也就是把个人的内心世界投射于病物之中。

其二，杜甫的病诗是道德生命涵化下的疾病书写。此书认识到，这类"隐喻"既有生理层面的基本要求，也有超越生理渴望的精神飞跃。如："圣朝无弃物，老病已成翁"（《客亭》），"官应老病休"（《旅夜书怀》），"老病巫山里，稽留楚客中"（《老病》），"吾人淹老病，旅食岂才名"（《入宅三首（大历二年春，甫自西阁迁赤甲）》），"老病南征日，君恩北望心"（《南征》），"长怀抱明主，卧病复高秋"（《摇落》），"不堪只老病，何得尚浮名"（《水槛遣心二首·其二》）。这便是"让病的主题跃然于诗里行间。这种将病融入诗，又不掩盖其他主题（主要有衰老、漂泊、战争等）的技巧，回避了诗的沉重，仅仅给诗披上一层悲剧的面纱而已"（法国汉学家胡若诗《唐诗与病》语）。的确，这类诗还可以信手拈来，如《夜》诗以"南菊再逢人卧病"写疾病，又以"北书不至雁无情"写漂泊；《返照》诗以"衰年肺病唯高枕"写疾病，又以"绝塞愁时早闭门"写漂泊。此书写到这一"隐喻"，意在揭橥这样的意涵：杜甫的病诗包含了他真实的生命，也内在着他的道德生命：杜甫自称为"醇儒"，这是一个答案。

总而言之，此书以杜甫的生平行迹为主线，把对他的各种病症的剖析有条不紊地点缀进去，编织成一张有血有肉、生动可感的立体"病网"或"病历"，其学术意义不仅仅是完成了解读杜甫诗与把脉杜甫病的有效融合，也实现了古典诗学向医学的跨界，更是对杜甫及其诗歌研究的突破。要知道，杜诗学历来都是显学，即便能取得些许突破，也算是"翻出如来掌心之齐天大圣"了。

带着医学的知识读杜甫，你可能会读出另一番滋味。比如，767年杜甫在夔州时作《别李义》，"莫怪执杯迟，我衰涕唾烦"，文学史评家大都把"洟唾"解释为鄙薄、轻视的意思。但是该书作者认为，"汗、泪、涎、洟、唾"分别对应指代心、肝、脾、肺、肾之液，涎和唾都是口腔之液，"涎"指的是较为清亮的部分，而"唾"则是指黏稠的部分。杜甫这里用肺、肾功能的外在表现"洟、唾"，来指代自己津液失调、口咽干燥、内有实热、烦躁不安，是肺肾阴虚造成的。这样解读，前后两句理解起来也就顺畅多了。

此书的创新之处还有不少，兹举两例作为结束语。记得陈尚君先生阅读了《杜甫全集校注》之后所做"展望"的第一条是"杜诗的编年还有许多再斟酌的空间"。

《杜甫：诗中的病》是以杜甫生平行迹为主线的，对杜诗的系年要求很高。杜诗系年的准确与否，对研究杜甫的病历、病史意义重大。比如此书在考察杜甫患上疟疾的时间时，反复推敲《寄彭州高三十五使君适、虢州岑二十七长史参三十韵》和《病后遇王倚饮赠歌》，最后把《病后遇王倚饮赠歌》考订在了757年（此即患上疟疾的时间）。关于此诗编年的考辨，有两个关键词：一个是"三年"，一个是"三秋"。前诗云："陇草萧萧白，洮云片片黄。"可知前诗作于秦州，时间是乾元二年（759）秋。前诗又云："三年犹疟疾，一鬼不销亡。"由759年上推三年，即757年是得疟疾的时间。前诗题下注"时患疟疾"的意思是759年仍在患疟疾，没有治愈。后诗云："疟疠三秋孰可忍，寒热百日相交战。"这是杜诗中最早出现"疟疠"，姑且定为得疟疾的时间。《宋百家注》卷十注："三秋，谓一在鄜，一在华，一在秦地。"此注明显有误。是时杜甫身在长安，足迹未涉华州、秦州。那么该怎样解释"三秋"呢？应该是孟、仲、季三秋，恰与下句"百日"相对。

再比如对《宗武生日》一诗编年的考定。历史上，黄鹤、赵次公、朱鹤龄都把此诗系在762年秋天梓州诗内，学界也大都沿用此说。作者通过对杜甫疾病的考证，认为762年秋天到冬天，杜甫一直在梓州一带漂泊、会友、喝酒，病情没有这么严重，并且其间所作的诗中几乎没有提及疾病。而 767 年秋天，杜甫得过间歇性脑部缺血，也就是轻度脑梗，使他卧床很久，接着又患上偏瘫。这次为儿子过生日，是他大病初愈，但他仍然"坐不成"，需要斜歪着。在夔州时，杜甫的糖尿病加重，"临餐吐更食"（《遣怀》），出现了糖尿病植物神经病变，肺心病也逐步进入失代偿期，进食后容易出现恶心、呕吐等现象，这与诗中描述的"流霞分片片，涓滴就徐倾"状态相同。还有一个证据，杜甫到夔州后意识到他的肺疾是一种传染病，才开始使用"瘵""肺萎"这些特指肺痨的词，并且与家人分居，以免传染。诗中的"凋瘵筵初秋，欹斜坐不成"与这种推测十分相符。作者认为此诗应该是与《又上后园山脚》等诗同时期所作，系在 767 年秋天才是合适的。

此书这类考据是非常有学术价值的，是对陈尚君先生"展望"的小小回应。

老孙家是中医世家，锡刚虽未从医，然则从小饱受岐黄青囊熏陶，于中医造诣不浅；小谭是我的学生，一直有志于文学，在唐诗宋词特别是杜诗中徜徉，探得骊珠。父女二人合撰此书，堪称"合璧工程"。是为序。

赵睿才

壬寅年辜月书于山东大学知新楼

前言

　　疾病对唐代诗人创作的影响是深远的，把握和研究诗中这些关于疾病的苦痛，可以帮助我们更好地读透、解析诗歌背后诗人的所经所历。我把杜甫所遭受的苦痛扩展为"病身""病物""病世""病心"四个维度，从不同角度探究疾病对杜甫躯体、心理和思想的困扰与折磨，探究这些疾病是如何影响到杜甫的艺术创作倾向的，杜甫以"病"入诗的创作又是如何影响到一大批唐代中晚期诗人的，以及杜甫的"病诗"在中国文学史上的影响和意义。这是我在毕业论文《杜甫的以"病"入诗》中试图表达的。

　　唐代医学相对发达，除中央配置了齐全的太医署、医药局外，各州也要设置医学教育机构。《唐会要》载："贞观三年九月十六日，设诸州治医学。"①地方的医者，既要承担传播医学知识的责任，还要担负治疗民间疾病的责任。病多医少的状况是难免的，诗人张籍（约767—约830）说"长安多病无生计，药铺医人乱索钱"，再现了百姓看病难、看病贵和医疗乱收费的现象。

　　杜甫的中医药知识丰富，跟那个时代的医学传播有关系，跟穷人看不

① 王溥著《唐会要》卷二四，中华书局，1955年版。

起病也有关系。在杜甫现存的诗歌中，涉及疾病的诗有二百多首。这些疾病包括传染病肺结核、疟疾；呼吸系统疾病慢性气管炎、肺气肿；消化系统疾病肝硬化、肠胃病；代谢性疾病2型糖尿病；免疫系统疾病类风湿（坐痹）；内分泌系统疾病甲状旁腺功能亢进症；神经系统疾病失眠、偏头痛（头风）；心脑血管系统疾病肺源性心脏病、糖尿病脑梗、偏瘫、眩晕（风疾）、高血压，也包括引发杜甫死亡的心力衰竭；五官科疾病梅尼埃病（玄阴）、耳聋、眼睑带状疱疹（疮痍）、视网膜病变、牙齿脱落等；还有后期出现的神经官能症、孤独症、癔病、焦虑、抑郁等精神方面的疾病。

这些疾病构成了杜甫一生的"病历"，在这份丰富的病历中，杜甫描述了这些疾病的症状、病势、病因、影响以及治疗方法。从医药学和文献学的角度，杜甫留下的这份"病历"，既是他的病史记录，也是唐代医药学的补证史料。

在探究杜甫疾病的过程中，我遵循了三条主线。一是历史的路径，包括唐朝帝国早中期的兴衰史和杜甫的生平。大唐由盛及衰的演变，给杜甫提供了极具戏剧性冲突的舞台背景。在这个背景下，杜甫运用高超的艺术形态，极尽忧国忧民的情愫，成就了他在中国文学史上当之无愧的"诗圣"地位。

杜甫的一生可以分为六个阶段：读书壮游时期（712—745），留存诗歌不到三十首；长安困顿十年（746—755），这一时期存诗百首左右；陷贼为官（756—759），是指安史之乱爆发，到杜甫入蜀前，这一时期留存诗歌二百五十首；流寓两川（759年末—765），这一时期存诗近五百首；寓居夔州（766—768年正月），这一时期留存诗歌四百三十首；漂泊荆湘（768年春—770年冬），这一时期留存诗歌一百五十首。杜甫现存的诗歌共有一千四百五十五首，本书选用他描写疾病的诗歌一百五十二题、一百七十九首，主要参考了《杜甫全集校注》①。"病"诗编年是贯穿本书始终的第二条线。

第三条线，按照杜甫自述的病症归类，剖析他的成病原因、疾病的发展趋势和脉络，以及疾病与情志的相互影响。给杜甫诊断疾病的过程，我们主要应用中医原理。但是为了更好理解，也用了一些西医学的名词。疾病对人体的侵扰，除了病原体的侵袭，还有一个重要方面是情志因素对身体的反噬作用，以及社会压力、工作环境对身体和精神的影响，现在习惯称之为"身心疾病"。这比一般的躯体疾病更加难以把握，但更具有现实的借鉴意义。

一千多年来，研究杜甫的人很多，人们从他的律诗成就、用典、世界观、人格精神，包括博物学等维度，穷尽所有路径，试图揭开隐藏在杜甫诗歌中的"文化密码"和"精神密码"。但是从医学，特别是从中医学角度来揭秘杜甫及其诗歌，很少有人去做，也许这是解开杜甫诗歌中一些难解之谜的另一把钥匙。

中国最早的中药学著作、汉代的《神农本草经》，记载薤有"轻身不饥耐老"之功，性温补。可是到了宋代，药物学家苏颂说薤白性寒，是冷补。后人在争论孰是孰非时，主温补的一派就引用杜甫诗进行辩解。李时珍说："薤味辛气温。诸家言其温补，而苏颂《图经》独谓其冷补。按杜甫薤诗云[45]，亦言其温补，与经文相合。则冷补之说，盖不然也。"李时珍在《本草纲目》中还有八九处引用了杜甫的诗。由此可见，杜甫的中药知识不仅丰富，而且蕴含着明确的医理，对后世中医药学的影响，已经远远超出了我们对他的理解和研究。

研究杜甫关于疾病的遗产，可以更透彻地理解杜甫诗歌所表达的情怀和情绪。761年春天，杜甫在成都草堂的日子相对安逸，但他在《遣兴》诗

① 萧涤非主编，张忠纲终审统稿《杜甫全集校注》，人民文学出版社，2014年版。

中流露出来的悲观、绝望却有点诡异。每当读到这里，一种紧紧的悲哀就会缠绕着你，有些诗句好像是杜甫濒死下的遗言。这种突如其来的莫名的悲苦，让人感到不可理喻。

杜甫有肺痨，肺痨的症状除了消瘦、低烧、咳嗽、盗汗等，还有一个典型特征就是咯血。当你了解了这种病症后，就会知道"拭泪沾襟血"，沾在衣襟上的血丝或血块，是咳出来的。在古人看来这是不治之症，杜甫此时恐惧、担忧是难免的。还有一个重要的原因，杜甫从华州弃官开始，其实就有焦虑和抑郁的倾向。从这两个方面解读，你就会明白杜甫的这种悲观、绝望是什么原因了。

杜甫在晚年提到他的肺病，开始使用"瘵""肺萎"等名称，在古代医籍中这都是结核病的专用词。特别是 766 年他在夔州作《览物》诗说"舟中得病移衾枕"，是什么病让杜甫把衾枕移到别处去？他已经意识到：他的肺疾就是一种传染病，他才和家人隔离居住。

杜甫在《秋清》[126]中说"药饵憎加减"，在《大雨》[71]中也说"沉疴聚药饵"。大多数人把"药饵"解读成中药。但在古代医学中，膏、丹、丸、散、汤剂都属于"药"的范畴，而"饵"则是指食医，包括我们现在理解的食疗，也包括炼丹术。有学者通过诗歌与相关医籍比较，考证出韩愈晚年服食含硫黄类的药物是为了治疗脚气病中的"足弱"症，而并非好色壮阳之需。[①]也有学者撰文指出晋唐时期的"脚气病"可能与服食丹药有关，实质是汞、铅等重金属中毒引发的多发性神经炎，但由于矿物中毒和脚气的症状表现相同，故极易混淆。[②]

梳理杜甫对道家道教的认识，可以看出杜甫对治病的"药"和寄希望不老的"饵"十分钟情，而对需要精神内守的内炼术却不感兴趣。那么，这些丹药对杜甫的身体是不是也造成了不良影响？

①胡阿祥、胡海桐《韩愈"足弱不能步"与"退之服硫黄"考辨》，《中华文史论丛》，2010 年第 2 期。
②廖育群《关于中国古代的脚气病及其历史的研究》，《自然科学史研究》，2000 年第 3 期。

杜甫在给高适和岑参的一首诗（《寄彭州高三十五使君适、虢州岑二十七长史参三十韵》[46]）中说："三年犹疟疾，一鬼不销亡。"这首诗系在759年没有任何分歧，从这句诗倒推的话，杜甫患上疟疾的时间应该在757年。杜甫在《病后遇王倚饮赠歌》[15]诗中说自己患上疟疾，按照病期的推算，这首诗应该系在757年才对，但《杜甫全集校注》把这首诗系在751年。我把这一困惑讲给我的导师、杜甫研究专家赵睿才教授，他认为这一发现"十分有趣和非常有价值"。

山东大学儒学高等研究院研究杜甫一向对年谱、编年诗特别重视，因为理顺、考据杜甫诗歌的编年，能更好地从诗中找到历史要素，同时也能发现杜甫的艺术风格变迁的轨迹，对杜甫诗歌创作的历史背景的"原生态"也会有更准确的把握。杜甫的诗歌都是在特定环境下有感而发，这能帮助我们在理解杜甫诗歌内涵的同时，更好地与诗人产生共鸣。

杜甫关于自身精神、情绪方面的记载和描述，也为我们研究古代精神疾病对人的身心健康的影响提供了可靠和翔实的依据。杜甫从华州弃官，大多数人认为是饥荒的原因，洪业先生则分析说："是不断积累的对这种无用工作的反感最终使得杜甫抛弃了他的官职。"[①]

压抑心理是一种较为普遍的病态社会心理现象，存在于各个年龄段的人群中，与个体的挫折、失意有关联，进而使人产生自卑、沮丧、自我封闭、焦虑、孤僻等病态的心理和行为。

由于把消极、负面的情绪压抑在内心深处，杜甫的焦虑感会不由自主地增强，自我感觉也越来越不好；这些焦虑又通常会通过身体某些方面的不适表现出来，比如说头痛、肠胃不舒服、神疲乏力等。杜甫在华州加班时"束带发狂欲大叫"，这是典型的精神压抑的表现。很多时候杜甫会用

---

① 洪业著，曾祥波译《杜甫：中国最伟大的诗人》，上海古籍出版社，2020年版。

酗酒、嗜睡来逃避、摆脱这种焦虑和压抑。

杜甫由于过度的压抑和身体的疾病，几乎出现了精神崩溃。他开始有挫败感；他失去对包括工作在内的一些事情的兴趣，变得敏感多疑；他没了安全感，开始有意逃避这个环境。这是杜甫下定决心离开官场的主要原因。

杜甫在夔州时，出现了幻觉、妄想和认知障碍，他会凭空产生一些不切实际甚至荒诞无稽的想法。还有一点，他的疑心开始加重，有时候会显得烦躁不安、坐卧不宁，甚至惶惶不可终日。杜甫的晚年很少与人交往，这与他的心理障碍有着密切的关系。

人的一辈子，无论是达官显贵，还是普通百姓，最希望的无非就是人际关系和谐融洽、内心获得满足、与这个世界不脱轨。《百年孤独》的作者马尔克斯说过，孤独是一种爱的能力的缺失。这里的爱包括关心、理解、尊重和责任感，这种爱能让人去克服寂寞感和孤独感。怎样理解杜甫的孤独？没有一定的人生阅历，或者说没有经历一定挫败和苦难的人，离读懂杜甫的心就很远。少年时，我们只知道杜甫是忧国忧民、落魄的诗圣；随着年龄见长，我们就会开始理解杜甫内心的苦闷，开始明白他身处孤舟又困守孤城的孤独；而到了老年，你会发现，读杜甫，其实读的就是我们自己。

这一次我们没有把杜甫当作诗坛上的圣人来看待，而是把他当成我们身边的一位亲人、一个平常人来看待，听他诉说身体的不适，也听他诉说失意、郁闷和愤怒。从这个意义上来说，这是离杜甫的心灵和身体最亲近的一次探访。

哈佛大学教授宇文所安，是美国唐诗研究领域的专家，他认为"杜甫这样的诗人并不只代表过去，他也帮助我们理解当前的时代。他诗中的很多东西和今天的很接近"①。

---

① 崔莹编著《访书记》，四川人民出版社，2022 年版。

古人的诗文很含蓄，表达却意味深长，在简短的诗句里蕴含了无限的想象空间和音乐的韵律感。我们希望孩子要多学习一些传统文化经典，但我在翻阅厚重的杜甫全集时想，也许改变一种叙事，比如通过讲述他的疾病来解读他的诗歌，人们是不是会更有接近他的欲望呢？我本以杜甫诗歌中的疾病研究为初衷，文风上稍微改变了一下，希望读者能像读小说那样跌宕起伏，而没有读学术著作的压力。没承想，最终却整成了"四不相"：非传记、非历史、非医学、非学术。

这部书是我和父亲孙锡刚共同完成的，他调侃自己是"记者里最懂中医的，中医里写新闻稿最好的"。感谢山东大学儒学高等研究院教授、博士生导师赵睿才先生，对本书的审订倾注了大量心血；感谢老中医孙学功先生，以八十岁高龄，在对杜甫诊病的过程中将哲理、药理、病理融会贯通，使我获益匪浅；感谢山东省立医院王锡明、柳澄教授，正大光明眼科集团孙先勇教授对本书医学方面的纠误；感谢张所建、侯建辉两位编辑，既精医学又擅文字，为嫁衣之功，受惠良多。

诚恳希望专家、学者对我的浅薄见解不吝赐教。

2022 年 12 月于上海

杜甫

目录

肺痨

杜甫的宗族可以说是显赫的，往上可以追溯到西汉时期的酷吏、御史大夫杜周，再往后数就是杜预，出生在魏黄初三年（222），这一年孙权称王，曹植写下了《洛神赋》。

杜预是文韬武略兼备的人，被封为侯爵。在文治方面他为后世留下一部儒家经典的注释之作《春秋左氏经传集解》。他还精通天文历法、法律、桥梁建设、农田水利，像一个通才，是明朝以前唯一一位同时配享文庙和武庙的人物。杜预的三子杜耽向后繁衍，诞生了诗圣杜甫，杜甫自称是杜预的十三代孙①。杜预的少子杜尹向后繁衍，诞生了唐代另一位诗人杜牧，杜牧是杜预的十六代孙。

杜甫的曾祖父杜依艺曾担任过巩县（今河南巩义市）县令，巩县、密县、登封三地在唐朝属于"畿县"，畿县县令属于正六品上阶，政治地位远高于一般的县。

---

① 岑仲勉（1886—1961）等学者研究，杜甫使用了不连己身计世的算法，实际上应该是十四代孙。（《唐集质疑·杜甫世系》）

杜甫的祖父杜审言，与李峤、崔融、苏味道并称为当时的"文章四友"，二十五岁那年进士及第，一直做着九品小官，直到五十二岁才成为洛阳县丞，据说苏味道帮了大忙，苏当时在吏部担任天官侍郎，负责选官。

史书上记载杜审言很多负面的故事，有些不可全信，但他有自我吹嘘的毛病应该是事实。杜审言恃才傲物，他说："吾三文章，合得屈、宋作衙官；吾之书迹，合得王羲之北面。"（《旧唐书·杜审言传》）意思是说，我写的文章连屈原、宋玉都只配给打下手，写的书法王羲之都得臣服。他还任性地说："味道见我判，必羞死。"苏味道（648—705）历任中书侍郎、吏部侍郎、同平章事，两度跻身相位。这种狂妄没底线的性格就算放到现在，也会触犯职场大忌。

不久，杜审言就被人参了，被贬到江西吉州（今江西吉安）参军。到吉州后杜审言脾气不改，他与同僚不睦，可能还不是一般的矛盾，惹得两个上司周季重和郭若讷设计陷害，将其下狱并准备处死。

杜审言的次子，也就是杜甫的二叔杜并当时才十六岁，在宴会上持刀行刺父亲仇人周季重，杜并也被乱刀砍死。在当时的社会，这个举动被称誉为孝行，是义举，当时大手笔苏颋为杜并撰墓志，刘允济写祭文。杜审言也由此被释放，免官调回洛阳。

三年后，经崔融在武则天面前美言，杜审言获得召见并被授予五品著作郎，五十八岁的他终于开始梦想中的伴驾，官职也被升为掌管祭祀物品的膳部员外郎。在处心积虑的入仕过程中，杜审言也与武则天宠信的张昌宗、张易之兄弟交往甚密。史书中没有记载他与张氏兄弟有什么具体的勾当，但在流放的名单里，杜审言被贬的地方倒数第二远，和沈佺期①分别被贬到了今天越南境内的峰州、驩州一带。三年后遇赦北归，杜审言被授予从七品下阶的国子监主簿。708年，六十四岁的杜审言被选为修文馆直学士，入

---

① 沈佺期（约656—约715），今河南安阳市黄县人，唐代诗人，与宋之问齐名，并称"沈宋"。

职不到一年就去世了。四年后杜甫出生。

在这里比较详细地介绍杜审言，是因为杜甫受这位不曾见面的祖父影响很大。杜甫在给儿子的诗中说"诗是吾家事"（《宗武生日》[72]），称赞祖父"吾祖诗冠古"（《赠蜀僧闾丘师兄》）。俗话说："龙生龙，凤生凤，老鼠的儿子会打洞。"除了遗传，环境的耳濡目染也很关键，就像商业大亨的子女，从小接触的就是合作、谈判，见识的人也多是商界精英，这对他们成年之后投身生意场就是一笔财富；官员的家庭也是如此，对家风的传承、言行的规范、人脉的积累都是有影响的。

在仕途上，"奉儒守官"的传统影响了杜甫一生。杜甫的狂妄，杜甫与同僚的关系不融洽，特别是杜甫在长安的十年，为求官到处干谒，但又看不惯官场上的劣习，身上有很多他爷爷的影子。

关于杜甫的父亲杜闲，资料不多，元稹（779—831）在813年给杜甫写过一篇墓志铭，其中提到杜闲曾担任过奉天（今陕西乾县）县令。杜闲是杜审言的幼子，三十五岁为郾城（今河南漯河市郾城区）尉，后升为奉天令，五年后升迁到京兆杜陵。20世纪初，杜甫叔父杜并的墓志铭从偃师杜楼村出土，现藏于偃师商城博物馆①。从这块墓志上才知道杜甫的亲祖母薛氏，691年去世，继祖母姓卢。744年杜甫为继祖母撰写过一篇墓志，提到父亲死于兖州（今山东兖州）司马任上。

杜甫的外祖母崔氏是太宗皇帝的曾孙女。李世民一共有十四个儿子，第十子李慎被封为纪王。武则天执政时期，对李唐宗室子弟进行清洗，李世民的好多个弟弟和儿子被杀害，李慎的第二个儿子李琮也被拘入狱。李琮有个女儿嫁入崔家，当时的人们经常看到，洛阳街头有个面容憔悴、穿

---

①《杜并墓志铭》出土于1919年，长期以来，一直没有受到研究者的重视。直到1980年，洛阳市博物馆曾意丹撰文《介绍一块研究杜甫家世的重要墓志》，刊于《考古与文物》1980年第2期，做了简略介绍。这块墓志对于杜甫与杜审言研究，具有双重意义。墓志记载的事实，不少地方可以订正传世文献的错误。

着布衣草鞋的女人到监狱为李琮送饭，她就是杜甫的外祖母。

杜甫骨子里有家族传统的浸染和传承。外祖母还有两个哥哥，当李琮获刑时候，差役去捉拿其两个儿子。哥哥已长大成人，弟弟尚未成年，差役只想把大儿子带走。弟弟哭着说，如果把哥哥放了，他愿意去替死。结果两个儿子都被杀了。前面说杜甫二叔为父亲而死，是"死孝"，这里为兄弟而死就叫"死悌"。

从这块墓志上我们也知道了杜甫的亲生母亲姓崔，叫什么名字却无法考证，杜甫在诗歌和文章中从来也没有提到过。据推测，她在生下杜甫后不久就过世了，杜甫很有可能对亲生母亲一点印象也没有。

杜甫可能还有一位兄长，因为李白、严武、高适好几个人在诗中都称他为"杜二"，但所有资料都没有关于这位兄长的记载，估计这位兄长很小就夭折了，也有可能是按家族排行的。

从宋人吕大防撰杜甫年谱以来，大多数学者认定杜甫生于先天元年（712）[①]。杜甫的出生地到底是哪儿？现在流行的解释，杜甫的原籍是湖北襄阳（今湖北襄阳市），出生地是河南巩县（今河南巩义市）。但杜甫在诗文中，从来没有提到襄阳是自己的故乡或者说是家族发源地，不过杜审言有两首诗却能暗示襄阳跟杜甫这支宗派没有关系。杜审言的《登襄阳城》首句说"旅客三秋至"，在《春日怀归》中说"桑梓忆秦川"。这说明什么？杜审言说自己客旅襄阳，不承认这里是他的祖籍，而说秦川是故乡，秦川现在泛指陕西秦岭以北的关中平原地带，即杜甫诗中所说的杜陵。杜甫在去世前写《暮秋将归秦，留别湖南幕府亲友》，这里的"秦"应该就是杜甫认同爷爷的说法，杜陵是祖籍。

[①]1958年四川人民出版社出版四川省文史研究馆编纂的《杜甫年谱》，确定杜甫出生于712年正月初一（阳历2月12日）。1962年洪业和萧涤非先生先后提出质疑，郭沫若在1971年《李白与杜甫》书中采纳此年谱，遂得到学界认同。1973年郑骞撰文批驳此年谱所举证据。读此年谱考据，确实牵强附会。

有人说巩县是杜甫的出生地，因为杜甫的曾祖父曾经做过巩县县令，以此做出推断，杜甫的这一族就一直居住在这里。但是杜甫的文章和诗歌中一次也没有提过这个地方。

杜甫的继母卢氏对杜甫也许并不好，母亲去世后不久，杜甫就被送给姑姑抚养。杜甫曾多次深情地思念几个弟弟和妹妹，显然这几个弟妹与杜甫是同父异母的关系，但杜甫在诗中从未提及他的继母，这说明杜甫自始至终很少在家里待过，他对这位继母根本没有一点感情，抑或还有一点憎恶。

杜甫给继祖母写的墓志铭中，很清楚地说祖父和两个妻子死后都葬在偃师西北首阳山东麓。在《祭远祖当阳君文》中，杜甫告诉远祖杜预，说自己在首阳山下建了一所房舍。杜甫在《奉寄河南韦尹丈人》诗下自注："甫敝庐在偃师，承韦公频有访问，故有下句。"

杜甫寓夔州时，曾经叫一位将要到东都洛阳的孟姓朋友捎信到土娄庄；《忆弟二首》诗下又自注："时归在南陆浑庄。"现在偃师属于洛阳的一个区，土娄庄在偃师，而陆浑庄在洛阳南十五公里左右。从这些证据看，说杜甫的出生地是洛阳更为确切，但杜甫写给李白的第一首诗开头就说"二年客东都"（《赠李白》[4]），好像他也不承认老家是洛阳，这很有可能与当时的行政区划有关。

760年杜甫在《恨别》[59]中写道："洛城一别四千里……思家步月清宵立。"这里又好像承认洛阳有自己的家。763年春他在《闻官军收河南河北》[77]诗中说"便下襄阳向洛阳"，底下注"余田园在东京"，是不是指杜甫在偃师的房舍？

在中国汉字中，"痨"专指瘟疫。根据《汉书》《后汉书》的记载，那个时期仅中原地区就爆发过瘟疫二十次，东汉时更是发生过一场前后持续了七十多年的大疫情，洛阳则是重灾区，两汉史料上有记载的洛阳瘟疫就有十六次之多。疫情时代成就了河南南阳人张仲景的《伤寒杂病论》。

母亲去世后，杜甫被寄养在洛阳姑姑家。有一年，洛阳遭时疫，小杜甫和姑姑的儿子都被传染，姑姑四处求医问药，还请来女巫作法。姑姑家堂屋前有一根房柱子，女巫说住在柱子的东南侧就可以逢凶化吉，姑姑念及侄子可怜，将原本睡在房柱东南侧的儿子和杜甫调换，小杜甫奇迹般地痊愈了，而姑姑的亲生儿子却在瘟疫中不幸死去。

742年姑姑去世，杜甫为姑姑披麻戴孝，并作了墓志铭记下此事："甫昔卧病于我诸姑，姑之子又病，问女巫，巫曰：'处楹之东南隅者吉。'姑遂易子之地以安我，我用是存，而姑之子卒。"

没有史料记载这是哪一年发生的事，也没人知道发生了什么疫情。查阅《洛阳县志》，在杜甫童年时代的712年至720年，洛阳没有鼠疫、霍乱、天花等大的瘟疫发生，这说明在洛阳发生的那次疫情，很有可能儿童是易感人群，并且范围比较小。

在古代，危害儿童健康的疾病，主要有"痧、痘、惊、疳"四大证。痧就是类似现代的麻疹、霍乱、肺结核等传染病；痘是指天花，猴痘也应该归于这类；惊是指脑炎、脑膜炎、百日咳、白喉、破伤风等；疳包括婴儿瘫（脊髓灰质炎）、手足口病、伤寒、痢疾等肠道传染病。这些疾病和传染病易感人群都包括儿童。

有一些传染病像天花、婴儿瘫治疗后会留有一定的后遗症；脑炎、脑膜炎可能会造成智力上的后遗症；麻疹、手足口病等治愈后不会有后遗症，除非合并脑炎，可能对神经系统产生影响，造成智力低下、癫痫、瘫痪等后遗症。结合杜甫后期的身体状况看，可以排除他小时候患有这些传染病的可能性。

还有一种传染病，如肺痨，即肺结核，是一种慢性传染病，即便当时治愈了，以后仍有继发的可能性，而且儿童原发感染是成年期复发性肺结核的主要来源。

我们现在下结论说，杜甫小时候得过的"时疫"就是肺痨，有点为时过早。754 年，杜甫在向皇帝献《进封西岳赋表》时说自己"少小多病"，"常有肺气之疾"，这说明杜甫的肺病这时候或者小时候就已经出现了。从杜甫后来的诗中也可以看出，他的肺病很缠绵，除了咳嗽、咳痰，还有其他更加严重的症状，几乎没有消停过，并且病情不断恶化，这证明他的肺病不是一般的哮喘或者支气管炎。

杜甫在《百忧集行》[65]中说："忆年十五心尚孩，健如黄犊走复来。"这说明他在少年时期身体很健壮。后来他游历吴越、齐赵，骑马射箭，纵横天地间，也不像有病的样子。可以这么说，杜甫即便在长安时患了肺结核，应该也不是原发性的，有可能是继发性的，根源还在小时候曾经患过的疫病。现在我们可以初步判定，杜甫小时候在姑姑家得的"时疫"极有可能是肺结核，并且患病是在六岁之前。①

根据现在的医学理论，原发性结核感染时期遗留下来的潜在病灶，里面有结核分枝杆菌，在受凉、受寒或有比较明显的慢性基础性疾病时，患者的抵抗力下降，结核杆菌会重新繁殖，引起病灶复燃而重新发病。这是肺结核继发的原理。

杜甫从 746 年来到长安，生活一天比一天潦倒，他天天陪一些王公贵族、富家子弟喝酒作诗，住的地方阴冷潮湿，床前都长满苔藓。这个时候杜甫的情绪低落，心情郁闷，天天喝酒，把肝也损伤了。期间他又得过疟疾。杜甫免疫力极其低下，最大的一种可能就是继发了肺结核，并且肺部病症不断加重，最终发展为肺气肿和肺源性心脏病。

杜甫的诗中有没有证据来证明他的肺疾就是肺痨呢？"肺痨正虚痨虫罹，性属传染慢消疾。咳嗽咯血形羸弱，潮热盗汗特征俱。"（《中医内

①《少陵先生年谱会笺》："卧病年次无可考。惟《志》云：'后乃知之于走使'，知时尚童稚，未解记事。公七岁咏诗，六岁观舞，皆留记忆，卧病要当在六七岁之前，则无惑矣。姑列此以俟考。"
闻一多著《唐诗杂论》，上海古籍出版社，1998 年版。

科方歌》）这是说肺痨的几个特征，比如消瘦、咳嗽、低烧、盗汗，这几个特征杜甫都具备，而关键的一个症状是出现咯血。《遣兴》[57]中说："拭泪沾襟血，梳头满面丝。"擦拭泪水，衣襟上沾有血丝或者血块，说明杜甫的肺痨发展到后来，有咯血的表现。

杜甫在晚年的诗中多次用到"瘵""肺萎"这两个词，几乎所有研究杜甫的学者都一语带过，统称为肺病、肺疾或肺气。杜甫在诗中说："凋瘵筵初秩，欹斜坐不成。"（《宗武生日》[72]）"肺萎属久战，骨出热中肠。"（《又上后园山脚》[114]）"叹时药力薄，为客羸瘵成。"（《同元使君春陵行》[118]）……杜甫在这里用到的"瘵"和"肺萎"都是别有用意的。

中医对肺痨的认识有一个漫长的历史过程，《黄帝内经》《金匮要略》等医籍中没有肺痨这一说法，大多归于"虚损""虚劳"等证，却提到了与肺痨相似的临床表现。

晋代葛洪（约281—341）的《肘后备急方》，已经认识到肺痨这种病具有传染性，指出"死后复传之旁人，乃至灭门"，并创立"尸注"的医学名词。唐代孙思邈（581—682）的《备急千金要方》明确把"尸注"列入肺病篇，并肯定指出了此病的灶位在肺。唐代王焘（约670—755）撰成的《外台秘要》，是研究我国唐以前医学的一部重要著作，其中对肺痨的临床观察最为详细，列出本病有骨蒸、烦躁、食无味、消瘦、盗汗、咳嗽、两颊如胭脂色等症状。《外台秘要》还指出，肺痨可见"腹中有块，或脑后近下两边有小结"等兼症，这是说肺痨后期可能引起肝脾肿大和淋巴结核。

历代医家对肺痨的叫法也有很多种，比如尸注、虫注、劳嗽、骨蒸、伏连、瘵、急痨、肺痿等。杜甫经常看葛洪的医书，后来也读《千金要方》。到了晚年，杜甫把自己的肺疾称为"瘵"或者"肺萎"，并不是文字上的游戏，他可能感觉到自己的肺病，并不是单纯的咳痰这么简单，而是一种"瘵"病。

766年杜甫在夔州作《览物》诗说："舟中得病移衾枕。"得了什么病还要把衾枕移到别处去隔离？杜甫这时候已经意识到，他患的就是肺痨，这种病有传染性 ①，他才和家人分开居住的。

历史上死于肺结核的，国外名人有肖邦、契诃夫、卡夫卡、雪莱、济慈、哈佛等；在中国，鲁迅和林徽因也是死于肺结核。在文学著作里，像《药》中的华小栓、《红楼梦》中的林黛玉、《茶花女》中的玛格丽特，都患有肺结核，书中对其患病症状都有详细的描写，而咯血是一个共性的症状。

杜甫在 767 年去世三年前作《寄薛三郎中》[113]中提到："春复加肺气，此病盖有因。"他没有说明是什么原因，难道他已经意识到他的肺病是源于肺痨这种传染病了吗？或者说，他意识到小时候曾经染过的"时疫"就是造成他肺病不断恶化的根源了吗？

---

① 晋代葛洪的《肘后备急方》已认识到这种病是因为感染"痨虫"，属于慢性传染性消耗性疾病。提到此病"积年累月，渐就顿滞，乃至于死"；而且其传染性很强，甚至可以"灭门"。"痨虫"侵入人体而成病，这种认识直到1882 年发现结核杆菌才被证实。

分裂

杜甫第一次开始漫游大约是 730 年，那年他十九岁左右。他第一次出发就渡过黄河，来到郇瑕。这是位于山西的一个地方，西汉置县，唐宋元一直属河中府，明朝归属蒲州，1954 年与临晋县合并为临猗县。在那里杜甫结识了韦之晋、寇锡等人。

在唐代，士人除了通过游学开阔视野、陶冶情操外，更重要的是通过拜访名士，展现自己的才能，传播自己的名声，从而达到求官的目的。第二年，杜甫从洛阳经广济渠、淮水渡江至江宁（今江苏南京），开始了为期五年的吴越壮游，杜甫的一些亲戚，像叔父、姑父都曾在这里为官。他大约去了苏州、杭州、越州（今浙江绍兴）、台州一些地方，甚至还雇好一只船准备东渡日本。这些过程都是我们从杜甫后来的诗中窥探到的。直到三十年后，他还深情地回忆起与江宁的一位僧人游船、喝酒、下棋、作诗的情景。（《因许八寄江宁旻上人》[32]）

文艺复兴以后，在欧洲的贵族子弟中间流行洲际旅行，后来逐渐影响到中欧、意大利、西班牙等一些富有的平民阶层，开始盛行是在十八世纪的英国，当时一些文人都留下了丰富的文字记述。这种游历形式其实最早就来源于杜甫的自传体长诗《壮游》[106]。

大家都熟悉的司马迁（约前 145 或前 135—？），十岁时他的父亲太史公司马谈就聘请了当时的大儒孔安国、董仲舒给他当老师。司马迁二十岁那年，司马谈给了他一辆马车，指导他有目的、有计划地到"大有作为"的广阔天地中游历、考察，"读无字之书，禀山川豪气"，亲身游历壮丽河山和四方民俗民情，搜求历史传说和各种史料记载，是典型的读万卷书、行万里路。司马迁不负父望，经过多年的实地考察，获得了许多第一手材料，为完成"究天人之际，通古今之变，成一家之言"的《史记》奠定了坚实的基础。

壮游不是流浪，不是探险，更不是一般意义上的旅行，现在看来，它至少应该具有三个特点：旅行时间较长、与人文社会深度互动、带着一种比较明确的目的。杜甫应该是在 735 年晚些时候回到洛阳的，这一年他二十四岁，他回来是为了参加 736 年的进士科举考试。

这两次壮游的目的达到了吗？杜甫在四十三岁时，写给皇帝的《进雕赋表》中自称"自七岁所缀诗笔，向四十载矣，约千有余篇。"写这篇赋表是 755 年，截至这一年，杜甫可考的存诗不到一百三十首，那他自称的"千有余篇"的诗到哪里去了？为什么没有保留下来？

丢失几乎是不可能的，因为杜甫一生钟爱的两件宝贝，一是药囊，再一个就是诗作。颠沛流离路途再艰险，食不果腹生活再困难，杜甫也不会扔掉它们。这些诗稿有可能被雨水浸蚀或者大火烧毁了吗？这也应该被排除掉，因为各种自然灾害造成的损失，包括后人的整理散佚，都不会单单把杜甫青年时期的诗作毁掉，而其他时期的作品保存得完好无损。那只有一个原因来解释，这些诗作是杜甫自行销毁的。

杜甫为什么要销毁青年时期的作品呢？一种可能是杜甫步入晚年后，诗歌艺术更加炉火纯青，对自己早年之作看不上眼了，所以删掉了。另一种可能是，杜甫在第一次壮游中所写的诗篇，除了美景美酒和交友外，更多的是入世的抱负与自信，甚至比"致君尧舜上，再使风俗淳"[10]更加轻狂自傲。杜甫经历了仕途折腾和沧桑变迁后，最后落得到处逃难。也许在杜甫看来，现实太残酷，自己年少时的政治抱负和所作所为，仿佛就成了一个笑话。

也许在某个深夜，孤独寂寞的杜甫酒醉后，一时兴起把年少时的轻狂和幼稚埋葬了，可能付之一炬也可能扔到野外山林了。这只是一种猜测，因为杜甫除了说自己"七龄思即壮，开口咏凤凰"外，对于年轻时的诗作去向一句也没提，这也许成了千古之谜。

杜甫回来参加的这次科考失败了，原因众说纷纭。其间杜甫回到兖州，因为他的父亲杜闲在这里任司马，时间应该是737年春末夏初。兖州离泰山景区只有九十多公里。此时的杜甫意气风发，创作了《望岳》[1]这首代表作。此诗充满了无限的激情。

望岳 [1]

岱宗夫如何？齐鲁青未了。造化钟神秀，阴阳割昏晓。

荡胸生曾云，决眦入归鸟。会当凌绝顶，一览众山小。

游龙门奉先寺①[2]

已从招提游，更宿招提境。阴壑生虚籁，月林散清影。

天阙象纬逼，云卧衣裳冷。欲觉闻晨钟，令人发深省。

---

① 奉先寺是龙门石窟中的一座，寺中有卢舍那大佛像及石刻群，为龙门石窟之首。2021年去龙门石窟，卢舍那大佛像巍然仍在，寺却荡然无存。有人把此诗系在开元二十三年（735），当时杜甫自吴越归东都洛阳，夜宿龙门奉先寺。这是杜甫的早期作品，杜诗编年多把此诗列为第一首。

夜宴左氏庄 [3]

风林纤月落，衣露净琴张。暗水流花径，春星带草堂。

检书烧烛短，看剑引杯长。诗罢闻吴咏，扁舟意不忘。

在兖州的家里，杜甫待的时间并不长。我们发现杜甫很快就出现在齐赵大地上。这有点反常，按说下第之后，对想成就一番大事业的杜甫来说，他应当另作打算，以偿夙愿。

但事实上，杜甫在首次参加进士考试落第后，既无失落感，也无紧迫感，以后的整整十年，他没有明显的求仕之举，对科举考试竟然也不再去尝试。先是"放荡齐赵间，裘马颇清狂"，呼鹰逐兽，纵横山林间，转瞬便"快意八九年"（《壮游》[106]）；再之"二年客东都"（《赠李白》[4]），变着法儿与显贵子弟游玩，尽管有干谒找机会的想法，但是开始有了厌世遁世的念头，几乎全不以仕途为怀，是不是不可思议？

在科举落第后，杜甫又经历了父亲去世（740年）、姑姑去世（742年）、继祖母去世（744年）等变故，所以有人把杜甫736年至745年入长安前这段时间称为"快意八九年"，应该是不确切的。父亲去世按唐制应该服丧二十七个月，姑姑是杜甫最为敬重也是把他抚养大的亲人，杜甫对继祖母也是有感情的，这些日子怎么着也不能算是杜甫最快意的时候。我的理解应该是吴越游历五年，再加上齐赵间四年，包括和高适、李白的梁宋游，统算起来大约有八九年快乐时光。

这期间他可能去陈留（今河南开封）看望了继祖母。744年夏天继祖母去世，杜甫作为长孙把继祖母安葬回偃师的家族墓地。他父亲杜闲肯定也安葬在那里，然后杜甫又返回陈留。在那里，杜甫遇到了两位诗人，一位是大名鼎鼎的李白，另一位是野心勃勃、后来也声名显赫的高适。

李白和高适的性格截然不同，杜甫的性格应该是介于两个人之间，或者说是两个人的结合体更为合适。在多年后的一首诗里，杜甫回忆起与他俩的友谊，在喝醉后他们登上吹台古迹，追古怀思。高适比杜甫大八岁，是一个在仕途上很用功的人，这一点可能对杜甫的影响比较大。①

杜甫从小失去母爱，被寄养在姑姑家，父亲又长年在外做官，继母可能对他比较冷落和排斥，这在那个年代很正常。杜甫童年生活在孤独和冷漠的环境中，使我们能理解杜甫性格的偏执和封闭。他是有着双重分裂人格的，当然这种分裂不是精神层面的分裂症，而只是在面对一个事物时，总会有两种不同的声音在发出，一个是内心想要的，一个是应该去追求的，这是他内心的冲突。梁漱溟曾经说过："假如此人是资质很平庸的，他自己内心的矛盾冲突或许少，这个意思就是说他还好办。若是资质很聪颖的人，他自己有点才气，其问题就越复杂，越难办！"②杜甫不仅是一个"有点才气"的人，更是一个"往者十四五，出游翰墨场。斯文崔魏徒，以我似班扬"（《壮游》[106]）的人。

杜甫的内心是自由和不羁的，充满着浪漫和无拘无束，这就可以理解，为什么杜甫在科举落第后马上又去游历了。但是家族的传统和世俗的价值观，却要他做出另一种选择，这种选择应该是比较复杂和艰难的；即便是做出选择，内心有时候也是矛盾和痛苦的，这种分裂的性格是造成杜甫后来诸多不幸的根源。比如说杜甫看不惯李林甫的所作所为，但是除夕夜还要到李的女婿家去守岁。为了求得一官半职，这需要一个清狂自傲的人低下头来，着实痛苦。（《杜位宅守岁》[9]）

① 高适（700—765），四十六岁制科中第，授封丘县尉。后投靠河西节度使哥舒翰，担任掌书记。拜左拾遗，转监察御史，辅佐哥舒翰把守潼关。756年护送唐玄宗进入成都，擢谏议大夫。出任淮南节度使，讨伐永王李璘叛乱。讨伐安史叛军，历任太子詹事、彭蜀二州刺史、剑南东川节度使。764年，入为刑部侍郎、左散骑常侍，册封渤海县侯。765年去世，时年六十二岁，追赠礼部尚书。
② 梁漱溟著《朝话：梁漱溟讲谈录》，安徽文艺出版社，1997年版。

这种长期的内心冲突，是一种负面性的情绪障碍，在中医看来，既伤脾又伤肺，并且这些情志病[①]绝不是简简单单只伤害某个脏器，时间久了可能导致多种身体疾病，比如高血压、肠胃病、肺部疾病、糖尿病、失眠、甲状腺功能异常、冠心病、慢性肝胆病等，甚至引发恶性肿瘤。

杜甫的诗歌在某个时间段，也透露出这种内心的矛盾和冲突。742年杜甫参加姑姑的葬礼，在洛阳逗留了大约两年时间。读《游龙门奉先寺》[2]诗，是不是可以感受到杜甫心内有另一种力量在召唤，或者说杜甫内心的"自我"在召唤？他是不是意识到了仕途权力的某种影响力？特别是与高适相识后，杜甫心中生出了对某些东西的渴望。

大约在745年秋天，在鲁郡（今山东兖州）与李白分手后，杜甫大概率陷入了一种反思，或者说在"隐"与"仕"的纠缠和冲突中，他更倾向于另一种选择，价值追求战胜了自由的"本我"。这期间他曾写过一篇小短文《杂述》，文中对张叔卿、薛据、岑参发了好多感慨。薛据在731年、岑参在744年通过科举考试，并且都担任了一定的官职，这两个人在当时的文坛上开始有名望。

这段时间，杜甫与李白、高适互动沟通，杜甫的思想天平应该倾斜在高适这边，他肯定意识到才华换不来钱财和地位。这时候父亲已经去世，杜甫的经济来源也失去了，他确实要考虑一个长久之计，想办法找到一份安身立命的工作，去实现自己的理想。三十三岁的杜甫去长安求官的举动，我们应该可以理解了。

①情志病是指因七情而致的脏腑阴阳气血失调的一类疾病，包括癫狂、百合病、脏躁、眩晕、郁证、不寐、消渴等。病名首见于明代张介宾的《类经》。

隔膜

　　按照杜甫的说法，744 年他与李白、高适是在陈留的一家小酒馆相识的："忆与高李辈，论交入酒垆。"（《遣怀》）此时，李白刚被赶出长安，高适也在宋梁之地寻找机会。三人认识不久，杜甫就写下《赠李白》[4]，叙述自己在东都"所历厌机巧""蔬食常不饱"的遭遇，对李白远离政治是非"脱身事幽讨"表示钦佩，表示愿意相约同游，与李白归隐山林，访道求仙。从他用"李侯"的敬称和以"金闺彦"赞美李白来看，两人是初交。

　　李白当时遭受权贵排挤，被"赐金出宫"，一路向东，栖栖惶惶，无限迷茫，这与杜甫当时的落魄际遇有相似的地方，加上两人都喜欢喝酒作诗，两颗渴望理解的心碰撞在一起。

　　短暂相聚后，高适离开了，杜甫和李白同游了梁宋（今河南开封、商丘一带），酣饮豪歌，慷慨怀古。

　　这一年的夏天，李白可能有单独的行程，没有和杜甫在一起。杜甫单独去看望好朋友李之芳。李之芳天宝初年从京都调任齐州（今山东济南）

司马，杜甫去的时候，齐州已改为济南郡，太守姓李，不知名谁①。这次是在历下亭摆的酒局，李之芳肯定叫他的上司李太守做东道主，李之芳还邀请了他的叔辈爷爷、北海太守李邕出席。李邕比杜甫大三十四岁，是当时有名的书法大家。还有一些济南本地的文人也参加了这次酒宴，其中有一个姓蹇的读书人，杜甫称他蹇处士。杜甫在这次宴会上留下了"海右此亭古，济南名士多"（《陪李北海宴历下亭》[5]）的千古名句。

齐鲁是礼仪之邦，喝酒的规矩多。在这次酒局中，李太守肯定是主陪，李之芳坐副陪。那大家可以猜想一下，杜甫坐的是主宾还是副宾，那个当地的蹇处士又坐在什么位置？这个问题在山东人看来，是既有趣又重要的，对南方人来说会是一头雾水，但这确实不同于"《水浒传》一百零八将各人的鞋码是多大"的类似问题。

杜甫这次还到临邑（今山东临邑县）去看了看当主簿的弟弟杜颖。洪业先生推测，杜闲去世后，杜甫把荫补的机会让给了同父异母的弟弟杜颖。这很有可能。按照唐前期的荫补制度，兖州司马属正五品下阶，有荫补资格，可以给儿子弄个从八品、九品的差事做做。杜颖在764年赴齐州任职的空当，还去成都看望过哥哥杜甫。

赠李白 [4]

二年客东都，所历厌机巧。野人对膻腥，蔬食常不饱。

岂无青精饭，使我颜色好。苦乏大药②资，山林迹如扫。

李侯金闺彦，脱身事幽讨。亦有梁宋游，方期拾瑶草。

---

① 参见李白诗《陪从祖济南太守泛鹊山湖三首》，从诗题推断济南郡太守姓李。
② 所谓大药，指服金玉屑法。葛洪《抱朴子·登涉篇》："或问登峻涉险，远行不极之法……惟服食大药，则身轻力劲，劳而不倦矣。"

陪李北海宴历下亭 [5]

东藩驻皂盖，北渚凌青荷。海右此亭古，济南名士多。

云山已发兴，玉佩仍当歌。修竹不受暑，交流空涌波。

蕴真惬所遇，落日将如何？贵贱俱物役，从公难重过。

赠李白 [6]

秋来相顾尚飘蓬，未就丹砂愧葛洪。

痛饮狂歌空度日，飞扬跋扈为谁雄？

从济南郡回来，杜甫和李白又见面了。作为宫廷诗人的李白当时已经名扬四海，对杜甫来说，李白是一颗耀眼的星，也是一道亮丽的光。在一个万里无云的秋日，他俩迎着南飞的雁群，骑马前往鲁郡北郭，寻访隐居在此地的朋友范十，杜甫在后来的诗里坦言，与李白"晚上酒后同在一个被窝里，白天手拉着手四处招摇"（"醉眠秋共被，携手日同行。"《与李十二白同寻范十隐居》）。

通常只有非常熟的朋友才互相直呼排行，这次杜甫就开始称李白为李十二，李白呼杜甫为杜二。从这个亲昵的称呼上，也可以看出两人跨越了年龄，已经平辈论交，并且相处甚欢。

杜甫与李白在鲁郡的石门分别后，杜甫就成了李白的粉丝，写给李白的诗可考证的就有十五首之多，标题表达得也很直接，他一直在思念和牵挂着李白。春天想："渭北春天树，江东日暮云。"（《春日忆李白》）天凉了，杜甫不是想着先找秋裤，而在想李白："凉风起天末，君子意如何。"（《天末怀李白》）大冷天在书斋里想："寂寞书斋里，终朝独尔思。"（《冬日有怀李白》）就连做梦还是想李白："三夜频梦君，情亲见君意。"（《梦李白二首》[39]）你的才情令我惊叹："笔落惊风雨，诗成泣鬼神。"（《寄李十二白二十韵》)你的潇洒叫我向往："痛饮狂歌空度日，飞扬跋扈为谁雄。"（《赠李白》[6]）即便所有人都对你喊打喊杀，我依然支持你："世人皆欲杀，吾意独怜才。"（《不见》）

就连戏说诗中，杜甫给当时七个名人只写十四字或者二十一字，唯独给李白写了二十八个字（《饮中八仙歌》[7]），盛赞李白酒后赋诗的才华和傲视权贵的个性，表达出一种独有的敬重。

历史上关于李白流放有两种说法：一是李白757年下狱，被流放到夜郎（今贵州桐梓），758年动身，759年三月至白帝城遇赦，没有到达；二是李白在夜郎住了三年，761年九月，肃宗大赦天下，始回江陵。

好多人在这里提出一个问题，杜甫一辈子都思念、牵挂、敬重着李白，不仅对他的绝世才华给予高度赞扬，还向世人传达了他对李白的情谊，但是李白一辈子只在相遇初期回了杜甫两首诗，从此再没有回应，这到底是什么原因？

说李白由于避乱，把写给杜甫的诗都丢失了，解释起来有点牵强。其实也没必要为了强调两位诗人之间的深情厚谊，来回避某些人性的弱点，再伟大的诗人也是人，再深的情谊也有存在隔膜的时候。

还有一种猜测，李白是一个豪放洒脱、来去自由的人。李白的身份地位发生了如此悬殊的变化，他怕牵连别人，所以故意回避杜甫。这种解释可以把李白的情操升华，但似乎也有点牵强。

烽烟四起的时候，李白在南方避难被拉进永王李璘的幕府，曾写过一组诗《永王东巡歌》，歌颂李璘的功绩。不久，李璘战败，李白也受牵连入狱。这时候高适担任淮南节度使，讨伐李璘，手下抓住了李白。在狱中，李白写信向高适求救，这是正常反应，但高适没有搭理他，并且向上级隐瞒了他和李白的关系，烧毁了曾经写给李白的诗。据说李白的第三任妻子也上门拜访高适，但高适选择无视，避而不见。

还有人说李白作为一个信奉黄老列庄的浪漫主义诗人，与杜甫这类尊崇儒家仁政思想的现实主义诗人格格不入。但这不是从政，不会因为观点的不同而导致朋友间的不和，甚至撕破脸皮。

从官场的规则来看这三人的关系，也许能理出其中的一点玄机。高适在三个人当中，功名心最强。唐朝步入仕途的三条途径，门荫一途被高适的堂兄占了，科举和制举，他都去走了一遍，最后还是走了幕府这一条"偏门"，才正式登上了大唐的政治舞台。

高适在官场，尽管入仕晚、年龄大，但是靠着扎实的作风和极高的政治敏感性，一路风生水起。后来高适领兵平定永王叛乱，不久又领兵入两川平乱，归来被封为渤海县侯，实现了很多文人终生的梦想，建功封侯，这是唐代文士仅有的一例。杜甫对高适一往情深，到老不渝。杜甫在临死前770年的正月，还翻出高适的一首旧诗，那时离高适去世已经五年。杜甫泪洒行间，写就《追酬故高蜀州人日见寄》。

高适对杜甫也是经常接济与照顾，但后来高适与杜甫的关系看似不是那么融洽了。其实，这个问题需要站在杜甫和高适两个人不同的角度去看待。杜甫对高适的情感是自始至终的，觉得两人一直如当初见面时一样，友谊深厚，知心平等，所以高适给予帮助时就感激，没有回复时就着急，作战失败时就批评，回京受责时就鼓励。

但杜甫没有意识到，地位上的差异和性格上的不同，已经使他和高适的关系不再那么亲密和平等了。高适那时候官位已经很高了，相比他对李白的态度，对杜甫已经很是不薄了。在古代官场里，有时候很难讲感情，多是利益和利用，特别是经历和身份悬殊以后，更不是杜甫所想象的那种布衣之交，也不会对以前的朋友有求必应，对以前的感情时时挂念。《旧唐书》本传里评价高适"君子以为义而知变"。对待友谊，杜甫的不变和高适的改变，其实都是社会地位的改变和性格使然，无关对错。

战国时期有一个叫苏秦的人，从小不愿意干农活，就跑到齐国求学，拜鬼谷子为师，学成后游历多国，可由于没人接纳他，只好灰头土脸回到家里。《战国策》记载："妻不下纴，嫂不为炊，父母不与言。"但苏秦没有自暴自弃，继续钻研合纵之术，夜里困了就用锥子扎大腿根儿提神。

苏秦最后成功了，用合纵策略使秦国十五年不敢窥伺东方六国。他佩六国相印，途经家乡洛阳，就回家显摆。史书记载，嫂蛇行匍伏，四拜自跪而谢。苏秦曰："嫂何前倨而后卑也？"嫂曰："以季子之位尊而多金。"苏秦的嫂子很实在，也很可爱，说出了一句大实话：为什么我前倨后恭，因为你现在有地位有钱了。一个人显贵了，别人就会敬畏，贫贱时连家里人都会轻视，更何况外人。这是一般的人之常情，倒是苏秦不通人情，显得十分的小家子气。

杜甫和李白都是不适合做官的人，有才华，却总恃才放浪；想当官，却看不惯官场里的做派；做官了，又不按照常理出牌。他们愤世嫉俗，总想按照自己的心愿活出一个样子，这种类型的人自以为是，总是以自我为中心，比较清高孤傲，所以同类型的人不容易相处。

杜甫与李白分手后，在长安的十年，可以说是低三下四、忍气吞声、悲惨凄凉的十年，李白不可能不知道，他自己尽管也写一些逢场作戏、歌功颂德的诗文，但他又瞧不起杜甫这种做人做事的方式，不屑与他为伍，这应该是李白最真实的内心，也是造成两个人之间隔膜的重要因素。

在新思想与旧观念的碰撞中，"初唐四杰"——王勃、杨炯、卢照邻和骆宾王开始扭转文学萎靡浮华的风气，但是也招来了权威们的指责、嘲讽和排斥。而敦厚的杜甫，勇敢地向权威发起了挑战，坚定站在"四杰"一边，他写《戏为六绝句》，对当时守旧权威文人不知变通、故步自封进行了毫不留情的批判："杨王卢骆当时体，轻薄为文哂未休。尔曹身与名俱灭，不废江河万古流。"意思是说，这四人敢于突破传统，开诗坛先风，占据主流话语权的宫廷诗人却对他们冷嘲热讽，但是宫廷诗人们这些空洞浮华的诗作，只能湮没在历史的烟尘中，而关注现实的四杰，他们的作品会像滚滚江水，千古流芳。

李白写古体诗，也是按照乐府曲制而来，不过他不喜欢遵守新规则，而是随心所欲。在对待宫体诗的改革上，杜甫和李白观念不同，这也可能是造成两人隔阂的一个原因。

杜甫性格的一个最大特点就是敦厚老实、重情重义，特别能委曲求全，这种性格特质伴随了他一辈子。杜甫也看到自己的情怀与肮脏的现实之间有不可调和的矛盾，但他没有像李白一样放荡不羁，也没有像屈原一样毁灭肉体，而是在处处穷途中，用诗诉说着悲痛和不满，与疾病抗争，表面上看始终保持着一种理性和热情。用俗话说，杜甫一辈子憋屈郁闷，一辈子忧虑不平，这也是他肝郁不畅，最终产生抑郁倾向的主要原因。

耽
酒

生不逢时难道说的就是杜甫吗？杜甫自己也不会想到，他来到长安的十年会是如此地悲凉沧桑，所历皆苦，所做皆难。杜甫能从这艰难困苦中突围出去吗？

说来也是巧合，唐玄宗李隆基登基那年，也就是杜甫出生的712年。推翻韦后的主要功劳虽归李隆基，可他开始只是担了个虚名，朝政大权，包括三品以上官员的任免权和军政大事的决定权都在太上皇李旦手里。太平公主也联合众多将领准备推翻李隆基，起兵夺权。但李隆基是个很有心计的人，他决定先发制人，与郭元振、王毛仲、高力士等人引五百羽林军诛杀太平公主党羽，太上皇李旦出面求情，但被玄宗拒绝了，最终太平公主被赐死在家中，这就是"先天政变"。

从713年开始，玄宗才真正掌握了皇帝应有的权力。这一年，李隆基把年号改为开元，表明自己励精图治的决心和信心。

李隆基在治理吏治混乱、腐败等方面很有眼光，他选择的宰相姚崇、宋璟、张说、张九龄，个个多谋善断，既能干事，又公正廉洁、为人耿直。725 年，在张说的主持下，玄宗率百官、贵戚和四夷首领，从东都出发，到泰山封禅。开元时期的最后一任贤相张九龄，凭借着出众的才华被玄宗相中，他在做宰相之后，也像玄宗那样看重人的品德和才干，而不是看重其家庭背景。参与吏部选拔官吏时，他一直主张公正选才，量才使用。更为难得的一点是，张九龄对于玄宗的过错，能及时地指出来，并加以劝谏。在君臣合力开拓下，开元盛世发展到了极盛。

盛世之下，李隆基的虚荣心开始膨胀，进取心不断减退，开始追求安逸，沉溺享乐。737 年，李隆基宠幸的武惠妃进谗言，把三个儿子——太子李瑛、鄂王李瑶、光王李琚废为庶人并杀害。同年十二月，武惠妃病死后，李隆基日夜寝食不安，后宫虽多佳丽，但没有一个能讨他欢心。有人牵线说武惠妃的儿子寿王李瑁的妃子杨玉环美貌绝伦，李隆基不顾伦理，先度杨玉环为女道士，后迎于宫中。可谓"夜半宴归宫漏永，薛王沉醉寿王醒"（李商隐《龙池》）。

杨玉环这个女人懂音律，擅歌舞，心资聪慧，行为乖巧，很合玄宗胃口。正直干事的张九龄等人先后被罢了官，李林甫爬上了首相的高位。

有人形容李林甫是一个"口有蜜，腹有剑"的小人，凡是才能在他之上又被皇帝重视的人，他都要处心积虑地暗中设计陷害，想方设法把他们除掉。李林甫收买皇帝左右的人，把皇帝的一举一动甚至小心思都掌握了，这样他就可以随时采用各种办法来迎合玄宗的需求，所以玄宗很喜欢他，也信任他，大小政事都交给他去处理。

韦坚是太子（即李亨）妃的哥哥，也是李林甫的堂妹夫，因为太有才又得到皇帝宠信。李适之，就是杜甫《饮中八仙歌》[7] 中提到的那位，是仅次于李林甫的宰相，也很受皇帝信任。皇甫惟明是河西、陇右节度使，很能干也有实权。他们几个人是反对势力的核心人物，李林甫担心这些人会影响到自己的位置和权力。747 年春天，他设计把皇甫惟明、韦坚、韦坚的兄弟、李适之以及其儿子都处死或者下令自裁，甚至把年迈的北海太守李邕，就是和杜甫在济南一块喝过酒的那位，也当庭杖杀。杜甫的朋友、给事中房琯也被流放出京。

745 年八月，唐玄宗册封杨玉环为贵妃。杨玉环的三个姐姐也跟着得到实惠，分别被封为韩国夫人、虢国夫人和秦国夫人；她的三个哥哥也平步青云，第三个从兄叫杨钊，后来玄宗赐名叫国忠。

第二年春天，杜甫踏进了长安城，写下《春日忆李白》诗。命运也许真的会开玩笑，杜甫在长安殚精竭虑求官的当口，唐帝国灾难和动乱的种子其实已经埋下。杜甫不仅是唐朝由盛及衰的见证者，更是一个亲历者、受害者。

饮中八仙歌 ①[7]

知章骑马似乘船，眼花落井水底眠。

汝阳三斗始朝天，道逢麹车口流涎，恨不移封向酒泉。

左相日兴费万钱，饮如长鲸吸百川，衔杯乐圣称避贤。

宗之萧洒美少年，举觞白眼望青天，皎如玉树临风前。

苏晋长斋绣佛前，醉中往往爱逃禅。

李白一斗诗百篇，长安市上酒家眠。

天子呼来不上船，自称臣是酒中仙。

张旭三杯草圣传，脱帽露顶王公前，挥毫落纸如云烟。

焦遂五斗方卓然，高谈雄辩惊四筵。

---

① 此歌不在"豪饮"，不在"八仙"本身，而是借慨叹诸子之不得志而自遣。"饮中八仙"姓名不尽相同，说明它有一个演化的过程。"饮中八仙"是"醉态盛唐"特有的产物，蕴含着某些俗传的成分和不确定因素，也暗示着杜甫"好奇"的创作心理。（赵睿才《"饮中八仙"的演化与李白为"翰林供奉"的时间问题》）

朝廷内部暗流涌动，时局酝酿着风云变幻之时，杜甫在长安干些什么，他又是靠什么来谋生的呢？我们猜测杜甫这时候应该居住在长安附近相对简陋的旅馆。父亲去世后，他安顿好继母一家，尤其是把荫补的机会让给了继母的亲生儿子杜颖。杜甫应该拿到了一份遗产，但是和高适、李白游完梁宋、齐赵后，恐怕也剩的不多了。

杜甫这次来到长安，不是纯粹来玩的，而是带着一个重要目标而来，那就是谋一份生计。他巴结权势、逢迎高官、陪宴游赏，为的是自我推广和宣传，在寻找入仕的机会，同时也能得到一点可怜的赏钱。《乐游园歌》[8]比较真实地写出了他的这种无奈和悲凉：回想每年的今天我都喝得大醉，今天还没醉我却悲上心头。怎么能舍得头上那几根白发？即便罚我百杯饮尽也不能推辞啊。我如此努力却长期贫贱，眼前的一草一木尚且蒙受皇天的恩慈。宴席散尽，众人皆去，只有我无处可归，独自站在苍茫暮色中吟诗自聊。

这首诗题下原注"晦日贺兰杨长史筵醉中作"，是中和节杜甫陪贺兰杨长史宴饮时所作。这时候杜甫困守长安多年，献"三大礼赋"后，待制集贤院，仅得"参列序选"资格，未实授官。仔细品味，诗中渗透出的是怎样的一种无奈和凄凉？

乐游园歌 [8]

乐游古园崒森爽，烟绵碧草萋萋长。

公子华筵势最高，秦川对酒平如掌。

长生木瓢示真率，更调鞍马狂欢赏。

青春波浪芙蓉园，白日雷霆夹城仗。

阊阖晴开昳荡荡，曲江翠幕排银榜。

拂水低徊舞袖翻，缘云清切歌声上。

却忆年年人醉时，只今未醉已先悲。

数茎白发那抛得，百罚深杯亦不辞。

圣朝已知贱士丑，一物自荷皇天慈。

此身饮罢无归处，独立苍茫自咏诗。

杜位宅守岁 [9]

守岁阿戎家，椒盘已颂花。盍簪喧栎马，列炬散林鸦。

四十明朝过，飞腾暮景斜。谁能更拘束，烂醉是生涯。

有人也许会问，耽酒、嗜酒、酗酒应该怎样理解？我们可以从字面上了解一下：耽，指沉溺、着迷；嗜，极度爱好；酗，是无节制地喝酒，酒后乱来。杜甫喝酒的习惯是从年轻时候养成的。中国人对白酒有着特别的迷恋和特殊的感情，特别是中原和北方地区，朋友交往要喝酒，人情世事要喝酒，节日喜庆要喝酒，悲愁忧伤也要喝酒。甚至到现代，人们仍喜欢用酒去招待朋友。在中国人的观念中，喝酒能带来快乐、忘掉忧愁，拉近人与人之间的距离。

在杜甫那个年代，在宴会和节日上，也不排斥年轻人喝点酒，甚至有时候会得到鼓励和赞赏。杜甫在《壮游》[106]诗中写道："性豪业嗜酒，嫉恶怀刚肠。"

杜甫还写了哪些喝酒的诗呢？有很多，如："痛饮狂歌空度日，飞扬跋扈为谁雄"（《赠李白》[6]）；"谁能更拘束，烂醉是生涯"（《杜位宅守岁》[9]）；"酒尽沙头双玉瓶，众宾皆醉我独醒"（《醉歌行》[22]）；"耽酒须微禄，狂歌托圣朝"（《官定后戏赠》[23]）；"汉运初中兴，生平老耽酒"（《述怀一首》[29]）；"头白昏昏只醉眠"（《因许八寄江宁旻上人》[32]）；"速宜相就饮一斗，恰有三百青铜钱"（《偪仄行》[33]）……

有人做过统计，李白号称"酒仙"，所留存的一千多首诗里写到喝酒的有一百七十首，而杜甫留存的一千四百五十多首诗，提到喝酒的竟有三百首之多。按时间的年轮，或者从杜诗描述喝酒以及醉酒的状态来看，杜甫经历了好酒、嗜酒、耽酒、酗酒几个阶段，最后形成酒精依赖。身体的伤害也从酒精性肝病、脂肪肝、肝炎、肝纤维化，到肝硬化，从后期的症状看，杜甫的肝硬化已经是非常明确的了。在临床上，这种病也许没有多少明显的症状，有的会出现体重减轻、上腹胀痛、食欲不振、乏力、倦怠、牙龈出血及鼻出血、黄疸等表现，但随着病情加重，有的人会出现精神症状、男性乳房发育、蜘蛛痣、肝掌等表现，以及出现厌氧菌所致的原发性腹膜炎甚至肝性脑病等。

数据显示，长期喝酒的人，血管系统会变得脆弱，血压、血脂会升高，引起动脉硬化、高血压等疾病。但我们大多数人不知道的是，肝的硬化对糖原的储存也会产生影响，这对血糖的稳定极为不利。现代医学证实，肝脏是调节人体血糖浓度不可替代的器官。人类进食后，体内的血糖会升高，肝脏就把高的血糖合成肝糖原并进行贮存，从而降低血糖浓度；反之，肝糖原又会被分解，生成葡萄糖进入血液中，来升高血糖浓度。研究表明，酒精会影响脂肪组织对葡萄糖的摄取，酒精不仅会诱发胰岛素抵抗，而且还会妨碍胰岛 β 细胞的合成和释放能力。长期过量饮酒能干扰活化蛋白激酶信号通路，而胰岛素要发挥作用，依赖的就是这个通路。杜甫后期患上糖尿病，跟过度饮酒有着直接的关系。

中医讲，肝开窍于目。肝气虚弱，肝阳上亢，容易使双目红肿、干涩、视物不清，严重的可能患上青光眼、白内障、视网膜脱落等。肝主筋，其华在爪，肝气充足，肝气条达，才能筋骨壮、心平气和；如果肝气瘀滞，疏泄不利，则容易伤心易怒；肝血不足，则会使人头晕眼花、腰膝酸软、腿脚无力和失眠多梦。

喝酒的人都有这样的体会，过度饮酒时间长了，容易造成反酸烧心、虚饱胀闷、恶心等感觉，这是因为肝木克脾土，肝气犯胃。肝肾同源，肝血不足、肝气虚弱也会引起肾水不足、肾气衰弱，包括肝气郁结、肝郁化火、肝阳上亢，都会对五脏六腑产生不利影响。特别是经常酩酊大醉，出现断片现象，对神经系统会有明显的损害。

我们是站在一千多年后的今天来看杜甫的一生的，其实他自己不会想到，后面的人生中经历的身体的疾病和精神的折磨也许跟过度饮酒有着直接或间接的关系。

杜甫的心路历程充满了太多的矛盾和冲突：致君尧舜与百年多病、自视清高与寄人篱下、痛饮狂歌与家国情怀、狂傲奇才与无人知赏，这些矛盾和冲突带给他太多的思想纠结和悲剧。

生活中，有时候我们不得不低下头。杜甫当然也明白，虽然他想抽身，但又摆脱不掉内心的执念，在矛盾纠结里，他只能默默地忍受着这一切。不管怎样，杜甫还要喝酒，还要在长安待下去，他别无选择。

疟疾

在 747 年春天，李林甫清洗他的政治对手时，这里面有好几个都是杜甫的朋友。杜甫刚开始也许感觉这件事离自己很远，但他很快感受到了这个"口蜜腹剑"的家伙对自己造成的伤害。

唐玄宗这时候也许还没糊涂到昏头的地步，他希望给那些科举落第的举子们一次机会，哪怕只通"一艺"也可以参加这次特别的考试。李林甫主持了这次考试，但是最终没有一个考生通过，他向皇帝上表说"野无遗贤"，吹捧皇帝的英明已经把天下有才能的人都搜罗尽了。

杜甫走了这个过场，却是这个结果，他再一次被命运戏弄了吗？不，是被李林甫这个小人给骗了。杜甫又能怎么样呢？他无能为力。在一手遮天的权势面前，杜甫只是一个不起眼的小人物。在这次装模作样的特别考试中受到蒙骗的，或者说倒霉的，我们知道的还有元结（719—772）、孔巢父（？—784）等人。

杜甫在后来写给韦济（688—754）的《奉赠韦左丞丈二十二韵》[10]诗中，发泄了处处碰壁、素志难伸的怨气。在这首诗里杜甫没有曲意讨好对方，也没有故意贬低自己，而是不卑不亢，直抒胸臆，吐露出长期郁积在心中的愤愤不平。

杜甫以前曾赠过韦济两首诗，希望得到他的提拔。虽然韦济很赏识杜甫的诗才，却没能给他实际的帮助。据《韦济墓志》载，750 年韦济刚刚由河南尹迁任尚书左丞，752 年出为冯翊太守。这次杜甫又写诗给他，表示如果找不到出路，就决心离开长安，退隐江湖。这首诗系在 750 年前是不准确的，应该是 752 年暮春，杜甫暂离长安与韦济告别写下的。[①]

奉赠韦左丞丈二十二韵 [10]

纨袴不饿死，儒冠多误身。丈人试静听，贱子请具陈。

甫昔少年日，早充观国宾。读书破万卷，下笔如有神。

赋料扬雄敌，诗看子建亲。李邕求识面，王翰愿卜邻。

自谓颇挺出，立登要路津。致君尧舜上，再使风俗淳。

此意竟萧条，行歌非隐沦。骑驴三十载，旅食京华春。

朝扣富儿门，暮随肥马尘。残杯与冷炙，到处潜悲辛。

主上顷见征，欻然欲求伸。青冥却垂翅，蹭蹬无纵鳞。

甚愧丈人厚，甚知丈人真。每于百寮上，猥诵佳句新。

窃效贡公喜，难甘原宪贫。焉能心怏怏，只是走踆踆。

今欲东入海，即将西去秦。尚怜终南山，回首清渭滨。

常拟报一饭，况怀辞大臣。白鸥没浩荡，万里谁能驯？

诗中云"骑驴三十载"令人费解。其实杜甫从"往昔十四五，出游翰墨场"（《壮游》[106]）到 752 年已有二十七个年头，概以"三十载"论并不为过。

---

① 文学史家倾向于此诗作于 748 年冬或 749 年初。这里的"骑驴三十载"有点费解，清卢元昌改为"十三载"，认为杜甫自二十四岁在洛阳应进士落第，到此时已有十三年了；洪业主张把此诗系在 749 年，此处应读为"三四载"，他认为杜甫从到长安至 749 年初正好三四年光景；《杜甫全诗校注》把此诗系 752 春，杜甫暂离长安与韦济告别时所作。

在国家宏观层面，李林甫实施了新的边疆防御政策，他内心真实的目的是想把真正有才能的人搞垮，不再威胁到他的地位。这样做的直接后果就是大量胡人节度使冲上前线建功立业，其中的三人最为出名，他们分别是高仙芝、哥舒翰和安禄山。

杜甫给前面两人都写过赞诗，高适也曾在哥舒翰幕府做过事。杜甫在《投赠哥舒开府翰二十韵》诗中，把哥舒翰称为唐朝第一名将和大英雄，不吝赞美，吹捧得很高。也许当时杜甫入仕无门，也有学高适投身到哥舒翰军营中的想法。

两年后，哥舒翰在安史之乱中临危受命，在潼关迎战叛军，二十余万大军全军覆没，被部将火拔归仁劫持而降，一世英名尽失。难能可贵的是，杜甫并没有修改这首颂诗或者丢掉它，而是在后来的《潼关吏》中重提此事："请嘱防关将，慎勿学哥舒。"

安禄山是个人物，大家都熟悉，后面一段时间杜甫的故事，甚至说，杜甫的不幸与这个人的叛乱引起的帝国动荡有着直接的关系。这期间，杜甫和岑参游玩了渼陂湖，送孔巢父归游江东。《渼陂行》《兵车行》《前出塞九首》[11] 就是这一时期杜甫的代表作。

接下来，杜甫制造了他人生中比较大的一个事件，也是他引以为豪的一件事。751年正月，朝廷连续举行祀太清宫、祀太庙、祀南郊三大典礼。去年冬，杜甫预献"三大礼赋"颂其事，他在《进三大礼赋表》中如此说："臣生长陛下淳朴之俗，行四十载矣。与麋鹿同群而处，浪迹于陛下丰草长林，实自弱冠之年矣。岂九州牧伯不岁贡豪俊于外？岂陛下明诏不仄席思贤于中哉？臣之愚顽，静无所取，以此知分，沈埋盛时，不敢依违，不敢激讦，默以渔樵之乐，自遣而已。顷者卖药都市，寄食朋友……谨稽首投延恩匦，献纳上表……"

表中所提到的"延恩匦"，是一项延续了很久的制度，类似现在的意见箱，由专人管理，然后通过筛选呈报给皇帝阅批。这是杜甫在制举考试、举荐不成后，采取的另一种干禄办法。杜甫在《壮游》[106]中写道："天子废食召，群公会轩裳。"这里表示唐玄宗被杜甫进献的赋打动了，停止了饮食而召见。看样子，玄宗确实看到了杜甫的献赋，也安排了吏部考察他，但是很长时间却没有结果。

751年除夕，杜甫是在一个远房的从弟杜位家过的（《杜位宅守岁》[9]）。杜位是李林甫的女婿，细思很有意思，杜甫拍皇帝的马屁，等不到消息，大年除夕晚上跑到李林甫女婿家守岁，他肯定是带着某种目的去拜访的，至少是去打探一下消息，或者托这位远房的从弟捎个话儿。从诗中可看出，这个除夕为了仕途去杜位家贺岁的不少，"盍簪喧枥马，列炬散林鸦"。杜甫在761年作《寄杜位》，在767年冬天也写过《寄杜位》①，杜位当时在江陵卫伯玉幕府任行军司马，一些人往往把杜位跟在严武幕府任行军司马的杜济搞混了。从这里看，杜甫好多年后仍将杜位的这段情谊深深记在心里。

这一年杜甫还作了一首《贫交行》[12]，这首诗对分析杜甫的疾病没有太大用处，但"翻云覆雨"这一成语就出自这里，指一些小人的反复无常。

杜甫的性格中，儒家的忠直敦厚多，而道家的放浪旷达少，他不像苏东坡那样通达，只好以"沉饮""烂醉"来排解苦闷、忧愁。中国传统文化中那一套自我解脱的哲学，杜甫不会，他多的是郁结、压抑、自虐，这也是他后期患有焦虑、抑郁的一个重要原因。

不经历过磨难和挫折的人，不会理解杜甫当年的情绪和心态，在繁华的长安城里，人情冷暖只有杜甫自知。重要的是，这一年杜甫结识了他一生中真正的朋友郑虔（《陪郑广文游何将军山林十首》[13]），这个人对杜甫

---

①752年冬李林甫卒，第二年杜位被贬至新州新昌郡。761年九月，大赦，北还。杜甫在761年《寄杜位》中说："逐客虽皆万里去，悲君已是十年流。" 766年杜甫作《奉送蜀州柏二别驾将中丞命，赴江陵起居卫尚书太夫人，因示从弟行军司马位》。767年杜甫作《寄杜位》："峡中为客恨，江上忆君时。"

的影响很大，在后面章节我们还会专门讲述他俩之间的交情。

前出塞九首 [11]

其六

挽弓当挽强，用箭当用长。射人先射马，擒寇先擒王。

杀人亦有限，列国自有疆。苟能制侵陵，岂在多杀伤。

贫交行 [12]

翻手作云覆手雨，纷纷轻薄何须数。

君不见管鲍贫时交，此道今人弃如土。

陪郑广文游何将军山林十首 [13]

其二

百顷风潭上，千章夏木清。卑枝低结子，接叶暗巢莺。

鲜鲫银丝鲙，香芹碧涧羹。翻疑柁楼底，晚饭越中行。

其三

万里戎王子①，何年别月支。异花开绝域，滋蔓匝清池。

汉使徒空到，神农竟不知。露翻兼雨打，开拆渐离披。

消息还是等来了，不过杜甫还需要参加另一场考试。751 年在集贤院，杜甫参加了这场笔试，也就是杜甫在《莫相疑行》[90] 中说的那样："忆献三赋蓬莱宫，自怪一日声辉赫。集贤学士如堵墙，观我落笔中书堂。"这

---

①《本草》：独活，一名戎王使者。戎王子，当是其类。《本草汇言》：独活，善行血分，祛风行湿散寒之药也。凡病风之证，如头项不能俯仰，腰膝不能屈伸，或痹痛难行，麻木不用，皆风与寒之所致，暑与湿之所伤也；必用独活之苦辛而温，活动气血，祛散寒邪。

次考试显得很正规，还有人说杜甫和其他名士一块参加了这次特殊的考试。这次仍然是李林甫出题，结果还算不太坏，杜甫有了"参列序选"资格，就是进入吏部等待使用。

可以猜想这次应该是李林甫的女婿杜位从中说了一些话。在古代官场，熟人推荐有时候会起到很大作用。但是有一个情况要考虑到，李林甫先前告诉玄宗说"野无遗贤"，假如把杜甫录用了，这不是打自己的脸吗？所以还是李林甫从中作梗。对杜甫来说，这应该是一个相对比较好的结果，但在他看来，还是失败了。接下来杜甫给集贤院两个熟悉的朋友写了一首诗，从诗中能看出来他失落的心情和不满的情绪（《奉留赠集贤院崔于二学士》[14]）。"故山多药物"，这里的故山，很多评论家说杜甫指的是老家巩县，但从后面《壮游》[106]诗中，可以推测出，这次特别考试后，杜甫并没有回到巩县或者偃师，而是回到了杜陵（今西安市三兆村南）。在下杜城杜甫可能还置有一些田产，他在那里居住了一段时间。这也从一个侧面说明，杜甫把爷爷杜审言说的"秦川"当成自己的故乡。杜陵是西汉宣帝刘询的陵墓，他的第一任皇后也安葬在这里，只不过陵墓比较小，人们习惯称之为"少陵"。杜甫诗曰"杜陵有布衣"（《自京赴奉先县咏怀五百字[24]》），"少陵野老吞声哭"（《哀江头》），杜甫的号叫"少陵野老"，世人也称他为"杜少陵"。

奉留赠集贤院崔于二学士 [14]

昭代将垂白，途穷乃叫阍。气冲星象表，词感帝王尊。
天老书题目，春官验讨论。倚风遗鶂路，随水到龙门。
竟与蛟螭杂，空无燕雀喧。青冥犹契阔，陵厉不飞翻。
儒术诚难起，家声庶已存。故山多药物，胜概忆桃源。
欲整还乡旆，长怀禁掖垣。谬称三赋在，难述二公恩。

探究杜甫的疾病和死因，为什么要啰啰唆唆讲这些看似不相干的历史事件和杜甫的生活经历呢？并且这些经历一多半还是从诗中推测出来的。杜甫诗中的用典很多，隐晦难懂，这就是很多人读杜甫的诗不得其解的最大原因，必须通过校注才能弄明白。杜甫诗中涉及大唐近六十年的历史事件和人物，通过对照和解读基本也能弄通。杜甫诗歌的艺术成就经过学者上千年的研究整理，也都解读得差不多了。众多学者也搞明白了杜甫年谱和诗歌的编年，虽然会有一些分歧，但基本上也理顺了。

但是，杜甫诗中暗藏的一些谜题却众说纷纭，至今也未能完全解开。可以这么设想，从杜甫的疾病入手，也许是解开这些谜题的另一条路径。在历史上，还从来没有人从疾病这个角度，系统地剖析过杜甫和他的诗歌，也有一些研究者零星地写过一些论文，但都是碎片化的，甚至还有一些错误的理解和不靠谱的拼凑。

疾病的萌芽、产生、成型、发展是有脉络的，不是无中生有或者从天而降的，并且每个发病时期都有相对明显的症状。所以弄清楚杜甫一生的经历和杜甫诗歌的编年，对于解读他的疾病是最有帮助的。反过来讲，在剖析杜甫病历、病史的过程中，也能发现以往对杜甫诗歌的理解，包括编年、注释，有一些是不确切的，或者说是错误的。

《杜甫全集校注》把《病后遇王倚饮赠歌》[15] 这首诗系在 751 年，仇兆鳌系在 754 年。按这个时间线，杜甫患疟疾的时间在 751 年或者 754 年，但这首诗的系年应该是有问题的。

杜甫的《寄彭州高三十五使君适、虢州岑二十七长史参三十韵》[46]作于759年，这一点没有任何争议。杜甫在诗中说"三年犹疟疾，一鬼不销亡"，"三年"下有个原注："时患疟疾"。通过诗中病期来倒推的话，杜甫患上疟疾的时间应该在757年。《病后遇王倚饮赠歌》诗中说"疟疠三秋孰可忍”，杜甫就是在这年患上疟疾的，所以说这首诗应该系在757年才对。我把这一困惑讲给我的导师、杜甫研究专家赵睿才先生听，他说梁权道①把这首诗系在757年，但没有说明原因，所以都不认可。我的导师认为我这一发现“十分有趣和非常有价值”。

《病后遇王倚饮赠歌》[15]应该是757年冬收复长安杜甫归京后所作。经过战乱，朝廷的日子肯定不好过，所以杜甫才有了“但使残年饱吃饭”的感叹。

《宋百家注》卷十评注的“三秋，谓一在鄜，一在华，一在秦地”，从后面看，杜甫患疟疾的三年确实一年在鄜州，一年在华州，一年在秦州，但是在757年的时候这样解释“三秋”，杜甫岂不是成了预言大师？那这里的“三秋”应该是指孟、仲、季三秋。我们现在还用“三秋”大忙季节，来指代整个秋天。“三秋”是指整个秋天，这与诗的下言“寒热百日相交战”中的“百日”也相吻合。

王倚这个人生平事迹无法考证，从诗的首句看，他很可能跟旧时街头锔锅锔碗、修补陶罐的手艺人一样，走南闯北。诗中提及的“长安冬葅”和“金城土酥”，是长安的两种小吃。金城在唐代也是长安的下辖县，现在叫兴平市，距西安五十公里，距咸阳二十三公里。《长安志》记载，“兴平酥、咸阳梨”，都是有名的贡品。

病后遇王倚饮赠歌 ②[15]

麟角凤觜世莫识，煎胶续弦奇自见。

尚看王生抱此怀，在于甫也何由羡。

且遇王生慰畴昔，素知贱子甘贫贱。

---

① 梁权道，生平无考，编撰的《杜工部年谱》今已散佚，成书时间约在1103年至1216年之间，是宋代杜甫年谱编纂发展过程中一个重要的环节。

② 《杜甫全集校注》把此诗编在751年，仇兆鳌编在754年，梁权道编在757年。

酷见冻馁不足耻，多病沉年苦无健。

王生怪我颜色恶，答云伏枕艰难徧。

疟疠三秋孰可忍，寒热百日相交战①。

头白眼暗坐有胝，肉黄皮皱命如线。

惟生哀我未平复，为我力致美肴膳。

遣人向市赊香粳，唤妇出房亲自馔。

长安冬葅酸且绿，金城土酥静如练。

兼求畜豪且割鲜，密沽斗酒谐终宴。

故人情义晚谁似，令我手脚轻欲旋。

老马为驹信不虚，当时得意况深眷。

但使残年饱吃饭，只愿无事长相见。

　　疟疾到目前还在全球范围内流行，非洲最严重，约五亿人生活在疟疾流行区。每年全球约有一亿人患有疟疾临床症状，每年死于疟疾的人数超过二百万。

　　传说公元五世纪，强大的罗马帝国因长久、大范围疟疾流行导致国力严重衰退。在罗马北部的鲁那诺镇曾经发掘出一座古墓，通过分析尸骨的DNA发现，幼童很可能患疟疾而死。历史学家认为这是古罗马帝国亡于疟疾的佐证。

　　疟疾是非常古老的疾病，北方称"发脾汗"，南方俗称"打摆子"。疟疾是经蚊虫叮咬或输入带疟原虫者的血液，因感染疟原虫所引起的传染病。寄生于人体的疟原虫共有四种，即间日疟原虫、三日疟原虫、恶性疟原虫和卵形疟原虫。在中国流行的主要是间日疟原虫和恶性疟原虫，其他

---

① 各种疟原虫感染所导致的疟疾多表现为突起发冷、畏寒、发抖、面色苍白、口唇与指甲发紫，脉搏快而有力；发冷停止后，继以高热、面色潮红、头痛、全身酸痛、口渴、皮肤干热；接着就是全身大汗，体温骤然下降至正常。

两种很少见。

疟疾的临床特点为周期性定期发作的寒战、高热和大汗，后期多伴有贫血和脾肿大。杜甫在诗中把疟疾的发病特点和久病气血虚的表现都说得很生动，从他后来写给高适、岑参的诗里描述的"隔日搜脂髓，增寒抱雪霜"（《寄彭州高三十五使君适、虢州岑二十七长史参三十韵》[46]），可以看出，他感染的是间日疟原虫。

我的爷爷在二十岁左右，大约 1964 年，得过一次疟疾。他记忆很清晰，每天中午十一点准时发作，先是寒战，盖五床棉被还是冷得发抖，之后高烧到四十多度，出一身大汗后退烧，退烧后不影响活动。当年村里很多人患上疟疾，服用奎宁和氯喹来治疗，还有人深夜推着小车往村子外面送"疟鬼"。后来政府号召灭蚊，每天都安排人背着喷雾器在村边地头喷洒农药。

人类面临的最危险的动物是什么？比尔·盖茨说，是蚊子。据统计，世界上每年死于鲨鱼、鳄鱼攻击的约有一千人，死于蛇攻击的约有五万人，死于战争的平均每年约有四十七万人，而死于蚊子叮咬感染疾病的平均每年超过七十万人。

刚开始人们对疟疾与蚊子的关系一无所知，直到 19 世纪 80 年代，拉佛朗和罗斯经过长期研究，才解开这个谜团。拉佛朗发现了疟原虫，提出疟原虫可能是由蚊子传播的。英国人罗斯继续了拉佛朗的研究，经过不懈努力，到 1897 年找到了拉佛朗所说的疟原虫，第二年在蚊子唾液腺中也找到了疟原虫。两人彻底揭开了蚊子与疟疾传染的关系，他们先后获得诺贝尔生理学或医学奖。现在我们都知道，疟疾、黄热病、登革热、寨卡病毒都是因蚊子而传播。

宋代蔡绦撰写的《西清诗话》记载了一个故事，大致意思是：杜甫自以为他的诗法力很大，郑虔的妻子生疟疾，杜甫对她说：只要背诵我的诗，疟鬼就会退避。开始说背诵"日月低秦树，乾坤绕汉宫"（《投赠哥舒开府二十韵》），郑虔妻子背了两天，病未好；杜甫又说背诵"子章髑髅血模糊，手提掷还崔大夫"（《戏作花卿歌》），郑虔妻子又背了两天，病还未好；杜甫又说背诵"虬须似太宗，色映塞外春"（《八哀诗·其四 赠太子太师汝阳郡王琎》），若不能治愈，那扁鹊来了也无能为力了。

蔡绦的同代学者胡仔在所著的《苕溪渔隐丛话》一书中调侃道：杜甫自己也患有疟疾，三年都没治好，饱受病痛折磨和摧残，怎么能背几句杜诗就可以让病魔退避三舍呢？如果真有能听懂杜甫诗的疟鬼，这鬼也是个爱学习、懂事理的好鬼了。

这可以当个故事来听，杜甫的诗当然不能治疗疟疾，但是在病床上静心诵读，气息专注，也许会暂时忘记病痛，在现代医学上也有这种类似的"精神疗法"。

从 757 年杜甫记自己患有疟疾，到 759 年患疟疾已经三年。这一年杜甫得到张彪介绍的方法，他在《寄张十二山人彪三十韵》[47]诗中说："肘后符应验，囊中药未陈。"你的方剂很是灵验，药囊中的药还没吃完，病就好了。

对于疟疾的治疗，《肘后备急方》的记载很详细，不但有明确的分类，而且收录了方剂三十多个，其中十四个方子中都用到了一味药物——常山。除了常山之外，《肘后备急方》中还收录了"青蒿方"治疟，用法极为简单："青蒿一握，以水二升渍，绞取汁，尽服之。"

2015 年中国科学家屠呦呦获诺贝尔生理学或医学奖，她研究青蒿素就是受了《肘后备急方》的影响，获奖理由是：因为发现青蒿素，一种用于治疗疟疾的药物，挽救了全球特别是发展中国家数百万人的生命。

疟疾根治以后一般不会复发，但是也有复发的情况出现。疟疾复发是指疟疾初发患者红细胞内疟原虫已被消灭，未经蚊媒传播感染，经过数周到年余，又出现疟疾发作。关于复发的机理，现代医学也没弄明白，其中孢子休眠学说，认为由于肝细胞内的休眠孢子复苏，发育释放的裂殖子进入红细胞繁殖引起疟疾发作。

764 年秋天，杜甫在《哭台州郑司户苏少监》[86] 中说"疟疠餐巴水"，说明杜甫的疟疾又复发了。但是他可能又治好了，通过三年后的一首诗，我们大概能推测出他治疗的方法。

767 年杜甫在《寄韦有夏郎中》[98] 中写道："省郎忧病士，书信有柴胡。饮子频通汗，怀君想报珠。"柴胡有寒热双解的功效。据推测，一种可能是杜甫用柴胡来治疗自己的肝气郁结，第二种可能是用来治疗疟疾。《中药方剂学》[①] 收录了两个治疗少阳病的方剂，一是小柴胡汤，用柴胡、黄芩、半夏、党参、甘草、生姜、大枣煎服；一是蒿芩清胆汤，用青蒿、淡竹茹、姜半夏、赤茯苓、黄芩、枳壳、陈皮、碧玉散煎服。杜甫收到好友韦有夏寄来的柴胡方，并且服用柴胡汤剂后，汗出热退，病情转轻，逐渐病愈，所以写了这首诗答谢。

中药的汤剂，特点是吸收快，容易快速发挥疗效，并且按照"君臣佐使"的原则，可以加减使用辅药，对个体的不同症状进行灵活治疗和调理。古代称汤药为"饮子"，杜甫所写的"饮子频通汗"，就是喝了汤剂后频频出汗，疟疾渐渐地被治愈。杜甫通过中医治疗，多次战胜疟疾，所以后人把杜甫称作"疟神"，也许才有了后面"杜诗治疟"的传说。

---

① 山东中医学院中药方剂教研室编《中药方剂学》，山东人民出版社，1976 年版。

医道

　　752 年秋天，杜甫和高适、薛据、岑参、储光羲一块登上长安的大雁塔，这个地方离杜甫居住的下杜城步行也就几个小时的路程。五个人当时都写了诗，仅有薛据的诗没有保留下来。

　　在朝廷中，李林甫开始并没有把杨国忠放在眼里，而在王焊谋反事件爆发后，李林甫受到了牵连，从此杨国忠慢慢靠近唐玄宗，而唐玄宗逐渐疏远李林甫。这让李林甫嫉妒不已，他暗中设计，准备将杨国忠扳倒。

　　当年十月，南诏大举内侵，杨国忠那时候还兼任剑南节度使的职务，所以李林甫就向玄宗奏请，建议让杨国忠赶往前线御敌。玄宗觉得很有道理，便下诏照此执行。

　　杨国忠心里明白这是李林甫想把他排挤出朝，于是就到玄宗面前哭诉，乞求让自己留在长安。玄宗心一软，就答应了杨国忠，让他暂且到剑南赴任，但很快会把他重新征召回朝。李林甫了解到事情缘由后，又惊又怕，从此一病不起。临死前他想见皇帝一面，玄宗得知后，想亲自去探望他，却被近臣阻止。

752年冬十一月，执政长达十九年的李林甫死掉了，死后玄宗对他还是挺优厚的。次年初，已经接替李林甫的杨国忠与安禄山合谋，诬告李林甫与叛将阿布思同谋造反，唐玄宗下令有司审理此案。

按照杨国忠的意思，有司一口咬定确有此事。李林甫有一女婿杨齐宣胆小怕事，为了保命，便附和杨国忠的意图，出面证实。被蒙蔽的唐玄宗大怒，下令削夺并抄没李林甫的家产，李林甫的儿子和女婿都被罢官并流放荒蛮之地，朝中朋党五十多人被贬官。这时候李林甫还没下葬，唐玄宗觉得不解气，便命人劈开棺木，挖出他口中所含明珠，剥下金紫朝服，然后改用小棺，以庶人之礼下葬。

同诸公登慈恩寺塔 [16]

高标跨苍穹，烈风无时休。自非旷士怀，登兹翻百忧。

方知象教力，足可追冥搜。仰穿龙蛇窟，始出枝撑幽。

七星在北户，河汉声西流。羲和鞭白日，少昊行清秋。

秦山忽破碎，泾渭不可求。俯视但一气，焉能辨皇州。

回首叫虞舜，苍梧云正愁。惜哉瑶池饮，日晏昆仑丘。

黄鹄去不息，哀鸣何所投。君看随阳雁，各有稻粱谋。

李林甫死了，杜甫开始看到前程了吗？杨国忠是张易之的外甥（一说为张易之的儿子），因母亲改嫁，叫杨钊，是杨氏姐妹的远房堂兄，因此一步登天。从748年入宫，杨国忠深得玄宗恩宠，一年时间身兼十五个使官，成为朝廷的重臣。怎么说杨国忠也不能算是个好人，但除掉了李林甫这个大恶人，并且起用了一些长期被李林甫排挤的文人，这确实让杜甫看到了希望。

753年冬天，杜甫搬回了长安城。说实话，这时候杜甫内心肯定跃跃欲试，他为杨国忠写下颂扬的话。其实杜甫心里跟明镜似的，他知道杨国忠是什么样的一个人，但又不得不迎合巴结他。

杜甫内心的挣扎和矛盾也许没有人能够理解。为了所谓的前程，说一些违心的话，这种心理状态是很伤人的，"本我"与"自我"的斗争，煎熬、违心和痛苦折磨着杜甫。但很快，杜甫想象中的希望也破灭了，他感到失望、愤怒，甚至感到屈辱。有时生活就像一条鞭子，你越不顺，它抽得越来劲儿。

754年，杜甫再一次觍着脸往延恩匦里投了一篇《封西岳赋》，感古论今，针砭时弊，叹咏兴衰更替之变。他告诉皇帝自己在"待选"中已经等待了两年多，至今没有音信，说自己肺部出了毛病，就怕在给皇帝效命之前就死掉了。

这年秋天，长安下了一场雨，接连下了六十多天（《秋雨叹三首》[17]）。《旧唐书·韦见素传》记载："天宝十三年秋，霖雨六十余日，京师庐舍垣墉，颓毁殆尽，凡一十九坊汙潦。"杜甫也写下了"卧病长安旅次，多雨生鱼，青苔及榻"（《秋述》）。

在绵绵的秋雨中，杜甫的情绪低落到极点，他感觉整个心就像雨后倒塌的房屋一样。他跑到郑虔那里，大喝了一场酒（《醉时歌》[19]）。可以说，郑虔是杜甫这辈子遇到的最知心的朋友。

秋雨叹三首 [17]

雨中百草秋烂死，阶下决明①颜色鲜。

著叶满枝翠羽盖，开花无数黄金钱。

凉风萧萧吹汝急，恐汝后时难独立。

堂上书生空白头，临风三嗅馨香泣。

---

①决明的种子是常用中药决明子，具有清肝明目、通便的功能。主治高血压、头痛、眩晕等。决明生命力极其旺盛，常常与其他植物争夺营养，在北美等地区，被视为一种难以根除的野草。

重过何氏五首 [18]

问讯东桥竹，将军有报书。倒衣还命驾，高枕^①乃吾庐。

花妥莺捎蝶，溪喧獭趁鱼。重来休沐地，真作野人居。

醉时歌 [19]

诸公衮衮登台省，广文先生官独冷。

甲第纷纷厌梁肉，广文先生饭不足。

先生有道出羲皇，先生有才过屈宋。

德尊一代常坎轲，名垂万古知何用。

杜陵野客人更嗤，被褐短窄鬓如丝。

日籴太仓五升米，时赴郑老同襟期。

得钱即相觅，沽酒不复疑。忘形到尔汝，痛饮真吾师。

清夜沉沉动春酌，灯前细雨檐花落。

但觉高歌有鬼神，焉知饿死填沟壑。

相如逸才亲涤器，子云识字终投阁。

先生早赋《归去来》，石田茅屋荒苍苔。

儒术于我何有哉？孔丘盗跖俱尘埃。

不须闻此意惨怆，生前相遇且衔杯。

　　郑虔（691—759）比杜甫大二十一岁，弱冠之年就进士及第，不过一直担任着很小的官。郑虔曾经画过一幅画，又题写上自己的诗，献给唐玄宗。玄宗看后大为赞叹，认为他的诗歌、书法和绘画都妙绝一时，提笔在画卷末端写下一行字："郑虔三绝。"唐玄宗深爱其文采，于是在750年专门

---

① 医学上，对于肺气肿、心衰的病人，要求体位是半卧位或者枕头垫高，这样可以减少下肢血流回心，减轻心脏负荷，也可以减轻肺气肿憋喘症状。到764年秋杜甫诗中密集提到"高枕"。

设立了一个清闲衙门，任命郑虔担任广文馆博士。安史之乱爆发后，安禄山劫持了百官迁往东都洛阳，郑虔先后被叛军任命为兵部郎中、国子司业，但郑虔假装称病没去上任。叛乱被平定后，郑虔还是因陷伪而获贬台州（今浙江台州市）司户参军，最后死在任上。

在《醉时歌》[19]里，六十四岁的郑虔和四十三岁的杜甫是难兄难弟，同病相怜、怀才不遇的老哥俩惺惺相惜喝多了，就大发牢骚。

杜甫与郑虔是贫贱之交，从《陪郑广文游何将军山林十首》[13]一直到《哭台州郑司户苏少监》[86]，杜甫一共写给或者提到郑虔的诗有二十二首，两人自相识后就不离不弃。郑虔不光在诗、画、书法上造诣很深，而且著有兵书《天宝军防录》、医书《胡本草》、杂录《会粹》等，他是一个杂家，在军事、医学上也有很高的造诣。杜甫第一次将中药材写进诗中，提到"戎王子（独活）"，到最后一首绝笔诗提到"风疾"，他的中医和中药启蒙很有可能来源于郑虔。在与郑虔的交往中，杜甫不断丰富着中医药常识，在以后的漂泊生涯中，他种药、采药、制药，用于自身病体的调治，有时候还用来换点生活费用。

现在我们提倡每个人都要懂一点"医道"，并不是说非要成为一名医生，非要有多高明的医术不可，而是在生活中学习一些医学的基本知识，了解疾病的发病规律，掌握一些调养身体的方法，用来趋利避害。

比如，日常生活中我们感到浑身无力、打盹、没有精神、吃不进饭，或者出现恶心、呕吐，有时候医院诊断为消化性溃疡或十二指肠球部溃疡、胃窦部溃疡。但这些表征中也许隐藏着另一种病症，若是懂点儿医道，就要考虑是不是甲状腺方面出了异常。因为以上这些症状也是甲状旁腺功能亢进的典型症状，除了骨钙流失，引起腰腿疼痛外，早期没有其他明显症状，有时候还能诱发急性胰腺炎，很容易被表面症状所掩盖。

杜甫有着比较丰富的中医中药知识，从后面的探讨中我们也能看出，杜甫诗中那些被古今中外众多的文学评论家认为是难解的地方，至少有一部分是对疾病的描述，或者是对病因的剖析。对于这些地方没有一定的医学修养，即便挖空心思也很难弄清楚。

杜甫的一千四百五十多首诗中，写到病症、病因、治疗和中药材的有二百多首。仔细研读，你会发现每个时期杜甫所患疾病不同，诗中看似信手拈来的中药名都是针对其自身疾病对症治疗的。

尽管杜甫是懂医的，但是他知行不一，不能身体力行。杜甫不良的生活习惯随处可见，也许在日常生活中我们也在犯着同样的错误。

杜甫经常生闷气。困顿长安时，他早上出门找饭吃，最后找到一个远房的从孙，这个从孙家里也很穷，可能没给他好脸色，他回来就生气，并且写了一首诗发泄怨气（《示从孙济》[20]）。杜甫在成都时受严武厚待，在幕府做事，但因年老体衰，同事不待见，他就又生气（《莫相疑行》[90]）。他回家看到家徒四壁，孩子可能问了句什么时候开饭啊，他就怪孩子不懂礼节，很生气（《百忧集行》[65]）。在江陵去相识的朋友处讨要生计却空手而归，他很郁闷（《水宿遣兴奉呈群公》[136]）……

杜甫在饮食上不节制。即便患了糖尿病，他还是经常喝甘蔗汁。杜甫喜食甘甜，他以为甘蔗汁能去烦热，是个好东西，所以“蔗浆归厨金碗冻，洗涤烦热足以宁君躯”（《入奏行》）。坐小船和老婆游玩时，他也携带蔗浆，“茗饮蔗浆携所有，瓷罂无谢玉为缸”（《进艇》）。

《黄帝内经》说：“虚邪贼风，避之有时。”杜甫却不管不顾，他经常半夜出发，不管是走山路还是水路，无论是春夏秋冬，就是正常人也受不了这风寒暑湿的常年侵袭，更何况是一个营养不良的多病之躯。

杜甫嗜酒。我们已经详细探讨了过度饮酒对杜甫身体和精神的伤害，他经常喝得酩酊大醉，喝多了，什么也不放到眼里，“饮酣视八极，俗物都茫茫”（《壮游》[106]）。

杜甫的熬夜和失眠是一个可以循环论证的表现，但根源在于心态的焦虑和烦躁。杜甫一辈子总处于一种"企"的状态，"企"的本义就是踮着脚后跟儿往上够，却总也够不到。心态的异常，是引发杜甫焦虑、失眠、多梦、抑郁，甚至嗜酒的根源。

杜甫在治疗自身疾病时用药不科学。说到底杜甫只是"半拉子"医生，没有从中医的阴阳、表里、虚实、寒热去辨证治疗自身的疾病，而只是"头痛医头，脚痛医脚"，最终造成身体消化、内分泌甚至神经系统的紊乱。杜甫也承认针灸差点要了他的命[①]。唐朝有两次炼丹术高峰，一次是初唐武德、贞观年间，另一次是开元年间和天宝初年。几乎每个皇帝和王公贵族都痴迷炼丹术，就连李白、杜甫、韩愈、杜牧、白居易这些文学大腕儿也不例外，在《药饵》章节我们会探讨服食丹药对杜甫身体的伤害。

在生活中，熬夜、酗酒和焦虑对人的健康都很不利。我们平常说，医道的本质是生命的自我修复。杜甫非但没有养成好的生活习惯，反而变本加厉地摧残自己的身体，他多病的一生，破坏身体的罪魁祸首恰恰是他自己。

晚清名臣张之洞在外做官时，寄了很多补药回家，但父母服用后胃不舒服，张之洞对自己不明医理就胡乱寄药很后悔，就写了封信说："不知医道者，不可以为人子。"这里面既体现了中国传统的孝道，也从一个侧面说明人在生活中要学习并了解一些医道。

医道，说到底就是生活之道。掌握一些健康养生的道理，就是认识自我，提升自身免疫力，把大病小灾防患于未然的过程。

---

① 参见《咏怀二首》[144]："羸痹且如何？魄夺针灸屡。"

高枕

　　杜甫是个不负责任的人吗？他是哪一年结的婚？杜甫的诗歌和文章里没有提到他结婚的时间和妻子的姓名。元稹（779—831）给杜甫写的墓志铭中说："夫人弘农杨氏女，父曰司农少卿怡，四十九岁年而终。"元稹和白居易（772—846）是806年四月在"才识兼茂明于体用科"①同时考中的。

　　关于杜甫结婚的时间，学界有734年、741年、750年、752年几种说法②，其中741年说最为流行，甚至被写入《中国文学史》。闻一多、郭沫若、陈贻焮、冯至等都以"小子筑室，首阳山下"（《祭远祖当阳君文》）为依据，认定此年杜甫盖房娶媳妇。汉唐以来，"庐墓"之风盛行，在先祖墓前结庐而居，事亲以孝。③单纯从杜甫盖房子这个证据看，说他741年

①唐代科举分常科和制科。据统计，制科有一百多种，主要分为几大类：长材类、军武类、吏治类（才识兼茂明于体用科）、文词类、不遇类、儒学类、贤良忠直类、玄道类、方技类。

②台湾简锦松教授考证杜甫成婚时间是747年。参阅《亲身实见——杜甫诗与现地学》（简锦松著，（高雄）中山大学出版社，2018年版）第七章：亲身之事——杜甫夔州生活新证，第3节。

③《旧唐书·陈子昂传》载，陈子昂在其父死后曾结庐墓；《旧唐书·孝友传》载，梁文贞在父母死后"结庐墓侧，未尝暂留"。晚清重臣曾国藩在父亲去世后，不等朝廷批复，急赶回家丁忧庐墓，曾受到左宗棠的严厉指责。

成婚，显然有点草率。因为在这之后很多年杜甫只字未提家室或者妻儿，并且741年正是杜甫在齐赵游历的阶段，按中国传统文化和观念来说，大婚期间独自出去游玩，这极不可能，除非婚姻不幸福或者精神出了毛病。从后面杜甫写给妻子和儿女的诗中能看出来，杜甫不是这样的人，他有爱心，也有责任心。

还有人猜想杜甫一生结过两次婚，第一次婚姻是在734年，杜甫二十三岁，娶十六岁杨氏。杨氏活到四十九岁，死于767年，杜甫后娶夔州当地女。这貌似很有道理，但经不起推敲。一是734年杜甫还在吴越游历；二是司农少卿是从四品上的官职，不可能把闺女嫁给杜甫这个毛头小子；三是从杜甫诗中很明显能推出他的二子宗武出生在754年，杜甫结婚二十年才要孩子吗？770年，杜甫诗曰"妻孥复随我，回首共悲叹"（《逃难》[148]），又作何解？很明显，这是一种顾头不顾尾的考证。

旅居美国的洪业先生在1952年写过一部英文版的《杜甫：中国最伟大的诗人》，他猜想杜甫结婚应该在752年。他认为杜甫在远房从弟杜位家度过751年除夕夜这件事，颇能反驳他已经成婚的假说。而且，751年杜甫四十岁时穷困潦倒，并无仕途前景和固定收入，倒是经常喝得烂醉如泥，没有成婚的前提条件。在进献了"三大礼赋"打动了皇帝的751年后，杜甫可能将有不错的任命和稳定的收入，这样，婚姻大事有可能提上日程。

杜甫的数学应该不错，因为他在诗中无论是写患病时间、游历的年份或与朋友的分别日期，只要能确定这首诗的编年，前后推算几乎都是准确的。我们可以尝试用杜甫几个儿女的年龄去推算，基本也能证明杜甫在752年成婚的说法。

757年杜甫在凤翔作《得家书》："熊儿幸无恙，骥子最怜渠。"同年八月，杜甫被皇帝遣返回家探亲，一年后到家作《北征》[30]："床前两小女，补绽才过膝。"这说明到758年，杜甫已经有两个儿子和两个女儿。

754 年秋天连续下雨，长安物价飞涨，缺少吃的，杜甫一家去奉先置家，途中作《桥陵诗三十韵因呈县内诸官》："荒岁儿女瘦，暮途涕泗零。"这说明杜甫此时起码已经有儿有女了。

熊儿是大儿子宗文，骥儿是二儿子宗武。杜甫的五个孩子中，宗武的年龄相对来说最清晰。768 年杜甫作《又示宗武》："十五男儿志，三千弟子行。""志学"在古代是十五岁的代称，出自《论语·为政》"吾十有五而志于学"，从这首诗推算，宗武应该是 754 年出生的。

757 年杜甫陷贼中作《遣兴》："骥子好男儿，前年学语时。问知人客姓，诵得老夫诗。"前年是 755 年，小孩子周岁开始学语，从这里也印证了宗武应该出生在 754 年。到杜甫写诗时，宗武能叫别人名字和背诵杜甫的诗歌，已经三周岁了，这应该是非常确定的。

《宗武生日》[72] 这首诗编年有分歧，有人将其系在 762 年秋天的梓州诗内，有人将其系在 767 年秋天夔州诗内，也有人认为 768 年秋天在江陵的情况比较吻合诗中所述，但不管系在哪一年，从"小子何时见？高秋此日生"这句可以断定，宗武出生在"高秋"，指农历九月初九重阳节。

《秋雨叹三首》[17] 作于 754 年，诗中说"稚子无忧走风雨"，这是指大儿子宗文。诗中提到决明开黄花，指七月。孩子一般一岁到一岁半就能独立走路了，这说明大儿子宗文可能出生在 753 年七月，或者更早一些。

755 年十一月，杜甫在《自京赴奉先县咏怀五百字》[24] 中说："入门闻号咷，幼子饥已卒。"杜甫的幼子饿死了，这个幼子应该生于 755 年。

758 年杜甫到家作《北征》[30]："床前两小女，补绽才过膝""瘦妻面复光，痴女头自栉。学母无不为，晓妆随手抹"。大女儿能学母亲的样子梳头，还拿着杜甫捎回家的脂粉涂抹在脸上，但仍是调皮儿童的样子，应该在四岁左右；小女儿能站在床前，起码在一岁以上。

《彭衙行》回忆 756 年六月叛军攻破潼关，杜甫携一家老小从白水至鄜州的情景："痴女饥咬我，啼畏虎狼闻。怀中掩其口，反侧声愈嗔。小儿强解事，故索苦李餐。"宝宝六个月左右开始萌出牙齿，就有咬人的冲动，这说明小女儿出生在当年。

764 年杜甫作《赠王二十四侍御契四十韵》[81]："女长裁褐稳，男大卷书匀。"① 古代女孩子十岁左右，家里会聘请女师按"四德"要求教导她们，刺绣、裁衣这些女工是必学的课目。从这儿推算，杜甫的大女儿大概率出生在 754 年。

杜甫从 752 年至 754 年秋，基本上在长安和离长安不远的下杜城生活，754 年秋到 755 年秋冬在奉先，夫妻是在一起的。按照诗中描述来推算，再结合妇女生育周期的规律，我们可以大胆推断：杜甫的大儿子宗文出生于 753 年七月以前；二儿子宗武与大女儿有可能是双胞胎，出生于 754 年九月九日重阳节；饿死的幼子出生于 755 年；小女儿出生于 756 年。

如果这种推断合理的话，那么，杜甫 752 年结婚，在时间上是吻合的。那个时代重男轻女，所以男孩子的出生日期相对明晰，而女儿的年龄就比较模糊。

杜甫晚年有可能还生育过一个女婴，不过在逃难途中夭折了。杜甫在 770 年冬天的绝笔诗（《风疾舟中，伏枕书杯三十六韵，奉呈湖南亲友》[152]）中说"瘗夭追潘岳"，史家说杜甫必有丧子之痛，夭折的可能是大儿子宗文。但杜甫在 770 年夏作《入衡州》[147] 中说"远归儿侍侧，犹乳女在旁"，这个远归的儿子可能是宗文，这里的"乳女"可能是后来夭折的女婴。

① 简锦松教授用"十三能织素，十四学裁衣"（《孔雀东南飞》）来推断杜甫大女儿此时已经十五岁，以此推定大女儿出生于 750 年。参照《亲身实见——杜甫诗与现地学》（简锦松著，（高雄）中山大学出版社，2018 年版）。

示从孙济 [20]

平明跨驴出，未知适谁门。权门多噂沓，且复寻诸孙。

诸孙贫无事，宅舍如荒村。堂前自生竹，堂后自生萱①。

萱草秋已死，竹枝霜不蕃。淘米少汲水，汲多井水浑。

刈葵莫放手，放手伤葵根②。阿翁懒惰久，觉儿行步奔。

所来为宗族，亦不为盘飧。小人利口实，薄俗难可论。

勿受外嫌猜，同姓古所敦。

上韦左相二十韵 [21]

凤历轩辕纪，龙飞四十春。八荒开寿域，一气转洪钧。

霖雨思贤佐，丹青忆老臣。应图求骏马，惊代得麒麟。

沙汰江河浊，调和鼎鼐新。韦贤初相汉，范叔已归秦。

盛业今如此，传经固绝伦。豫樟深出地，沧海阔无津。

北斗司喉舌，东方领搢绅。持衡留藻鉴，听履上星辰。

独步才超古，余波德照邻。聪明过管辂，尺牍倒陈遵。

岂是池中物，由来席上珍。庙堂知至理，风俗尽还淳。

才杰俱登用，愚蒙但隐沦。长卿多病久，子夏索居频。

回首驱流俗，生涯似众人。巫咸不可问，邹鲁莫容身。

感激时将晚，苍茫兴有神。为公歌此曲，涕泪在衣巾。

高枕

53

　　754年秋天，因为连续的饥荒，杜甫把家安置在奉先（今陕西蒲城县）。

杜甫有一首《桥陵诗三十韵因呈县内诸官》，诗中提到，因为饥荒，他和

---

① 萱草，有"金针""忘忧草""宜男草""疗愁""鹿箭"等名，生食有毒。清热利尿，凉血止血。
现代医学证实，萱草根加热后毒性可显著降低，对血吸虫病的治疗作用丧失，但对结核菌的抑制力
却不变。
② 指绿葵。《佐还山后寄三首·其二》[44]："味岂同金菊？香宜配绿葵。"绿葵主要有平肝祛风、
清湿热、消滞气的功效。

家人在夜间抵达奉先，被安置在一个廨署临时住所。这个冬天杜甫一家可能一直住在奉先。

755 年春天，杜甫把家人留在奉先，自己回到长安，因为他在没有得到一个官职之前，不会轻言放弃。他现在好像骑在虎背上，上去不容易下来也难。杜甫写了一首长诗给韦见素（《上韦左相二十韵》[21]），这个人在去年秋天被任命为宰相，地位仅次于杨国忠，但韦年长忠厚，经过很多年才一步步爬到这个位置上，不会冒着政治风险为杜甫说话。

到了秋天，杜甫在绝望中第三次投了延恩匦，献给皇帝《雕赋》和《进雕赋表》。杜甫用极其优美的语言描述了猎雕在秋天的捕食行动，他说他要像祖父杜审言一样为皇帝效命。这篇《雕赋》可能起到了一定的作用，但不一定被唐玄宗看到，因为任命这样的小官吏根本用不着皇帝发号施令，也许是把持朝政的杨国忠之流担心杜甫闹出舆情来，毕竟杜甫蹲守长安十年，也有一定的影响力，并且在吏部他也属于后备官员。

不久，吏部的任命书下来了，杜甫被任命为河西（今陕西韩城）县尉，这是个从九品上阶的官职①，杜甫没有接受这一任命。在县一级政府里，县尉比县丞、主簿的地位低，职责是"主盗贼，案察奸宄"，比如百姓不纳赋税，就要被当成盗贼加以惩处。杜甫的朋友高适在 749 年，中第后快五十岁时得了个封丘（今河南封丘）县尉的职位，虽然不满意，却走马上任，在任上曾写下"拜迎长官心欲碎，鞭挞黎庶令人悲"（《封丘作》）的工作状态。晚唐时期的李商隐（813—858）在二十六七岁时任弘农县（今河南灵宝）县尉，工作期间他感到非常屈辱，难以忍受，最终以请长假的方式辞职了。

杜甫拒绝接受这个任命。过了一段时间，新的任命又下来了，杜甫改任右卫率府兵曹参军，就是东宫太子卫队看守兵备库的小官，大概是从八

---

① 参见《大唐六典卷三十·三府督护州县官吏·就县徽县天下诸县官吏》《唐会要卷七十·量户口定州县等第制》。

品下阶①。从《旧唐书》查询，这一级官吏待遇有二百亩土地，月收入合计三万五千六百四十文钱，另外还有一些福利待遇，比如有两个仆人和可以使用官马等，在当时大概能维持十口人的日常开销。

醉歌行 [22]

陆机二十作《文赋》，汝更小年能缀文。

总角草书又神速，世上儿子徒纷纷。

骅骝作驹已汗血，鸷鸟举翮连青云。

词源倒流三峡水，笔阵独扫千人军。

只今年才十六七，射策君门期第一。

旧穿杨叶真自知，暂蹶霜蹄未为失。

偶然擢秀非难取，会是排风有毛质。

汝身已见唾成珠，汝伯何由发如漆。

春光淡沲秦东亭，渚蒲牙白水荇青②。

风吹客衣日杲杲，树搅离思花冥冥。

酒尽沙头双玉瓶，众宾皆醉我独醒。

乃知贫贱别更苦，吞声踯躅涕泪零。

官定后戏赠 [23]

不作河西尉，凄凉为折腰。老夫怕趋走，率府且逍遥。

耽酒须微禄，狂歌托圣朝。故山归兴尽，回首向风飙。

---

① 参见《大唐六典卷二十八·太子左右卫及诸率府》。

② 菖蒲，全草入药，能清热利尿、消肿解毒。《别录》：主四肢湿痹不得屈伸，菖蒲涤痰辟秽，神补正气，故能治之。民间认为菖蒲有辟邪的作用，江南人家每逢端午时节，悬菖蒲、艾叶于门窗。荇菜，一种水生植物，全草均可入药，能清热利尿、消肿解毒。

杜甫在长安期间共留存诗歌百首左右，其中写到中药材的有独活、决明、甘菊、萱草、绿葵、菖蒲、荇菜等。杜甫可能腰脚开始疼痛，郑虔给杜甫介绍了从西域来的"戎王子"（独活），用于治疗痹痛难行和腰脚酸软等症。

古代文人夜间在油灯下看书、写诗，眼睛几乎都有问题。杜甫在小院种植决明和甘菊，经常用其泡水喝，能起到清肝明目的作用。萱草有清热解毒的功效，现代医学证明，它的根对结核菌有一定的抑制力。我们可以理解为杜甫用它来治疗自己的肺部疾病，也就是肺痨。萱草、绿葵、菖蒲、荇菜都有平肝去湿、清热解毒的功效，也都可以作为食物充饥，这些都是杜甫日常用来食疗的。杜甫不是专业的药师，他认识的中药材也许有限，诗中所提到的，肯定是他经常用到的药材。

杜甫在《重过何氏五首》[18]中说"高枕乃吾庐"，这是他第一次提到"高枕"。大约到764年秋天，杜甫密集用到"高枕"这个词。766年冬杜甫作《夔府书怀四十韵》也说"高枕虚眠昼，哀歌欲和谁"。这个"高枕"里面到底包含了什么信号？

高枕，就是把枕头垫高。正常人睡觉，枕头太高容易造成颈椎变形，但是在医学上，有一类特殊病人必须把枕头高垫或者采取半卧位。这类特殊病人就是肺气肿、肺心病、冠心病以及心衰的患者，采取这样的体位能减少下肢静脉血液流回心脏，减轻心脏的负荷，同时也能减轻肺部瘀血，减轻憋喘状态。

结合以后杜甫病情的恶化，我们基本可以确定，这时候四十二岁的杜甫是肺结核与肺气肿同时存在，并且已经影响到心脏，开始向肺源性心脏病发展。肺心病早期会出现明显的气促、喘息、胸闷、咳嗽，严重的还会出现呼吸困难、缺氧、发绀等，所以在睡觉时，杜甫需要垫高枕头，来减轻腹部脏器对心脏的压迫，同时增加肺活量，减轻肺部瘀血和心脏负担，改善呼吸困难的状况。

外邪

　　杜甫最终还是接受了右卫率府兵曹参军这个官职，尽管他不是很情愿。其实连杜甫也没想到，就是这么一个小官他也没有当安稳几天。时间不长，安史之乱爆发，杜甫携家逃离。

　　755年十月杜甫离开长安赴奉先探亲，两地相距一百一十公里，坐马车也就两天多工夫。杜甫可能是利用假期来实施这次探亲旅行的。

　　杜甫半夜出发，路上黑暗阴森，他冒着严寒行进，手指也冻僵了，衣带断了都系不上。一路上他回顾了自己的前半生，重温自己做出的一个个选择。漫游齐赵时，他本来可以和李白一起隐居山林，但偏偏执拗于以"稷契"自命的狂妄理想，来到长安追梦。十年时光，他不断投谒献赋，最终却得到这么一个小小的官职，到底图的什么呢？

　　天蒙蒙亮时，杜甫已经来到骊山脚下。山上宫殿气象森严，御林军的旗帜密集摇动，他仿佛听到来自骊山宫殿的音乐声。皇帝与嫔妃经常在这里游玩嬉戏，杨国忠、虢国夫人也都在温泉被赐浴过，安禄山在这里还表演过游泳，以取悦皇帝。可就在这奢华之外，"路有冻死骨"，在这天寒地冻的冬天，杜甫一入家门，就听到幼子饿死的噩耗。唐代遵循《礼经》，有"不哭丧婴"的习俗，但杜甫的内心又怎能不难过呢？

杜甫忧愤交加，回家后写下的这首长诗《自京赴奉先县咏怀五百字》[24]，是他对自己旅居京华十年身世遭遇、思想变化的最全面总结。他回忆种种过往，仕不成，隐不遂，进退两难，他感觉自己太天真了，心怀"稷"和"契"实现济世名臣的梦想，整日为黎民百姓和朝廷大事担忧，但在途中所见所闻，如鲠在喉。杜甫不敢明写，但这次难忘的经历，是不是对他以后诗风和思想的改变起到了一定作用？残酷的现实是不是让怀揣梦想、异想天开的杜甫一夜"长大"？从此，他开始关注民间疾苦，哀叹帝国的衰败，成为苦民之苦、为民代言的一代现实主义诗人。

安禄山未反前，平原（今山东陵城区）太守颜真卿（709—784）已察知异状，借大雨之机修城挖壕，征壮丁充粮库，率平原与博平（今山东聊城）兵七千人防守黄河渡口，并报奏朝廷。玄宗曾大喜说，我不知颜真卿是何状貌，能这样真不愧是义士。安禄山起兵造反是从755年十一月九日开始的，六天后消息传到华清宫，传到奉先杜甫这儿不会更早。那么，杜甫是对这场灾难早有预判还是在路上听到了某些传言？

自京赴奉先县咏怀五百字 [24]

杜陵有布衣，老大意转拙。许身一何愚，窃比稷与契。

居然成濩落，白首甘契阔。盖棺事则已，此志常觊豁。

穷年忧黎元，叹息肠内热①。取笑同学翁，浩歌弥激烈。

非无江海志，萧洒送日月。生逢尧舜君，不忍便永诀。

① 有人认为，杜甫忧国忧民、忧心如焚。其实杜甫也自述了一个病症：肠内热。中医实火（热）还通常兼具各种各样基础代谢过度的病症，如面部潮红、眼赤、心悸、口干、大便干硬、小便赤黄、多食易饥、情绪不稳定、消瘦等。

当今廊庙具，构厦岂云缺？葵藿倾太阳，物性固莫夺。

顾惟蝼蚁辈，但自求其穴。胡为慕大鲸，辄拟偃溟渤？

以兹悟生理，独耻事干谒。兀兀遂至今，忍为尘埃没。

终愧巢与由，未能易其节。沉饮聊自遣，放歌颇愁绝。

岁暮百草零，疾风高冈裂。天衢阴峥嵘，客子中夜发。

霜严衣带断，指直不得结。凌晨过骊山，御榻在嵽嵲。

蚩尤塞寒空，蹴踏崖谷滑。瑶池气郁律，羽林相摩戛。

君臣留欢娱，乐动殷胶葛。赐浴皆长缨，与宴非短褐。

彤庭所分帛，本自寒女出。鞭挞其夫家，聚敛贡城阙。

圣人筐篚恩，实欲邦国活。臣如忽至理，君岂弃此物？

多士盈朝廷，仁者宜战栗。况闻内金盘，尽在卫霍室。

中堂舞神仙，烟雾蒙玉质。暖客貂鼠裘，悲管逐清瑟。

劝客驼蹄羹，霜橙压香橘。朱门酒肉臭，路有冻死骨。

荣枯咫尺异，惆怅难再述。北辕就泾渭，官渡又改辙。

群冰从西下，极目高崒兀。疑是崆峒来，恐触天柱折。

河梁幸未折，枝撑声窸窣。行旅相攀援，川广不可越。

老妻既异县，十口隔风雪。谁能久不顾？庶往共饥渴。

入门闻号咷，幼子饥已卒。吾宁舍一哀，里巷亦呜咽。

所愧为人父，无食致夭折。岂知秋禾登，贫窭有仓卒。

生常免租税，名不隶征伐。抚迹犹酸辛，平人固骚屑。

默思失业徒，因念远戍卒。忧端齐终南，澒洞不可掇！

　　杜甫无论是走旱路还是走水路，都喜欢半夜出发："回首凤翔县，旌旗晚
明灭"（《北征》[30]）；"中宵驱车去，饮马寒塘流"（《发秦州》[48]）；"晨

发赤谷亭"（《赤谷》[49]）；"早行篙师怠"（《早发》）；就连叫仆人去摘个苍耳也"侵星驱之去"（《驱竖子摘苍耳》[101]）……有的学者说因为贫困，所以杜甫经常半夜或者凌晨出发，难道古时候像现在一样，夜间出发，船票也打折吗？

在中医看来，疾病的产生有三大主要原因：外感六淫疫疠、内伤七情劳倦和饮食不节，其他病因包括外伤、虫兽、胎传、诸毒、医过。"六淫邪气"，分别为风、寒、暑、湿、燥、火，其中寒为阴邪，易伤阳气。淋雨涉水、贪凉露宿，会使外部环境中的寒邪侵入体内。七情分别为喜、怒、忧、悲、思、恐、惊，对应心、肝、肺、脾和肾五脏，如果人的情志异常比较持久，并且比较偏激，会导致正气虚弱、脏器虚衰，称为七情内伤。常食生冷能损伤脾胃阳气，可致寒从内生，造成体内阴气过剩，阳气受损。

这里面湿邪是最容易渗透的，湿气遇寒则为寒湿，遇热则为湿热，遇风则为风湿……湿气在皮下，就形成肥胖；在骨骼，则生骨病；若在脏腑，则五脏六腑都受累。据统计，湿气能诱发一百四十多种疾病，比如肺的湿病，包括咳嗽、痰症、哮喘等；肝胆湿病，可能会引发黄疸、胁痛、结石等；脾胃湿病，包括胃病、腹痛、便秘、呕吐、痢疾等；心脑湿病，可能会造成眩晕、中风、失眠、高血压、高血脂等；肾膀胱湿病，可能形成水肿、淋症、前列腺疾病等；气血津液湿病，可能造成汗症、消渴、厥症……

其实杜甫到晚年时已经意识到，半夜行路能使诸病侵入。如他说"征途乃侵星，得使诸病入"（《早发射洪县南途中作》[76]），但他总是改不了这个毛病。

也许有些人会问，现在我们很少半夜出发，哪来的那么多寒湿邪气？其实生活中很多小细节，会在不经意间伤害到我们的身体，比如夏天吃大量的冷饮，长时间使用空调，睡觉开着窗户，洗头不干就出门，骑电动车对膝盖不做防护，开冰箱门冷气扑面而来等，只是我们没有觉察而已。

用现代人的眼光看，我们所遭遇的外邪包括以下几个方面：一是精神性外邪，像突如其来的惊吓、恐惧，亲人去世或者发生灾难时的过度伤悲，还有工作压力和意外打击等，都会引发精神问题，导致身体某个部位的发病。二是污染外邪，包括辐射、噪音、雾霾、矽尘、各种有毒气体、酒精、烟、滥用药物等。三是生物性外邪，也就是西医讲的各种致病微生物，这种外邪引起的疾病多种多样。

不同的外邪侵扰会引起不同的症状，而同一种外邪侵袭在不同的人身上，引发的表现也不尽相同，这就跟我们自身的体质和免疫力有关了。免疫力包括身体方面的，也包括精神方面的。举个简单的例子，两个人同时吃了变质的食物，一个人也许会拉肚子，到医院挂吊瓶，而另一个人也许只是肚子稍不舒服就挺过去了。同样和别人吵架或发生不愉快的事，事情过后一个人也许跟没事一样，而另一个人或许出现肝气郁结、腹痛、吃不下饭、睡不着觉等症状，那么后一个人的肝脏有欠缺，同时他的精神免疫力也存在一定的问题。

就像这次新冠病毒流行，有些人感染后发高烧，出现精神疲乏、咽喉肿痛、肠胃不适、咳嗽头痛等症状，而有些人则轻微发烧就过去了，甚至没有症状，这跟每个人的身体免疫是有关系的。

有时候我们不太相信中医，没有化验指标和检验结果，中医怎么判断甲状腺功能有问题，或者脾胃有毛病，或者肝脏有损伤？其实说到底，中医就是通过望闻问切，搜集外邪侵袭身体后表现出来的症状进行诊断和调治。就像一个侦探，他没有在现场看到犯罪嫌疑人行凶的过程和使用的凶器，而是依靠现场留下来的痕迹，来推理、还原犯罪场景，找出真凶。

一个报道说北京中医药大学深圳医院的刘健，是肺病科主任、肺病专业博士，曾承担新冠肺炎危重病人的临床救治。重症患者往往需要呼吸机支持，并且手腕扎了针管，不能像普通患者一样诊脉、看舌苔，更不能交流。

面对这种重症患者，如何辨证就是一道难题。

刘健凭借多年的从医经验，仔细研究患者的发病历程、各项检查指标，凭借零散的线索，按图索骥，就像侦探破案一样，给患者辨证施治。据不完全统计，这个病区的二十多名危重患者，通过中医药治疗效果良好，其中六名危重患者成功撤掉呼吸机，五名重症转为轻症。

我们在分析杜甫的疾病成因和病史发展的过程中会发现，他所患的这些疾病跟他不良的生活习惯有很大的关系。（比如前面我们提到的酗酒、生闷气，这次探讨的经常半夜出发造成的寒湿、暑湿的侵扰，对他的肺病、湿痹症、眩晕症、失眠症等病症都有影响。所以说，除了外伤之外的因素，内伤七情、外感六淫外邪，再加上饮食不节，是造成杜甫晚年疾病缠身的主要原因。）

昏妄

右卫率府就是东宫太子的卫队，杜甫在兵曹参军这个位置干了多长时间，拿了几个月薪俸？杜甫从奉先探亲回来大概就进入腊月，到次年六月潼关失守，安禄山大军长驱直入长安，玄宗匆匆出逃，长安肯定是乱了套，满打满算，杜甫也就领了半年薪水。

杜甫在右卫率府任上写了三首诗：《苏端薛复筵简薛华醉歌》《晦日寻崔戢李封》和下面这首《送率府程录事还乡》[25]。诗中提到的"抱病昏妄集""记一不识十"，是说头脑昏乱又健忘，对于平常来往的人，十有八九记不得，或者说以前的事犹记得而眼前的事却记不住。

这突然出现的记忆力障碍，到底是怎么回事儿？难道杜甫得了神经衰弱？神经衰弱是一种心理疾病，主要有五个方面的症状：一是精神疲倦、乏力、注意力难以集中，虽然睡得多但仍觉得精神不爽；二是记忆力差，出现烦躁易怒、焦虑、苦恼易悲、发火等症状；三是有兴奋症状，容易回忆联想，对声光刺激敏感；四是出现睡眠障碍，失眠多梦；五是植物神经功能紊乱，容易头痛、头胀、头晕等。

从现代医学来看，神经衰弱也会出现几种兼症，如心慌、易惊、厌食、手脚麻木、便溏或者便秘等。有的人出现性功能减退或者月经不调，有的人还会出现恐惧、悲观失落、抑郁等症状。

杜甫肯定患有神经衰弱的毛病，但是这次出现的症状似乎比神经衰弱要厉害，因为他提到了"昏妄"。

对杜甫描述的这种病症，我们首先应该排除他的器质性病变。这时候的杜甫没有出现脑动脉硬化的迹象，也不像是脑部缺血、出血或者血管痉挛，而影响了大脑的功能；这里也应该排除老年痴呆，因为此后的十四年当中，杜甫尽管多病，但是并没有影响到他的思维、写作和行动。老年痴呆会造成大脑的实质性损害，出现脑细胞凋亡。

难道他因抑郁、焦虑等情感障碍导致记忆力减退，是假性痴呆？这倒很有可能。杜甫十年打拼换来这样一个结局，心里五味杂陈，失落是肯定的，愤懑也会存在，还掺杂着郁闷和憋屈，特别是回家看到幼子饿死，内心既悲痛又愧疚。但他内心深处还保留着一丝希望，从后面大量的诗歌中，我们可以看到，杜甫毕竟是一个理想主义者，他把朝廷、皇帝和人世间的很多事都想象得很美好，起码到目前为止，杜甫对所谓的理想还没有彻底绝望。

这些交织的感觉和感受，会不会挫伤一个人的情志，造成临时性的认知障碍呢？似乎有这种可能。这种轻度认知障碍的病人，从临床上看，最终也不会发展成老年痴呆。抑郁、焦虑、愤怒等不良情绪，确实会损害人的记忆力；睡眠不好的人，记忆力也会减退；长期过度饮酒也能导致记忆力下降，甚至由于酒精对脑细胞的麻痹作用，很可能使人发生暂时性记忆丧失。

还有一种可能性，身体患有某种疾病也可能引起记忆力下降，如脑部肿瘤、糖尿病、冠心病、动脉硬化、酒精中毒、甲状旁腺功能亢进、神经性梅毒等。后面我们知道，杜甫确实患上了糖尿病和甲状腺功能异常，因为《热三首》[100]自述的"将衰骨尽痛，被褐味空频"也能佐证杜甫患有甲状旁腺功能亢进症。但是这些身体的疾病并不至于导致"昏妄"。

送率府程录事还乡 [25]

鄙夫行衰谢，抱病昏妄①集。常时往还人，记一不识十②。

程侯晚相遇，与语才杰立。熏然耳目开，颇觉聪明入。

千载得鲍叔，末契有所及。意钟老柏青，义动修蛇蛰。

若人可数见，慰我垂白泣。告别无淹晷，百忧复相袭。

内愧突不黔，庶羞以赒给。素丝挈长鱼，碧酒随玉粒。

途穷见交态，世梗悲路涩。东风吹春冰，泱莽后土湿。

念君惜羽翮，既饱更思戢。莫作翻云鹘，闻呼向禽急。

中医上有一种病症叫"谵妄"，杜甫的"昏妄"是不是指"谵妄"呢？用现代医学术语描述，谵妄就是急性意识障碍，主要表现为定向障碍，包括空间和时间定向障碍；感知障碍，包括感觉过敏、错觉、幻觉；再就是情绪不稳、思维紊乱、行为冲动，经常会突然喊叫、挣扎或者逃离，有时候会出现言语不连贯和喃喃自语的状态。

从杜甫后期的表现来看，似乎可以认定他患有谵妄症。他在当左拾遗时，晚上加着加着班就"束带发狂欲大叫"（《早秋苦热堆案相仍》[34]）；767年在夔州时晚上回家，看见老虎冲他扑来，"夜半归来冲虎过"（《夜归》[132]）。以前我们读到这些诗歌时，很是费解，到底是什么情况让杜甫突然这样暴躁？是什么原因让杜甫产生了幻视？有人尝试着去分析，却没有有说服力的解释，也就一笔带过。

---

① 昏妄，无知妄为。昏，指头脑不清或视觉模糊；妄，胡乱，极不真实。
② 病症自述：以前的事犹记得，眼前的事不记得，突然出现严重的记忆力障碍。

谵妄不是一种单一的疾病，而是一组由多种因素导致的临床综合征，到目前为止还是一个世界性医学难题。可以确定的是，引发这种疾病的因素大概有这么几种，比如年龄变大、老年痴呆，还有一些类似肿瘤、中风、心衰、肾衰、肝昏迷、脑炎发高烧等基础疾病，再就是精神类疾病，以及某些毒品或药物依赖等。但医学专家都承认，这些都不是谵妄的必要因素，也就是说这些因素不会必然导致谵妄，只不过在这些人群中发现有这种疾病的发生。

有一点已经得到了医学专家和研究者的证实，谵妄的明确诱因，其中一种是肝硬化引发的肝性脑病。说到这里，是不是让我们想起了杜甫因酗酒引起的肝功能损伤？难道他的肝损伤到了引发肝性脑病的地步了吗？杜甫在五十六岁左右出现过一次脑梗，但现在完全可以排除他的肝性脑病。因为肝功能异常、代谢过程中产生的毒素引起的肝性脑病，即使放在现在也很难治愈，更何况一千多年前。而且杜甫也只是出现昏妄、遗忘等症状，并没有说胡话或者出现神经错乱。

在这里说来说去，那么，杜甫诗中描述的"抱病昏妄集""记一不识十"到底是怎样的一种疾病呢？

排除了不可能出现的，找出怀疑的迹象，我们可以初步认定杜甫患上了神经官能症。神经官能症主要表现为烦恼、紧张、焦虑、抑郁、恐惧、记忆力减退等，另外有可能会伴随其他脏器的一些症状表现，比如出现胸闷、胸痛、心悸，也有可能出现腹泻、腹胀等消化道症状。

神经官能症的发病原因目前医学上弄不清楚，可能跟过度的刺激、兴奋以及过度紧张有关系，跟个人的性格也有关。杜甫近期经历了仕途失意、安史之乱、幼子饿死等一系列事件，他的心理倍受打击。

目前的研究表明，神经官能症跟遗传因素有一定的关联性。杜甫的父亲杜闲我们知之不多，但他的爷爷杜审言似乎有这方面的表现。

神经官能症是个筐，西医有时候将找不到原因的病装进这个筐里，在排除了器质性病变后，并没有特效的治疗药物。

《金匮要略》里有一个基础方"百合地黄汤"，用来治疗神经官能症一类的疾病，可根据症状，辨证肝气郁滞、脾胃不和等进行加减。

安禄山起兵造反必须在这里提上一笔，否则，杜甫的故事没法继续讲下去。安禄山当时掌控着大唐帝国二分之一的边防和一半的军队，杨国忠认为安禄山对自己的势力会造成影响，所以想方设法想剪除他。755 年十一月，身兼范阳、平卢、河东三镇节度使的安禄山，以"忧国之危"奉密诏讨伐杨国忠为借口，在范阳起兵。当时老百姓已经过了若干年的盛世生活，几代人都没有经历过战争，河北又是安禄山的地盘，所以几乎没费多大劲儿，安禄山就控制了整个河北。尽管唐玄宗安排了应对之策，但是没有起到多大作用，同年十二月十二日，安禄山攻入洛阳。756 年正月初一，安禄山在洛阳称大燕皇帝。

唐玄宗听信宦官监军边令诚的谗言，已经把大将封常清、高仙芝给杀了，于是起用病废在家的陇右节度使哥舒翰，率军二十万镇守潼关。那时候郭子仪、李光弼在河北攻打叛将史思明，也打了几次胜仗，所以哥舒翰认为只要守住潼关，北取范阳叛军的老巢，叛军就可以内乱溃散。坏事就坏在杨国忠这个奸贼身上，他对唐玄宗说，哥舒翰按兵不动，会坐失良机。玄宗轻信了，逼哥舒翰出兵。哥舒翰"拊膺恸哭"，被迫出击，正中安禄山的计谋，二十万唐军逃回潼关的只有八千多人。后来哥舒翰被部下吐蕃将领火拔归仁诱捕，绑去投降了安禄山。

潼关失守后，唐玄宗在六月就带着一些太监侍女和皇子皇孙公主，还有杨贵妃和她的三个姐妹，杨国忠、韦见素，御史大夫魏方进，御林军将领陈玄礼等从长安往成都方向出逃。后来的故事大家都了解，这帮人行到马嵬驿（今陕西兴平西），将士终于忍无可忍，发动兵变杀死杨国忠，缢杀杨贵妃。而这时候，太子李亨到灵武（今宁夏灵武）即位，成为唐朝第八个皇帝，死后庙号肃宗。

玄宗在到达蜀都时得到信使送来的太子即位的消息，据说十分高兴，他宣布自己退位为太上皇，并且派韦见素、房琯把国宝玉册送到了灵武。

这期间杜甫留下的诗不多，只能凭借诗中零散的信息来拼凑他的行程。我们猜想杜甫可能去奉先探亲后，便回来赴任。其间叛军攻破潼关，向长安进逼。

皇帝逃离长安，杜甫这帮人能不逃吗？他先回奉先安顿家人，可能他感觉这儿不安全，就想到白水（今陕西渭南辖县）去，因为他有一个舅舅在那儿。最后我们从诗里知道的是，他把妻儿安置在今陕西富县的羌村。

杜甫安顿好家人后，便急着去寻找流亡朝廷，这个时间点大约在 756 年的夏天。这一年，不光杜甫，可以说整个唐王朝都风雨飘摇。

肠热

让我们先停下脚步，回过头来，看看杜甫在《自京赴奉先县咏怀五百字》[24]中自述的一种病症："穷年忧黎元，叹息肠内热。"大多数研究杜甫的学者在这里把"肠内热"解释为杜甫忧国忧民、忧心如焚，这种解释也没有错误。但是我们不要忘了，杜甫是懂中医的，他在这儿不说"肝内热""胆内热""胃中热"，而说"肠内热"，应该是有所指的。后面诗中杜甫一再提到"心弱"（《不寐》[104]）、"心力弱"（《西阁曝日》[107]）、"热中肠"（《又上后园山脚》[114]）、"劳肝肺"（《楼上》[145]）……每一处脏腑器官名称都用得非常准确，和他自己当时所患的病症十分契合。

"肠内热"在中医里是一种病症。杜甫的身体这时候肯定出现了一些问题，比如说面部潮红眼赤，或者说心悸闹心，大小便不正常，吃的多还容易饿，身体在一天天消瘦……他意识到这是"肠内热"的原因。

肠内热形成的机制非常复杂，现代医学很难解释。中医认为关键是外感邪气。前面我们已经简略探讨过，这些外邪不从外解，必致里结，"首先犯肺，顺传胃肠，逆传心胞"，致使体内气机流通不畅，郁而化热，进而导致内生积热。

中医把人大概分为九种体质，每个人都不是单一的体质，而是各种体质的复合体。通过了解这些体质特征，我们可以把握自身易感疾病，在日常生活中有所警惕、调理。

平和体质是指阴阳平和，气血功能正常，属先天禀赋良好、后天调养得当的人；这种体质特征为体形匀称健壮、面色红润、精力充沛、发长色黑、性格开朗、脾胃和合，对四季冷热及地理环境适应能力强，患病较少。

过敏体质是由于先天性或遗传因素所形成的一种特殊体质状态，比如先天性、遗传性的生理缺陷，变态反应性疾病，原发性免疫缺陷等；这种人对气候适应能力差，容易患花粉病，也容易对药物过敏。

气虚体质的人，先天或者后天元气不足，气息衰弱，五脏六腑功能低下；这种人平常体质虚弱，卫表不固，容易患感冒，或者抗病能力弱，病后也不易痊愈，容易患上内脏下垂、虚劳等疾病。

阳虚体质的人，由于脾肾阳气不足，容易出现虚寒现象，发病多为寒证，容易患上痰饮、肿胀、泄泻、阳痿等疾病。

阴虚体质的人，由于体内津液精血等阴液亏损，以阴虚内热为主要特征，平常容易患上阴亏燥热的病证，或者病后表现为阴亏症状。

痰湿体质的人，由于体内肾水内停而痰湿凝结，以黏滞重浊为主要特征，容易患上消渴、中风、胸痹等症。

湿热体质的人，以湿热内蕴为主要特征，容易患上疮疖、黄疸火热等病症。

瘀血体质的人，指体内有血液运行不畅的潜在倾向，或者瘀血内阻的病理基础，这种体质的人，容易患上出血、子宫肌瘤和卵巢囊肿、中风、胸痹等症。

气郁体质的人，由于长期情志不畅、气机郁滞，造成性格内向不稳定、忧郁多愁、敏感多疑，容易患上郁症、内燥、百合病、不寐、梅核气、惊恐等病症。

这里的"百合病"，就是前面我们探讨过的神经官能症，这种病大多由于外感热症后余邪未尽，复由阴血不足、心神失养所致，或由于情志不调、七情内伤等引起。杜甫的神经官能症可能是阴虚内热、痰热内扰、心肺气虚三个类型的复合证。

综合起来看，杜甫是气郁质、气虚质、湿热质、痰湿质、阴虚质、阳虚质、瘀血质的复合型体质。在这里说杜甫的体质分型，也能看出来他目前所患的疾病和以后可能患有的疾病。杜甫的"肠内热"，预示着他可能有下焦湿热，或者大肠湿热，那他的代谢系统会出现紊乱。我们怀疑杜甫甲状腺功能异常，到底是甲亢、甲减，还是甲旁亢？在后面我们还会进一步论述。杜甫的糖尿病在后期已经得到确认，"肠内热"就是造成他糖尿病的一个根本原因。

我们在生活中也经常出现湿热犯肠，最简单的一点，就是看看自己最近大便习惯是否有改变，假如一天便溏好几次；或者大便到了肛门，有重滞欲下却又不下的感觉，总感觉排不干净；或者排便后感到肛门灼热……这些其实都是"肠内热"的症状。

太子李亨于 756 年七月十三日在灵武登基，郭子仪被封为兵部尚书、同中书门下平章事，仍兼充朔方节度使；李光弼被封为户部尚书、同中书门下平章事，二人奉诏讨伐叛军。

安禄山以前有眼病，后来双目失明，还患有疽病^①。其实安禄山就是因为过度肥胖、代谢紊乱导致糖尿病，后出现双目失明、皮肤溃烂等并发症。

---

① 中医认为疽为一种毒疮，原因是气血运行不畅，导致有毒物质在皮肤某处积聚。宋代以后，细分为有头疽和无头疽，有头疽就是生长在皮肤的表层，一种急性化脓性的皮肤疾病；无头疽就是发病部位特别深，在骨骼与关节间的化脓性疾病，较难治愈。

他性情格外暴躁，对左右侍从非打即骂，稍有过失，就地杀戮。他称帝后，深居简出，很少与将领们见面议事，都是通过严庄传话。严庄虽然受倚重，但也经常遭到安禄山的鞭挞。宦官李猪儿服侍安禄山左右，挨打最多。安禄山的儿子安庆绪也担心被废。757年正月初一（一说正月初五）夜间，这几个人串通一气，悄悄溜进安禄山居所，用刀刺死了他，然后在他的床下挖一个深坑，把他的尸体用毡子裹起来后埋在里面。

安禄山尽管死了，但是叛乱还在继续。到761年三月，叛军内讧，史思明为其子史朝义所杀，内部离心，屡为唐军所败。一直到763年春天，田承嗣投降，把史朝义母亲和妻子献给唐军。史朝义率五千骑逃往范阳，史朝义部下李怀仙献范阳投降。史朝义无路可走，在林中自缢而死，其余叛将纷纷投降，安史之乱这才结束。自此之后，大唐开始进入一个藩镇割据的局面，这是后话。我们先回来继续沿着杜甫的脚步行进。

杜甫不是去寻找流亡的朝廷了吗？但在接下来的诗歌里，我们发现杜甫又回到了长安，这次他不是自行去的，而是在半路上被叛军俘获，被押解到已经沦陷的长安。

安史之乱改变了大唐的国运，也改变了好多人的命运，这里面就包括杜甫。幸运的是，当时的杜甫没有多大名气，官职也太小，叛军根本没把他当回事儿，看管也松懈。他更没有像王维、郑虔、苏预那样，被押送到洛阳，被逼在伪朝廷里当官。

从这段时间的诗歌看，《哀江头》说明杜甫到过宫城外；他还在某天晚上拜访了大云寺，并且在那儿住了好几天，写下《大云寺赞公房四首》；在某个时间他还遇到过郑虔，两人喝了不少酒，写下《郑驸马池台喜遇郑广文同饮》。这都说明杜甫在长安并没有被叛军看管，他在长安城里是可以自由走动和随便见人的。

农历三月，本是春光明媚的时节，杜甫所见所闻所历却并没有阳光和鲜花，他的心是悲哀和沉痛的。河山依旧在，却被战火摧毁得残破不堪。昔日繁华的长安城，被疯长的荒草覆盖，满目疮痍。杜甫用血和泪写下了这首经典之作《春望》[26]，花儿和归来的候鸟，是不是也懂得杜甫此时的痛苦，也和他一样泪流满面、心碎肠断？在战火弥漫中，杜甫和家人完全失去了联系，就连几个字的家书也显得弥足珍贵。在忧伤和思虑中，他的白头发也一天天多起来，早上梳头更是大把大把地掉，连发簪都挽不住了。

春望 [26]

国破山河在，城春草木深。感时花溅泪，恨别鸟惊心。
烽火连三月，家书抵万金。白头搔更短，浑欲不胜簪。

可以这么说，"肠内热"是杜甫在诗中自述的一种病症，也更加贴切地表达出他深厚的家国情怀。

郁
结

洪业先生有一句话概括得很经典，他说诗人的生活通常由三个"W"组成，即酒（Wine）、女人（Women）和文字（Words），而杜甫的三个"W"则是忧虑（Worry）、酒（Wine）和文字（Words）。

在古代，男人妻妾成群不是什么大不了的事，尤其在风俗开放的大唐，文人几乎都是这样，并不是因为贫穷和疾病，杜甫才不去找女人。"初唐四杰"之一、比杜甫还穷的卢照邻，都在外面养过女人；白居易虽然一生都在怀念初恋情人湘灵，但这并不妨碍他寻花问柳，尤其到了晚年，他在家中还豢养了一批歌姬；给杜甫撰写过墓志铭的元稹，更是一个喜新厌旧、始乱终弃的人。

杜甫特立独行，一生一世一女人。在现代人的眼里，杜甫可能就是一个忧国忧民，还有点抑郁的忠厚大叔形象。杜甫流离大半生，历经战乱、漂泊、病魔、潦倒，妻子也没有怨言，两个人在悲苦的日子里抱团取暖，相敬如宾，直至终老。他在临终前的《逃难》[148]中对妻子表达了愧疚之情："妻孥复随我，回首共悲叹。"

杜甫其实也是个情圣①，不过他对妻子的表达方式不同罢了。杜甫说，乱世里，孩子能无恙成长，全靠你的慈祥和贤惠，"世乱怜渠小，家贫仰母慈"（《遣兴》），这是杜甫对妻子的敬；我常年不归，家中重担全由你一人挑起，你受了太多的苦，"老妻书数纸，应悉未归情"（《客夜》[73]），这是杜甫对妻子的疼；妻子在纸上画个棋盘，夫妻闲玩，儿子在旁边敲打针做鱼钩，"老妻画纸为棋局，稚子敲针作钓钩"（《江村》[56]），再穷再苦，一家人其乐融融，这是杜甫对妻子的爱。杜甫这辈子，没有写过多少情诗，这几句也是从他忧国忧民、忧困忧病的诗里拣出来的。

756年六月，杜甫在鄜州附近的羌村安顿好家人，便去寻找流亡朝廷，八月陷贼于长安。这年的中秋之夜，在惨白的清辉下，杜甫独立风中，仰望明月，思念远方的妻儿，泪水从他的脸上无声滑落，和着月光，流淌成相思，化成了一首人世间最深情的相思歌。

757年寒食节，杜甫又空对明月，叹出了世界上最幽凉的情思。我们已经推算过，这时候他的小女儿已经出生。一轮月，两地情，什么时候才能和家人团聚呢？

可以这么说，《月夜》[27]和《一百五日夜对月》[28]是杜甫写给妻子的最有代表性的两首情诗。

古人的诗文很含蓄，表达却意味深长，在简短的诗句里蕴含了无限的想象空间和音乐的韵律感。题为"月夜"，字字都从月色中照出，更妙的是，诗歌采用从对方设想的方式，而生发出自身的感情，后世的一些情诗其实都是从杜甫这儿化成，有律诗的章法，却少了律诗的束缚。

郁
结

75

---

① 梁启超在1922年5月21日为清华大学诗学研究会做了演讲《情圣杜甫》，给在古代文学研究领域的学者们一个全新的启发。由"诗圣"到"情圣"，一字之变，把杜甫从高高矗立的雕塑拉进人间，使他成为一位有血肉、有情感的普通人。

月夜 [27]

今夜鄜州月，闺中只独看。遥怜小儿女，未解忆长安。

香雾云鬟湿，清辉玉臂寒。何时倚虚幌，双照泪痕干。

一百五日夜对月 [28]

无家对寒食，有泪如金波。斫却月中桂，清光应更多。

仳离放红蕊，想像嚬青蛾。牛女漫愁思，秋期犹渡河。

　　杜甫应该是写完《一百五日夜对月》这首诗后不久，在长安城遇到郑虔，他可能还劝说郑虔一块儿出逃，但不知道什么原因，郑虔没有选择和他一起离开。杜甫接下来的一首诗就是《喜达行在所三首》，下面原注："自京窜至凤翔。"

　　乱世中，人人都在自保，一些人屈膝投降，一些人选择隐居，一场战乱就像照妖镜，照出了忠奸原形。杜甫逃出长安后，冒着生命危险，一路逃到了唐肃宗的行在凤翔(今陕西凤翔)，这个时间应该在757年夏四月。《述怀一首》[29]详细讲述了杜甫自贼中脱身生还的惊险和惨状："麻鞋见天子，衣袖露两肘。"唐肃宗感念杜甫对朝廷的忠心，任命他为左拾遗，这就是后世尊杜甫为"杜拾遗"的由来。

　　不要认为这只是个从八品上阶的小官，其实还是个挺重要的官职，属于皇帝的近臣①。拾遗这个官职出现得挺晚，最早出现在人们视野中的时候，是在武则天时代，它的性质就是谏官。从字面上理解，就是"捡漏"，"言国家有遗事，拾而论之"。拾遗的任命不是由吏部负责，而是由皇帝和宰相亲自授予。这差事活多还挺烦琐，讽谏皇帝、察纳百官，有时还根据事情的大小，决定解决问题的方案等，比如有贤良之士不为朝廷所用，忠孝

————————

① 参见《大唐六典卷八·门下省》：左拾遗二人，从八品上……

之人的事迹得不到宣传和推广等，都要写好奏折，再由皇帝定夺。

王维（701？—761）于721年进士及第，授太乐丞，到735年拜右拾遗，花了十四年时间才干到右拾遗；唐朝名相张九龄（673或678—740）于702年进士及第，707年再试及第，授校书郎，712年拜左拾遗，从首次及第到任左拾遗花了十年时间；严武的父亲严挺之（673—742），705年制举擢第，授义兴县尉，712年由宰相姚崇推荐为左拾遗，这个时间是七年；杜甫的朋友高适，749年授封丘县尉，755年拜左拾遗，转监察御史，这个升迁也用了六年时间；还有一个人我们不熟悉，萧昕（702—791）于731年博学鸿词科擢第，授阳武县主簿，到迁左拾遗用了十二年时间。这些人当中，王维做到尚书右丞，正四品下；张九龄做到中书令，正三品；严挺之做到尚书左丞，正四品上；高适干到散骑常侍，从三品，封渤海县侯；萧昕任兵部尚书，正三品……从这里看，拾遗是升迁比较快的一个职位。若不是逢安史之乱，再加上宰相房琯举荐，以杜甫的资历拜左拾遗根本不够资格。其实杜甫也认可这是一种恩遇，在诗中说"涕泪受拾遗，流离主恩厚"（《述怀一首》[29]）。

郁
结

述怀一首 [29]

去年潼关破，妻子隔绝久。今夏草木长，脱身得西走。

麻鞋见天子，衣袖露两肘。朝廷愍生还，亲故伤老丑。

涕泪受拾遗，流离主恩厚。柴门虽得去，未忍即开口。

寄书问三川，不知家在否？比闻同雁祸，杀戮到鸡狗。

山中漏茅屋，谁复依户牖。摧颓苍松根，地冷骨未朽。

几人全性命？尽室岂相偶。嵚岑猛虎场，郁结① 回我首。

---

① 郁结，多指心情郁闷，难以解开的缠结。从中医看，肝气郁结会表现为心情压抑，经常出现头痛、烦躁不安、情绪不稳定、易怒或悲伤等；会直接影响到内分泌功能；也会引起睡眠质量差，造成失眠多梦。

自寄一封书，今已十月后。反畏消息来，寸心亦何有。

汉运初中兴，生平老耽酒。沈思欢会处，恐作穷独叟。

我们可以想象得到，杜甫这时候处于一种什么样的状态。被俘获一年时间，他终于逃出叛军的占领地，见到新皇帝，有一种见到亲人的狂喜和委屈，同时心中还掺杂着担忧，这担忧既有为时局的混乱替新皇帝的忧，还有对家人的忧。寄出去一封信已经十个月了，希望收到回音，又害怕收到回音。悲喜交加，忧虑重重，这可能就是杜甫目前的心境。"郁结回我首"，这是心理上的纠结，在医学上也是肝气的郁结。

我们能理解这时候杜甫的内心，他太压抑了。他在诗中没有提到其他的症状，但"束带发狂欲大叫"（《早秋苦热堆案相仍》[34]），这是他内心压抑太久的最直接的表现，究其原因，还是在于肝气郁结引起的心情烦躁。

肝气郁结多是因为情志抑郁，或者突然的精神刺激和其他病邪侵袭而发病。在中医看来，肝失疏泄，气机郁结，容易造成情志抑郁；久郁不解，气机不通畅，还容易使人急躁易怒；气郁则化热生痰，痰随气升，则容易造成气滞血瘀。

我们一直怀疑杜甫的甲状腺功能不正常，在中医看来，甲状腺肿瘤一类的疾病，都叫"瘿瘤"。树木在生长过程中，受到外力、害虫或真菌的刺激，一部分组织发育畸形，也会形成瘤状物。而结瘿后，因为营养都被集中运送到瘿瘤上，随着时间的推移，整株树会因为营养缺失而长成空心。杜甫在诗（《赠王二十四侍御契四十韵》[81]）中说"长歌敲柳瘿，小睡凭藤轮"，这是杜甫的一贯用词手法，这棵柳树上可能真长了瘿瘤；再是暗喻朝廷里奸臣当道，国家被这些人掏空了；还可能指代自己的疾病。

有一种疾病叫甲状旁腺功能亢进症，简称甲旁亢。患这种病的病人体检时会发现血钙、血磷或甲状旁腺素异常，但身体没有明显症状，所以很容易被人忽视。但是随着病情进展，患者会出现记忆力减退、抑郁、嗜睡等症状，身体也容易疲倦，有时候四肢无力，食欲减退、消化不良，出现便秘、恶心、呕吐等。还有的人可能出现顽固性的消化性溃疡、十二指肠溃疡和胃窦部溃疡，严重的还能诱发急性胰腺炎；在骨骼系统则表现为骨骼疼痛，主要位于腰背部、肋骨和四肢，后期会出现骨骼畸形、行走困难，甚至起不来床等情况；在泌尿系统则表现为多尿、夜尿、口渴，容易出现反复的泌尿系统结石等。

这种病中医归在"郁证"范畴，古代医籍中的胸肋痛、肝郁、梅核气、脏躁、百合病、奔豚气都属此类，西医的神经官能症、抑郁症、更年期综合征等，凡有郁证症状的都可以归于郁证辨证。

肝郁、气滞，兼杂着湿停、痰滞、血瘀，久瘀伤脾，气郁化火，最终导致心肾阴虚，病症由实转虚，甚至可以发展为虚劳重症，正如清代医家林佩琴所说："始而伤气，继必及血，终乃成劳。"（《类证治裁》）

为什么杜甫有些诗难以理解，对他诗中描述的病症难以解释，就是因为没有把杜甫这个患者当成一个整体来看，或者把他的疾病当成一个整体来诊断。就像前面提到的神经官能症，后面将陆续谈到杜甫的记忆力减退、倦怠、嗜睡、疏懒、躁狂、抑郁，食欲不振、恶心呕吐，"欹斜坐不成"（《宗武生日》[72]），甚至在床上躺了一个秋天，出现骨痛……我们在分析他的病症时，会不会有人想到他患上了甲旁亢呢？

日常调理身体时，我们除了要注意气郁外，还要重视一种"瘀"。《说文解字》讲："瘀，积血也。"中医认为，万病皆生于瘀。我们人体的气血是在不断流动循环的，一旦体质虚弱、免疫力下降，都会导致寒邪入侵，积聚成瘀，就会堵塞经络、血管，造成气血不畅，机体运作下降，较轻的身体会局部红肿、疼痛、出血，重症的就会破坏人体的新陈代谢功能，甚至诱发肿瘤，身体发生一些癌变。张仲景在《伤寒杂病论》中提出，身体的瘀毒主要分为瘀血、水湿和食瘀三大类。

容易诱发瘀血的两个重要因素，一是阳虚，阳虚生内寒，寒则血脉凝滞，血流不畅；二是气滞，肝气郁结，气不通顺，不能有效推动血液循环。

如果脾的功能失调，肾水的代谢就会出现问题，水湿容易在体内聚积，所以脾虚被认为是水湿产生的主要根源。

俗话说"病是吃出来的"有一定道理，饮食不节制，或者没有规律，容易使肠胃受到损害，很可能会造成食瘀。一些疾病如高血压、糖尿病、心脏病、肾病、肝病、瘫痪、老年痴呆等，都常常与饮食不节制有关联。

《临证指南医案·三消》说："心境愁郁，内火自燃，乃消症大病。"郁怒伤肝、肝气郁结，或劳心竭虑、强思忧患，都会郁久化火、火热（内燔），消灼肺胃阴津而发为消渴。从这个方面来看，肝气郁结，郁久伤气耗血，血脉凝滞，血流不畅，是杜甫患上甲旁亢和糖尿病的主要原因。

脱发

757年八月，贺兰进明等人诬陷宰相房琯，说他经常听门客董庭兰鼓琴，而据说董庭兰有受贿行为。董庭兰是当时著名的琴师，高适曾写过《别董大二首》，董大就是董庭兰。杜甫看不过眼儿，作为左拾遗，就替房琯上书辩护说一个国家的宰相不能因为这点儿事就免职。这就是杜甫在政治上的幼稚。其实上一年房琯请兵收复两京，在陈陶斜和青坂两次被叛军所败，全军覆没，"四万义军同日死"（《悲陈陶》），肃宗尽管饶恕了房琯的罪责，但心里早看不惯他，正想借这个茬儿把他赶走。杜甫这一上书也触怒了唐肃宗，诏三司问罪[①]。幸亏宰相张镐说情，认为杜甫的话说得是有点过分，不过这也是他的职责所在，希望皇帝宽宏大量免了他的罪。肃宗这才息了怒气，把杜甫释放了。

这时候杜甫就向皇帝告假，说要回家探亲，这跟政治失意有关，也可

① 参加这场审理的官员中有颜真卿，当时颜担任御史大夫，主要职责就是对官员进行检察、弹劾（参见《旧唐书》卷九二《韦安石传》）。杜甫《所思》诗中"苦忆荆州醉司马，谪官樽俎定常开"，自注"崔吏部漪"，就是指被颜真卿弹劾"带着酒气上朝"的崔漪。

能跟收到家里的一封信有关。皇帝恨不得杜甫赶紧离开，就准许他探家，实为遣归，意思就是"你回家待着去吧"。

叶嘉莹曾经说过，要想真正读懂杜甫，就必须读一读他的长诗。《北征》[30]这首长篇叙事诗是杜甫以归途中和回家后的亲身见闻为素材，叙述了安史之乱中民生凋敝、国家混乱的情景，陈述了自己在时政和军事上的见解。

北征（节选）[30]

皇帝二载秋，闰八月初吉。杜子将北征，苍茫问家室。

维时遭艰虞，朝野少暇日。顾惭恩私被，诏许归蓬荜。

拜辞诣阙下，怵惕久未出。虽乏谏诤姿，恐君有遗失。

君诚中兴主，经纬固密勿。东胡反未已，臣甫愤所切。

挥涕恋行在，道途犹恍惚。乾坤含疮痍，忧虞何时毕？

靡靡逾阡陌，人烟眇萧瑟。所遇多被伤，呻吟更流血。

回首凤翔县，旌旗晚明灭。前登寒山重，屡得饮马窟。

邠郊入地底，泾水中荡潏。猛虎立我前，苍崖吼时裂。

菊垂今秋花，石戴古车辙。青云动高兴，幽事亦可悦。

山果多琐细，罗生杂橡栗。或红如丹砂，或黑如点漆。

雨露之所濡，甘苦齐结实。缅思桃源内，益叹身世拙。

坡陀望鄜畤，岩谷互出没。我行已水滨，我仆犹木末。

鸱鸟鸣黄桑，野鼠拱乱穴。夜深经战场，寒月照白骨。

潼关百万师，往者散何卒！遂令半秦民，残害为异物。

况我堕胡尘，及归尽华发。经年至茅屋，妻子衣百结。

恸哭松声回，悲泉共幽咽。平生所娇儿，颜色白胜雪。

见耶背面啼，垢腻脚不袜。床前两小女，补绽才过膝。

海图拆波涛，旧绣移曲折。天吴及紫凤，颠倒在裋褐。

老夫情怀恶，呕泄①卧数日。那无囊中帛，救汝寒凛栗。

粉黛亦解苞，衾绸稍罗列。瘦妻面复光，痴女头自栉。

学母无不为，晓妆随手抹。移时施朱铅，狼藉画眉阔。

生还对童稚，似欲忘饥渴②。问事竞挽须，谁能即嗔喝？

翻思在贼愁，甘受杂乱聒。新归且慰意，生理焉得说？

　　杜甫在诗中说：新皇帝即位的第二年，闰八月初一这天，我将要向北远行。天色空旷迷茫，因为战乱，时世艰难让人忧虑，朝野上下很少有空闲的日子。说来惭愧，因为只有我一人蒙受皇恩，皇帝亲自下诏允许我回家探亲。我去拜辞，感到惶恐不安，走了好长时间还未走出宫殿。虽然我缺少谏诤的气魄，但心里总是担心皇上有所疏失。皇上是中兴之君，筹谋国家大事，本来就应该谨慎努力。至今叛乱尚未平息，这使得君臣都深切愤恨。我只能挥泪告别，但还是恋念凤翔的行宫，走在路上仍然神情恍惚。如今遍天下尽是创伤，我的忧虑什么时候才能结束啊……

　　杜甫曾经豪情万丈，归来却空空的行囊。跋涉了一年，杜甫回到鄜州的茅屋，头发已经全白了。杜甫写自己的头发，每一个细节描写得都很细致：第一次写到白发，是751年"数茎白发那抛得"（《乐游园歌》）[8]，当时分析可能由于他的肝脏受损，而肝胆经汇集处的鬓角出现了白发；第二次写到白发是在754年"堂上书生空白头"（《秋雨叹三首》）[17]，这时应该是头发花白；第三次写白发，"白首甘契阔"（《自京赴奉先县咏怀五百字》）[24]；第四次写到白发，"白头搔更短，浑欲不胜簪"（《春望》）[26]，被陷长安时不光白了头，还开始脱发，而这次头发全白了，"况我堕胡尘，及归尽华发"（《北证》）[30]；第六次写到白发就是757年得疟疾那年，"头白眼暗坐有

①　可能是"类霍乱"，类似西医所说的细菌性食物中毒、急性胃肠炎等。
②　"忘饥渴"症状说明杜甫可能患上急性肠胃炎，也可能是甲状旁腺功能亢进引起的。

胝"（《病后遇王倚饮赠歌》[15]），不但头发全白了，眼睛也昏花看不清，屁股上还起了湿疹留下茧子。

中医认为，毛发的生长全赖于精和血。肾藏精，所以有"其华在发"的说法。毛发的生长与脱落、润泽与枯槁，不仅仅依赖于肾的精气滋养，也有赖于血液的濡养，所以有"发为血之余"的说法。一般来说，人在青壮年时精血充盈，则毛发生长茂密而有光泽；老年人精血逐渐虚衰，毛发就变白而且逐渐脱落。

还有一些人未老先衰，头发枯槁，出现白发和脱发，这就与肾的精气不足和血虚有关。脱发①只是身体疾病的外在表象之一，病因有很多，虚实夹杂，大多数是由肝肾阴虚、气血不足，或湿热内蕴、气滞血瘀，或肝火上炎、灼伤阴血等造成。脱发还有一个原因，就是精神因素导致内分泌失调。

张仲景提出的八纲辨证，包括阴阳、表里、寒热、虚实，表里和寒热容易理解，很多人觉得阴阳、虚实有点玄虚，不好理解。简单地说，"阴"可理解为物质，"阳"可理解为能量；"虚"是缺少了该有的，"实"就是过多，有了不该有的。

我们拿肾来举例说明，肾阴虚，就是肾精、肾水不足，它所生化的津液输布不到全身，所以会出现头发枯槁、眼睛干涩等；而肾阳虚，就是阳气不足，温度和能量不够，也就是说元气达不到，有的人会出现憋不住尿、早泄等症状。有一些实证就是封藏太过，积聚了一些不该有的，或者说火烧得太过，如结石、肿瘤等。便秘也是这种情况，所以治便秘可以从肾入手，而不是单纯从大肠去找病因。

杜甫的白发与脱发，是肾阴虚和气血不足造成的，并且与他的情志因

———————————

① 脱发多因精血不足、营养匮乏导致，同时跟精神因素有关，比如压力大、压抑、焦虑等。内分泌功能障碍也会导致弥漫性脱发，如垂体功能减退、甲状腺功能异常、性腺功能减退、糖尿病等；营养代谢障碍也能引起脱发，如缺铁、缺锌、遗传性乳清酸尿症等；某些慢性疾病，如结核病、肾炎、肝硬化、白血病等也能引起脱发；某些严重急性传染病，如伤寒、流脑、重症流感等也可以引起脱发。

素也有很大的关系。我们生活中一些疾病与肾阳不足、肾阴亏虚有直接关系，比如女性更年期综合征，就是津液不足、阴虚内热造成雌性激素分泌不足，植物神经功能紊乱导致五心烦热、失眠、易怒、盗汗等症状。

"一夜白头"可能是夸张的，这种现象被称为"玛丽·安托瓦内特综合征"。在中国，"一夜白头"的成语出自伍子胥的故事。春秋战国时期，伍子胥被楚王追杀，由于极度焦虑，伍子胥的头发在一夜之间变白。有科学家做过研究，在毛发生长的不同阶段，让小鼠暴露在三种不同的压力因素当中，包括疼痛、行动限制和心理压力，最终都导致了实验鼠内分泌紊乱、血管扩张收缩失常，最终出现白色毛发。

这次回家探亲，风餐露宿，杜甫回到家里上吐下泻，在床上躺了好几天。"老夫情怀恶，呕泄卧数日"（《北证》[30]），这里所说的可能是"类霍乱"。杜甫的脾胃本身就不太好，这次归家心切，在路上肯定草草应付饥饿，吃了一些生冷、含有邪毒的食物，或者旅途中因为寒湿暑热等邪气内侵，致使脾胃受伤，胃肠气机紊乱，运化失常，所以回到家后，突发腹痛，出现呕吐、腹泻等。

杜甫走了一年才回到家，喜极而悲，加之可能得了细菌性食物中毒或者急性胃肠炎，短时间内吐泻交织，津液过量丧失，引起面色憔悴、眼眶下陷、筋脉挛急、手脚发凉等症候。从这里看，杜甫的身体也算是顶折腾的。在中医里，"泄"一般用于气体的无形的外露，如泄气；而"泻"则用于液体的有形的外流，如腹泻。

杜甫到家后，看到妻子穿着用碎布头缝补而成的百结衣；幼子的脸上全是饥饿色，看见来人就转过身去哭，身上沾着污垢，没穿袜子打着赤脚；床前两个女儿，补缀的旧衣裳刚过膝盖，杜甫感到好像忘掉了饥渴。"似欲忘饥渴"，是说根本没有胃口，吃不下饭，而不是忘记饥渴。杜甫呕泻了好几天，不想吃东西也是正常现象。我们也许有过这样的经历，在饿了好长时间以后，好像也不再特别饿了，什么也不想吃。在医学上，"忘饥渴"是由于肝胃上火造成的，简单说，就是食物只有"消"，没有"化"，好像食物都堆堵在胃里面。

为什么会出现"忘饥渴"这种情况？一是因患急性胃肠炎，胃黏膜和胃液分泌受到影响，再加上情绪不稳定，体质虚弱，就会出现消化不良，有饱胀感，没有食欲；第二种情况，也提醒我们再次关注杜甫的内分泌代谢性疾病，比如甲状旁腺功能亢进，因为激素水平异常，也会导致浑身疲惫、四肢无力，甚至出现恶心呕吐、腹痛、没有饥渴感等症状。

自虐

安禄山被儿子安庆绪谋杀夺位之后，唐肃宗拒绝采纳元帅府行军长史李泌提出的先捣毁叛军老巢范阳的建议，决定先攻取长安。757 年闰八月二十三日，唐肃宗赐宴诸将领，鼓舞士气。九月十二日，天下兵马元帅广平王李俶（唐代宗李豫初名李俶）、副元帅郭子仪率兵十五万，并借回纥骑兵四千人，号称二十万大军，由凤翔出兵，向长安大举进发。二十七日在长安城西香积寺北的地方，唐军与叛军展开大决战，双方从中午一直厮杀到傍晚，唐军大获全胜，歼灭叛军六万多人；二十八日，收复长安。

按《新唐书》本传说，杜甫随皇帝从凤翔一起返回了长安。杜甫从凤翔回鄜州探亲走了一年时间，大部分时间他都是步行的，还要避开叛军占领区，以防再次被俘获，所以走得缓慢，可以理解。鄜州离凤翔二百八十九公里，杜甫在鄜州得到皇帝返回长安的诏书，若是有交通工具，在两周多的时间内，赶回凤翔是来得及的。757 年腊月初八那天，杜甫写《腊日》，说明他还朝后仍担任左拾遗。当时肃宗皇帝颁布诏令，大赦天下，把有功的宗室王子、朝廷官员都列入嘉奖名单，没有进入名单的官员则按例进阶，杜甫可能还升了半级官阶。

据《资治通鉴》载，肃宗从李岘之议，凡陷贼官分六等定罪，重者刑之于市，次赐自尽，次重杖一百，次三等流、贬。十二月斩达奚珣等十八人于城西南独柳树下，陈希烈等七人被赐自尽于大理寺，应受杖者则杖于京兆府门。杜甫的朋友苏预、王维和郑虔都在伪朝廷任命时吃药装病，没有真正为叛军做过事。苏预还以生病为借口拒绝任命，所以他被任命为考功郎中、知制诰；王维因为弟弟以降官职担保，仍然留在朝中，授正五品上阶的太子中允职；郑虔的事说不清楚，他尽管从洛阳逃回长安，但没有去投奔皇帝，于是被贬为台州的司户参军。

这个时期杜甫过着相对稳定的日子，他写了不少诗，工作也好像很忙，经常整天待在办公室，有时候还熬通宵。他可能在忙着写奏表，给皇帝提了大量的建议，这都是 758 年春天的事情。古代皇帝都愿意粉饰太平，就是把有问题说成没问题；而说实话、提建议的耿直人往往赚不着好，有时候还会遭殃。

曲江二首 [31]

一片花飞减却春，风飘万点正愁人。

且看欲尽花经眼，莫厌伤多酒入唇。

江上小堂巢翡翠，苑边高冢卧麒麟。

细推物理须行乐，何用浮名绊此身。

其二

朝回日日典春衣，每日江头尽醉归。

酒债寻常行处有，人生七十古来稀。

穿花蛱蝶深深见，点水蜻蜓款款飞。

传语风光共流转，暂时相赏莫相违。

因许八寄江宁旻上人 [32]

不见旻公三十年，封书寄与泪潺湲。

旧来好事今能否，老去新诗谁与传？

棋局动随寻涧竹，袈裟忆上泛湖船。

闻君话我为官在，头白昏昏只醉眠。

偪仄行 [33]

偪仄何偪仄，我居巷南子巷北。

可恨邻里间，十日不一见颜色。

自从官马送还官，行路难行涩如棘。

我贫无乘非无足，昔者相过今不得。

实不是爱微躯，又非关足无力。

徒步翻愁官长怒，此心炯炯君应识。

晓来急雨春风颠，睡美不闻钟鼓传。

东家蹇驴许借我，泥滑不敢骑朝天。

已令请急会通籍，男儿性命绝可怜。

焉能终日心拳拳，忆君诵诗神凛然。

辛夷① 始花亦已落，况我与子非壮年。

街头酒价常苦贵，方外酒徒稀醉眠。

速宜相就饮一斗，恰有三百青铜钱。

---

① 辛夷是中国特有的植物，花艳丽怡人，芳香淡雅。花蕾入药，归肺、胃经。《本经续疏》记载："惟风头脑痛之属五脏身体寒热者，乃可以辛夷治。"

在这段琐碎、忙碌的日子里，杜甫除了工作，就是喝酒。可能因为战乱造成了朝廷的财政紧张，官员们的俸禄减少了或者延迟发放，否则杜甫不可能在春天典当衣服去换酒吃，他还欠了酒馆不少酒钱（《曲江二首》[31]）。他在《偪仄行》[33]中提到，官马已经被收回了，他上班只能靠步行，东家答应借他一头瘸腿的驴当代步工具用。没有钱，杜甫还经常喝醉。这个时期，杜甫应该是把家人一起带到了长安，他要养活一家人，生活上可能真出了问题。

在《因许八寄江宁旻上人》[32]中，杜甫回忆起年轻时在江南和旻上人赋诗、泛舟、喝酒、下棋的快乐时光，那时候他豪气冲天，追逐时尚，在南京游桨声灯影里的秦淮河，登天姥体会"越女天下白，鉴湖五月凉"（《壮游》[106]）的美景，这应该是杜甫想过的生活，是"本我"的杜甫。

现在出现在我们面前的是一个真实的杜甫，一个活生生的人，而不仅仅是带着爱国忧民"诗圣"光环的偶像。杜甫点灯熬油费事写就的谏表可能被皇帝当成一堆废纸，或许还引起了皇帝的厌烦，他的内心是烦躁和压抑的。杜甫的一些朋友先后遭到排挤：六月份曾经为杜甫说过好话的宰相张镐被遣为荆州（今湖北荆州市）防御史；对杜甫有提携之恩的房琯再次受到打击，上次他被罢了政事，但还在朝中保留了一个虚职，收复长安皇帝犒赏百官时，他的官职升为从二品，并进封清河郡公，而这一次却遭到皇帝的严厉训斥并被贬为邠州（今陕西彬州）刺史；一大批旧臣被逐出京师，包括后来在成都照顾过杜甫的严武。

杜甫内心肯定意识到了这种危险，担心要受到牵连，本来皇帝也不喜欢他，他满腹忧虑却又无可奈何，整天喝酒打发日子。不久，杜甫就被左迁为华州（今陕西渭南华州区）司功参军。杜甫写过一首《至德二载，甫自京金光门出，间道归凤翔。乾元初，从左拾遗移华州掾，与亲故别，因出此门，有悲往事》，当年从叛军营中仓促出逃，走的就是这个门，如今被贬降出京，还是走这个门，他的内心是酸楚和不安的。

"头白昏昏只醉眠"（《因许八寄江宁旻上人》[32]），杜甫在这里提到"昏昏"，喝酒与昏昏沉沉是因果关系，但是不喝酒仍然昏昏沉沉，这就是身体和精神出了双重问题，并且这种困扰伴随了杜甫很长时间，一直到他去世。

例如，杜甫在《发秦州》[48]中说"我衰更懒拙"，在《恨别》[59]中说"忆弟看云白日眠"，在《西郊》[60]中说"疏懒意何长"，在《屏迹三首·其三》[69]中说"一月不梳头"，在《西阁曝日》[107]中说"负暄嗜飞阁"，在《昼梦》[112]中说"二月饶睡昏昏然，不独夜短昼分眠"，在《九月一日过孟十二仓曹十四主簿兄弟》[121]中说"老困拨书眠"，在《过南岳入洞庭湖》[141]中说"春生更无力"……

杜甫长期出现昏昏沉沉、全身乏力、嗜睡、头晕等症状，原因在于他思虑过度，患上了神经官能症。另外，杜甫长期无节制地饮酒，可能引起了肝硬化和慢性酒精中毒，导致脑部损伤，大脑缺血缺氧，就会出现头痛、恶心、呕吐等症状。

杜甫的甲状旁腺功能到目前为止应该出现了异常，因为这种病对中枢神经系统、神经肌肉系统、消化系统、骨骼系统、泌尿系统都会有影响，很容易导致出现反应迟钝、记忆力减退、抑郁、嗜睡等症状，严重的时候可能会出现痴呆、幻视、昏睡等。到杜甫五十七岁时，我们再结合他的症状探讨，在这里只是再次提出一种可能存在的假设。

还有一些慢性病也能导致昏昏沉沉地想睡觉，没有精神也没有力气，如高血压、贫血、血糖异常等。颈椎病变也能压迫到神经和血管，引起这些症状。杜甫在诗中没有提到血压或血脂异常、颈椎关节不好、贫血等，在这里就不妄加猜测了，但是杜甫在后期患上糖尿病是确定的，这时候出现的这些症状也有可能是糖尿病的先期预兆。

出现昏昏沉沉的症状是由于肝肾阴虚、虚火太旺，气血亏虚、气血不足，血流循环不畅造成的。

其实杜甫这时候的心态应该引起我们的注意。这种心态在杜甫的诗歌中似乎是非主流，很少出现，与杜甫的世界观、价值观、人生观格格不入，但我们仔细研读，这种心态似乎又贯穿了杜甫的一生。

他在《曲江二首》[31]中说："细推物理须行乐，何用浮名绊此身。""朝回日日典春衣，每日江头尽醉归。"这是一种什么心态呢？杜甫辛苦挣扎了十几年，换来的只是这样一份工作，他是失落和不甘的；并且随着一些朋友先后被贬，他的内心出现焦虑、恐惧，他意识到可能连这样一份工作也不保了，便通过一种求醉式的自虐来发泄内心的愤懑，其实也是在逃避内心的不安。这种自虐式的求醉或者行乐意念，在长安时杜甫曾经有过一次，他在《杜位宅守岁》[9]诗中写道："谁能更拘束，烂醉是生涯。"

日本有一位汉学家叫吉川幸次郎，他说："沉湎饮酒之中，杜甫诗作中最颓废的作品，就是此时写的。"

中国历史上的庄子（约前369—前286），老婆死了，他要鼓盆而歌；阮籍（210—263）整天背着酒壶和铲子四处走，想着在哪儿醉死就随地把自己埋葬。杜甫对他们非常熟悉和认同，他们这种超乎寻常的对苦难的无奈和接纳，杜甫可能会有所效仿，但这终归不是杜甫内心的主流。

杜甫的诗是一个整体的生命，不能割裂了去读。杜甫对于自己理想的追求到死都没有改变，他外表宣称的享乐是一种反常状态，是情绪上的愤慨和宣泄。中国的儒和道，伴随了杜甫一生，儒家思想让他去进取求仕，但他的潜意识中却另有一种声音在纠结，那就是隐和退。但杜甫骨子里的进与仕是主流的，"细推物理须行乐，何用浮名绊此身"（《曲江二首》[31]），表面上看杜甫颓废了，实际上他真正想表达的是不能功成名就的悲哀和失落。

这段时间，张镐、房琯、严武先后被贬出京师，杜甫与这些人都是有牵连的，特别是他曾经为房琯上书求情。这些人都是二品大员，说被贬就被贬，杜甫才是从八品小官，在这种背景下，他的内心肯定是紧张和焦虑的。杜甫出现昏沉、乏力也是身体的防御机制在起作用，他是用醉酒和嗜睡来逃避现实的。

压抑

　　在这次政治风波中，杜甫应该说有惊无险。758年六月，他被贬为华州司功参军。相比于从八品上的左拾遗，外放为从七品下的司功参军被认为是贬官①。华州现在是陕西渭南市的一个区，离长安八十八公里。《新唐书·百官志四下》记载，司功参军掌户籍、计账、道路、过所、杂徭、逋负、良贱、逆旅、婚姻、田讼等事情，琐碎又繁杂。杜甫心情苦闷，他在《早秋苦热堆案相仍》[34]、《独立》和《瘦马行》[35]诗中，抒发了对仕途失意、世态炎凉、奸佞进谗的感慨和愤懑。

　　这个时期杜甫还写了两篇文章，这就是《为华州郭使君进灭残寇形势图状》和《乾元元年华州试进士策问五首》。他为剿灭安史叛军献策献计，考虑如何减轻民众负担，在财政收入、河流漕运、军队兵源、金融改革、粮食储备等方面都提出了自己的想法；他主张科举选拔改革，建议除了设置古典的问题外，还可以从现实问题的解决上寻求考生的见解。这些建议

---

① 参见《大唐六典·三府督护州县官吏·上州中州下州官吏》：上州，刺史一人，从三品……司功参军事一人，从七品下。

就是拿到现在，也是顺应时代的，但可想而知，在那时候很少会有人喜欢他这种异想天开的想法。

早秋苦热堆案相仍 [34]

七月六日苦炎蒸，对食暂餐还不能。

每愁夜中自足蝎，况乃秋后转多蝇。

束带发狂欲大叫，簿书何急来相仍。

南望青松架短壑，安得赤脚踏层冰。

瘦马行 [35]

东郊瘦马使我伤，骨骼碑兀如堵墙。

绊之欲动转欹侧，此岂有意仍腾骧？

细看六印带官字，众道三军遗路傍。

皮干剥落杂泥滓，毛暗萧条连雪霜。

去岁奔波逐馀寇，骅骝不惯不得将。

士卒多骑内厩马，惆怅恐是病乘黄。

当时历块误一蹶，委弃非汝能周防。

见人惨澹若哀诉，失主错漠无晶光。

天寒远放雁为伴，日暮不收乌啄疮。

谁家且养愿终惠，更试明年春草长。

路逢襄阳杨少府入城戏呈杨员外绾 [36]

寄语杨员外，山寒少茯苓 [①]。归来稍暄暖，当为斸青冥。

翻动神仙窟，封题鸟兽形。兼将老藤杖，扶汝醉初醒。

---

① 茯苓，寄生在松树根上，球状，外皮淡棕色或黑褐色，内部粉色或白色，精制后称为白茯苓或者云苓，具有渗湿利水、益脾和胃、宁心安神的功效。《唐本草》：茯苓，第一出华山。

"束带发狂欲大叫"，读这句诗是不是感觉杜甫压抑得太久、太深？

嵇康曾说："一旦迫之，必发其狂疾。自非重怨，不至于此也。"[①]杜甫处在一种"愤怒"状态，愤的本义是郁结于心、憋闷的意思，怒的本义是发泄。有的学者说杜甫"怨而不愤"，这是不确切的，应该说杜甫又怨又愤，是愤而不怒。假如能大叫大喊，可能会把这种愤懑和怨气宣泄出来。但杜甫性格软弱，不是一个爱发脾气的人，他有怨气愿意藏在心里，有怒气也喜欢憋在心里，最多在诗中发几句牢骚而已。杜甫这时候"欲大叫"，还是没喊出声来。

压抑心理是一种较为普遍的病态社会心理现象，它存在于各个年龄段的人群中，与个体的挫折、失意有关联，进而还可能产生自卑、沮丧、自我封闭、焦虑和孤僻等病态的心理和行为。挫折与压抑之间是互为因果的，它们之间会形成一个恶性的循环怪圈。

在压抑的心理状态下，杜甫的行为会有哪些表现呢？他出现了抑郁倾向，如忧虑、失眠、疲惫、心神不宁、烦躁易怒，精神也不能集中，这些症状在以后的诗中都有所表现。这段时间杜甫密集出现这些症状，可以考虑他患上甲状旁腺功能亢进症了。因为这种病的另一个典型症状，就是刺激中枢神经系统产生抑郁倾向。

下一步的趋势，杜甫可能会越来越封闭，性格变得孤僻不合群；他也许会感到自己所谓的工作并没有价值，对个人的前途似乎失去了信心；他会有意识或无意识地感到周围的人在嘲笑冷落他，因此心理压力过大，情绪也开始低落，开始有自惭形秽、无所事事的内心感受；他可能会开始厌倦一些事情，包括工作，他的心情也会消沉，更加不愿意与陌生人打交道；

① 出自《与山巨源绝交书》，魏晋文学家嵇康写给朋友山涛（字巨源）的一封信，信中拒绝了山涛的荐引，说他自己赋性疏懒，不堪礼法约束，不可加以勉强。他强调放任自然，既是对世俗礼法的蔑视，也是崇尚老庄无为思想的一种反映。

他会变得越来越敏感，开始戒备提防他人，生怕被人抓住把柄。长期这样下去，杜甫有可能发展为精神抑郁吗？当读到在夔州的杜甫时，我们会发现，这种担心一点不多余。

由于把消极、负面的情绪压抑在内心深处，杜甫的焦虑感会不由自主地增强。这些焦虑又通常会通过身体某些方面的不适表现出来，如头痛、肠胃不舒服、疲倦等。

美国哥伦比亚大学在一项调查中证实，部分心脏病患者会出现不同程度的焦虑、抑郁和适应障碍等症状，而心理压抑又会导致心血管疾病的再次发生，并使死亡风险加大，再次发病的概率比没有心理障碍的人更高。这项研究，从另一个侧面揭示了压抑对身体的实质影响是存在的。我们也探讨过，杜甫的肺气肿已经发展到肺源性心脏病，他的心血管已经开始发生病变。

弗洛伊德认为，精神压抑会使人感到心理压力，个体将某种情绪、思想转化为潜意识，潜意识又会以动机的形式，驱动某种行为。越是被压抑的情绪、思想，越可能在适当的时候以改头换面的方式表现出来。弗洛伊德打了一个比方，一名学生在学习上遭受挫折，他的成功和自信感被压抑，这名学生很可能在另一种场合去表现自己，比如在文体活动、恶作剧中来释放能量，表现自己。

从这个角度来看，杜甫以后的"诗风"大变，与弗洛伊德这个解释有一定的关联吗？假如说答案是确定的话，那么对于杜甫诗歌艺术转型的原因也就能顺理成章地给出心理学上的答案了，那就是从顺从到叛逆的转变，从颂扬到鞭挞的切换。

杜甫骑马驰骋过，也醉酒骑马坠落过，他非常喜欢马，共有八首写马的诗留存。《瘦马行》[35]就是他"自伤贬官而作"，诗的前半部分写瘦马憔悴的外表，后半部分写瘦马悲楚的内心。诗中"失主""远放"自喻不得于君和贬官，"日暮不收"就是说自己日暮途穷。

从前期《房兵曹胡马诗》的"骁腾有如此，万里可横行"，到现在的"东郊瘦马使我伤，骨骼硉兀如堵墙"，再到后期的《病马》"尘中老尽力，岁晚病伤心"，杜甫的心理在变化吧，心理的变化带动了诗歌风格的转型。

杜甫为什么弃官而去？他仅仅在华州干了一年时间。《旧唐书》本传说："关辅饥，辄弃官去。"研究杜甫的学者大都沿用此说，几乎成为定论。实际上，这个理由不是很充分。查阅文献，那几年并无关辅饥馑的记载，只有 754 年关中大饥，可已经过去四年多。再者，那段时间地方官府通过各种非常的手段征税，地方财政并不像起初那样困难，杜甫在诗中也再没提到过缺钱买酒和饥饿。

美国心理学家马斯洛的需要层次和自我实现理论，把人的需要从低级到高级分为五个层次：生理、安全、归属与爱、尊重和自我实现。杜甫在一生中，经常会从低级的吃饭、安全保障等需要中跳出，他是个通透的人，一生充满对完美人格的渴望，他希望实现自我的价值。马斯洛认为，在所有人当中，仅有百分之一的人能够达到自我实现，大部分的人停留在其他需要层次上。①

杜甫孱弱的病体，承载了太多的民生疾苦和个体失意，他一生辗转漂泊，却有一颗不甘飘零枯萎的心。杜甫的个体是非常有张力的，他不甘心在贫苦的毫无诗意的生存中消耗尽自己的生命，他需要在自己的文字中释放出内心的能量。从某种意义上讲，杜甫的诗就是对他自己疾病的疗治，也是对自己生命的完成。他就在马斯洛所说的"百分之一"里面，他所做的一切，都带有自我提升的意味。

由于精神压力和身体疾病，杜甫开始失落消沉，开始有挫败感，逐渐失去对包括工作在内的所有事情的兴趣，甚至对周围的人也怀有敌意；他

①[美]亚伯拉罕·马斯洛著，许金声等译《动机与人格》，中国人民大学出版社，2007 年版。

缺少安全感，开始有意逃避这个环境。这可能才是杜甫下定决心离开官场的真正原因。①

---

① 关于杜甫由华州去秦州，旧说认为："关辅饥，辄弃官而去，至秦州。"冯至《杜甫传》认为秦州有其从侄杜佐和友人赞公；朱东润的《杜甫叙论》认为，杜甫想去蜀中投靠房琯、刘秩、严武等人，而秦州是至蜀中较为安全的必经之地；冯钟芸《关于杜甫弃官往秦州缘由新探》、王抗敌的《从弃官西游看杜甫思想的复杂性》则提出了避乱说、归隐说等。

脚衰

杜甫在华州任职期间曾经去过东都洛阳，应该是去出差，到底干什么无法考证。洛阳离偃师很近，杜甫很有可能回到偃师的老屋探访过。《赠卫八处士》[37]就写了杜甫这次回故乡，去一个少年好友家中做客的情景，不但有浓浓的人情味，还很接地气，这是 759 年春天发生的事。

二十年前分别的时候，这个朋友卫八还没结婚，现在儿女成行。杜甫现在也四十八岁了，他刚进入朋友家门的时候，小孩子们很好奇地问他是从哪里来的，还没等杜甫答话，孩子们就被父母呵斥着拿酒端菜去了。

赠卫八处士 [37]

人生不相见，动如参与商。今夕复何夕，共此灯烛光。

少壮能几时，鬓发各已苍。访旧半为鬼，惊呼热中肠。

焉知二十载，重上君子堂。昔别君未婚，儿女忽成行。

怡然敬父执，问我来何方。问答乃未已，儿女罗酒浆。

夜雨剪春韭，新炊间黄粱。主称会面难，一举累十觞。

十觞亦不醉，感子故意长。明日隔山岳，世事两茫茫。

　　我们不能开始就用批判的视角，来看杜甫揭露社会的阴暗和官场的腐败。在长安时，杜甫写《丽人行》，描述权贵曲江游春的华丽盛况。那个时候的杜甫不能说没有思想高度，他描绘的杨贵妃兄妹奢靡、骄侈的场面，也不能说是用欣赏的眼光去观赏的。

　　那时候，杜甫尽管明白杨国忠是什么货色，但还要有求于他，为了前程，杜甫只能说一些言不由衷的话。这种内心的冲突、煎熬和痛苦，或许只有上了年纪的人才能懂。

　　759 年三月，唐军九节度二十万大军在相州（今河南安阳与河北临漳一带）被史思明大败；九月，史思明攻陷洛阳，城中百姓和官员尽数逃走。杜甫可能就是这时候从洛阳返回华州的，一路上写下了著名的"三吏三别"，这里我们只选取了《石壕吏》[38] 一首。

　　上面我们也提到过，杜甫诗歌风格的转型是一个质变的过程，有现实原因，也有心理突变。从此，在杜甫的眼里，社会弊病丛生，他为此痛心疾首，并以诗为史，将这种病态实时地记录下来，勾勒出一幅极为真实的病世画卷。

石壕吏 [38]

暮投石壕村，有吏夜捉人。老翁逾墙走，老妇出门看。

吏呼一何怒，妇啼一何苦。听妇前致词，三男邺城戍。

一男附书至，二男新战死。存者且偷生，死者长已矣。

室中更无人，惟有乳下孙。有孙母未去，出入无完裙。

老妪力虽衰，请从吏夜归。急应河阳役，犹得备晨炊。

夜久语声绝，如闻泣幽咽。天明登前途，独与老翁别。

杜甫从洛阳回到华州后，接连写下《夏日叹》《夏夜叹》，他开始考虑要离开这儿了。杜甫写"罢官亦由人，何事拘形役"（《立秋后题》），这里的"形役"我们应该理解成是杜甫自己的内心，一个真实的"本我"，即陶渊明所说的"既自以心为形役"①。按照在《压抑》章节的分析，杜甫已经不愿意再受这些无形的拘束和捆绑，他太难受了，已经下定决心并开始实施这一行动。据猜测杜甫直接递交了辞呈，华州刺史说不定也烦着他呢。

历史的车轮不断滚滚向前，带走了大唐的一片繁华。在坎坎坷坷的关陇道上，一辆破旧的马车正在缓缓前行。马车上的杜甫显得异常疲惫，与周边如画的漫山秋色显得一点也不协调。

这里还有一个问题：杜甫辞官后为什么选择去秦州（今甘肃天水），而不是其他地方呢？

秦州距离长安四百多公里，相对偏远，首先可以远离战乱。这里有伏羲庙，有南郭寺和麦积山石窟，汉代飞将军李广、晋代著有《拾遗记》的王嘉都是这里人。杜甫的偶像李白是陇西成纪（就是现在的甘肃天水秦安县）人，所以杜甫在这里写下《梦李白二首》[39]《天末怀李白》《寄李十二白二十韵》，也就不足为奇。

离职后，杜甫内心是空荡无着落的，以后何去何从，他心里也没底。他在途中写下《所思》《有怀台州郑十八司户》[40]，感觉自己与郑虔同病相怜，一字一泪，情真意切。杜甫这次弃官离开，有无奈避世的心理诉求，所以他选择秦州有很大的人文因素在里面。

还有一点可能也很重要。杜甫在759年晚秋作《宿赞公房》，他在诗下注"京中大云寺主谪此安置"。这个赞公是杜甫的一个老朋友，陷贼长安时，杜甫作《大云寺赞公房四首》，他在大云寺中住了好几天，赞公给他做好

---

① 出自东晋陶渊明的《归去来兮辞》："既自以心为形役，奚惆怅而独悲。"

吃的，给他看过病，还跟他交流了一些佛家思想。杜甫那时候一门心思求官，根本不理睬赞公的话，但诗的最后两句"近公如白雪，执热烦何有"，禅意深长。

到秦州数日后，杜甫去西枝村寻置建草堂的地方。西枝村就是现在天水市麦积区甘泉镇，看样子他是想在这里长久居住，当晚还宿在赞公土室。在《寄赞上人》[42]诗中，杜甫对赞公说，本来想和您做邻居，但是腰脚不好。杜甫决定离开秦州时，又作了一首《别赞上人》。从这儿看，杜甫到秦州来，跟这个赞公有莫大关系，他们不一定有过书信来往，但杜甫对他很尊敬，也感觉亲近。收复长安后，赞公受牵连，被肃宗贬出京师大云寺到了秦地，杜甫应该是知道的。

梦李白二首 [39]

其二

浮云终日行，游子久不至。三夜频梦君，情亲见君意。

告归常局促，苦道来不易。江湖多风波，舟楫恐失坠。

出门搔白首，若负平生志。冠盖满京华，斯人独憔悴。

孰云网恢恢，将老身反累。千秋万岁名，寂寞身后事。

有怀台州郑十八司户 [40]

天台隔三江，风浪无晨暮。郑公纵得归，老病不识路。

昔如水上鸥，今如置中兔。性命由他人，悲辛但狂顾。

山鬼独一脚①，蝘蜓长如树。呼号旁孤城，岁月谁与度？

---

① 《本草纲目·兽部·狒狒》引《永嘉记》："安国县有山鬼，形如人而一脚，仅长一尺许……能令人病及焚居也。"

从来御魑魅，多为才名误。夫子嵇阮流，更被时俗恶。

海隅微小吏，眼暗发垂素。黄帽映青袍，非供折腰具。

平生一杯酒，见我故人遇。相望无所成，乾坤莽回互。

秦州杂诗二十首 [41]

其十六

东柯好崖谷，不与众峰群。落日邀双鸟，晴天卷片云。

野人矜险绝，水竹会平分。采药吾将老，童儿未遣闻。

其二十

唐尧真自圣，野老复何知！晒药能无妇？应门幸有儿。

藏书闻禹穴，读记忆仇池。为报鸳行旧，鹪鹩在一枝。

寄赞上人 [42]

一昨陪锡杖，卜邻南山幽。年侵腰脚衰①，未便阴崖秋。

重冈北面起，竟日阳光留。茅屋买兼土，斯焉心所求。

近闻西枝西，有谷杉漆稠。亭午颇和暖，石田又足收。

当期塞雨乾，宿昔齿疾瘳。徘徊虎穴上，面势龙泓头。

柴荆具茶茗，径路通林丘。与子成二老，来往亦风流。

　　杜甫在给赞公的诗中说"年侵腰脚衰，未便阴崖秋"。原先他想在赞公住的西枝村附近买块地盖草房，后来听别人说同谷那个地方更好，是不是就放弃了这种打算？他最少去过西枝两次，来回上山下山，可能确实感觉到腰脚出了问题。

① 腰脚衰，指杜甫患上坐痹症，类似现代的类风湿关节炎或者老年退行性骨关节病，抑或甲状旁腺功能亢进症引起的腰背、四肢疼痛、畸形。

这是杜甫第一次写到脚病，后面他多次写到病脚，比如"儿扶犹杖策"（《别常征君》[92]）、"卧愁病脚废"（《客居》[94]）、"旧疾廿载来，衰年得无足"（《客堂》[96]）、"欹倾烦注眼，容易收病脚"（《西阁曝日》[107]）、"杖策可入舟"（《雨》[116]）……

从这些诗句中，你能看出杜甫的脚到底是什么毛病吗？不能。有的学者说杜甫得的是"糖尿病足"。杜甫患糖尿病是764年从阆州归成都时，他在《赠王二十四侍御契四十韵》[81]中说："消中只自惜，晚起索谁亲？"

消中，就是消渴症，即现在的糖尿病。糖尿病的并发症有很多类型：糖尿病大血管病变，主要表现为以动脉粥样硬化为基础的相关疾病，如冠心病、脑梗死等；糖尿病微血管病变，主要表现为糖尿病肾病、糖尿病视网膜病变等；还可以导致神经病变，也有可能出现糖尿病足。但现在是759年秋天，杜甫还没患上糖尿病，所以说，他的"脚衰"是糖尿病足这个结论下得有点早。

杜甫在后来的《遣闷奉呈严公二十韵》[83]中，提到："老妻忧坐痹，幼女问头风。"《素问·痹论》说："风寒湿三气杂至，合而为痹。""所谓痹者，各以其时重感于风寒湿者也。"中医解释，这种病外由风寒湿邪留于关节经络，内因气血不足，气血痹阻不通，筋脉关节失于濡养所致；若深入脏腑，则发为脏腑痹。杜甫诗中提到的"坐痹"，类似现代的风湿性关节炎、类风湿关节炎、痛风性关节炎、坐骨神经痛、退行性骨关节病等疾病。

痛风性关节炎常见于夜间发作，是一种急性的单关节或多关节疼痛，开始发作就剧烈疼。脚大趾的跖趾关节是最常见的发病部位，足弓、踝关节、膝关节、腕关节和肘关节也是常见的发病部位。发起病来，病人的体征有点像急性感染，有局部发热、发红、肿胀和明显的触痛。

风湿性关节炎属于变态反应性疾病，多以急性发热及关节疼痛起病，受累关节多在膝、踝、肩、肘、腕等大关节，常见由一个关节转移至另一个关节上，病变部位也会出现红、肿、灼热、剧痛；急性炎症通常两周内消退，不会留下后遗症，但会经常反复发作。

到目前为止，关于类风湿关节炎的病因，医学界没有明确的答案，大多认为该种疾病是人体自身免疫性疾病。这类病发病缓慢，早期有关节局部痛感，尤其是在活动期，有触痛及压痛；以后随着病情发展，关节会变得僵硬，关节周围软组织有弥漫性肿胀，最后出现畸形，行走不便。

退行性骨关节病又称骨关节炎、退行性关节炎、老年性关节炎、肥大性关节炎，是一种退行性病变，多发于中老年人群，主要在颈椎、腰椎、膝关节、髋关节等负重的大关节发生病变。这种病也是缓慢发展的关节疼痛，后期可出现压痛、僵硬、关节肿胀、活动受限和关节畸形等症状。

杜甫所患的脚病，是缓慢起病的，早期可能只是麻木，并不十分疼痛，可以拄着拐杖走，也可以"徐步视小园"（《客居》[94]），"杖策可入舟"（《雨》[116]）；随着病情的逐步发展，才成了"废脚""无足"，后期很有可能出现了关节肿胀、僵硬和变形。

从杜甫诗中描述的病症来看，杜甫的脚病不是风湿性关节炎，也不是痛风性关节炎，因为这两种病起病急，会有剧痛，发作起来并不能下床行走。杜甫在《寄赞上人》[42]中说的"腰脚衰"，应该是脚趾或者脚踝的麻木和疼痛，不是大关节病变。退行性骨关节病大多是由于骨液分泌少、磨损、骨刺造成的，也可以排除老年退行性骨关节病。那我们初步可以判定，杜甫说的"坐痹"，是患上了类风湿关节炎。

类风湿关节炎在西医中不能根治，只能控制，如果不加以规范治疗的话，还有可能造成骨侵蚀性破坏和内脏的损害。

中医将类风湿归于"痹病"范畴。中医理论认为风寒湿热毒、劳伤、产后以及七情失调都可能是诱因。类风湿发病的主要内因是肝肾阴虚或劳累过度耗损了正气，正气既虚，外邪容易入侵，气血瘀阻不行，关节闭涩；或风寒湿热之邪滞留筋骨关节，久之则损伤肝肾阴血，筋骨失养，就会出现关节肿痛、僵硬、屈伸不利、活动障碍等表现。

中医又把湿痹症分为风寒湿痹症、风湿热痹症、痰瘀痹阻证和肝肾两虚证，其中风寒湿痹又包括行痹、痛痹、着痹。从杜甫的身体状况来看，好像各个类型都符合，但是比较起来，内因是主要的，杜甫肝肾阴虚、气血不足是明确的，再加上过度忧虑和疲劳，外邪侵袭，很容易造成风寒湿痹。

杜甫在《寄赞上人》[42]诗中还提到"宿昔齿疾瘳"，这是他第一次写到齿疾，可能是牙龈出血或牙齿开始松动了。杜甫到成都时，牙齿开始脱落；到夔州时，就"牙齿半落左耳聋"（《复阴》[133]）了。

耳聋、眼花、齿落、脱发是一个人正常的退化过程，是生理性衰老。但是有一些疾病会加速人的衰老过程，这就是病理性衰老。气血衰弱、肾气衰弱、脾胃不和，都会造成牙齿的松动和脱落。牙齿松动这种情况在糖尿病患者中经常见到，这可能是杜甫患糖尿病的先期征兆，或者说他已经患上糖尿病了而自己不知道。

杜甫提到的"年侵腰脚衰"（《寄赞上人》[42]），从一个方面佐证了他极有可能患上了甲状旁腺功能亢进症。因为这种病对骨骼系统的侵袭，主要在腰背部、肋骨和四肢，出现腰背痛时髓痛如针刺，痛有定处。假如说湿痹症使杜甫腿脚出现障碍，那他提及的"腰衰"是怎么回事？有一个女性病例，十年前上下楼梯双膝剧烈疼痛，逐渐发展到在平地行走双腿都会疼痛，最终出现了严重的双下肢畸形。她吃了很多药都不起作用，十年间一直被病痛折磨。随着病情加重，她的身体每况愈下，骨瘦如柴，而且她变得对什么也不感兴趣，可是病因一直没有查出来。后来她到省城医院检查，被确诊为甲状旁腺功能亢进症。因为本病在临床上不属于常见病，再加上起病常常以消化系统溃疡、骨痛、泌尿系统结石、神经症状为表现，所以容易被误诊和漏诊。

甲状旁腺功能亢进症能引起骨钙的流失，造成骨质疏松、牙齿松动脱落。杜甫在《寄赞上人》[42]诗中也提到"宿昔齿疾瘳"，应该也是由本病引起的。

关
厓

　　杜甫在秦州仅仅待了三个月，创作了一百一十七首诗歌。像《秦州杂诗二十首》[41] 肯定不是同时作的，是后来整理在一块的。

　　我们熟知的那句"露从今夜白，月是故乡明"（《月夜忆舍弟》）是这个时候写作的；《空囊》也是这个时期创作的，"不爨井晨冻，无衣床夜寒。囊空恐羞涩，留得一钱看"，说明杜甫在这段时间日子过得非常艰难；《太平寺泉眼》[43] 也是 759 年秋冬时节写的，他赞叹泉眼的奇异、泉水的明净和环境的幽雅，也许他开始真的想在这儿整一块地，盖几间茅屋，种药养生，卜居修炼。

　　遗憾的是，杜甫听信了所谓"佳主人"的蛊惑，说同谷县（今甘肃成县）是个物产丰富、适合居住的地方，他才放弃了在秦州定居的打算。据说现在天水建成了杜甫草堂，面积不大，在城东南约二十公里的甘泉镇八槐村柳家河，又称东柯草堂。

　　杜甫还有一个远房侄子杜佐也住在这儿的东柯谷，《佐还山后寄三首》[44]

就是写给他这个远房侄子的。仇兆鳌注："首章，赠佐还山；次章，望佐寄米也；三章，索佐寄薤也。"紧接着，有一个叫阮昉的当地隐士，给杜甫送来了三十捆薤白，杜甫写诗酬谢（《秋日阮隐居致薤三十束》[45]）。杜甫的诗不但要细读，还要通读，更要结合他的经历和内心去读。杜甫对这个侄子肯定是有看法的，索要米和薤竟没有回音，而一个素不相识的隐士却送来了薤白，他在表达对侄子的不满。

太平寺泉眼 [43]

招提凭高冈，疏散连草莽。出泉枯柳根，汲引岁月古。

石间见海眼，天畔萦水府。广深丈尺间，宴息敢轻侮？

青白二小蛇，幽姿可时睹。如丝气或上，烂熳为云雨。

山头到山下，凿井不尽土。取供十方僧，香美胜牛乳。

北风起寒文，弱藻舒翠缕。明涵客衣净，细荡林影趣。

何当宅下流，馀润通药圃。三春湿黄精①，一食生毛羽。

佐还山后寄三首 [44]

其二

白露黄粱熟，分张素有期。已应春得细，颇觉寄来迟。

味岂同金菊②？香宜配绿葵③。老人他日爱，正想滑流匙。

---

①黄精，可治疗脾胃气虚、体倦乏力、胃阳不足、口干食少、肺虚燥咳、精血不足、腰膝酸软、须发早白、内热消渴，也用于中毒性耳聋，这些都应对杜甫的病症。

②金菊，对于清肝明目有疗效，还有明显的止痛、促进伤口愈合的作用，对于常见的胃炎、胃溃疡有很好的疗效；同时富含维生素C，对于治疗失眠和焦虑，还有神经衰弱都有很好的效果。

③绿葵，这里指羊角豆，有补肾填精、降低血糖的作用，同时还能保护肠胃，促进肠道的消化功能和吸收功能，从而缓解和改善胃炎和胃溃疡症状。

其三

几道泉浇圃，交横落慢坡。葳蕤秋叶少，隐映野云多。

隔沼连香芰 ①，通林带女萝 ②。甚闻霜薤白，重惠意如何？

秋日阮隐居致薤三十束 [45]

隐者柴门内，畦蔬绕舍秋。盈筐承露薤 ③，不待致书求。

束比青刍色，圆齐玉箸头。衰年关鬲冷，味煖并无忧。

这个时候，杜甫还给高适、岑参寄了一首诗《寄彭州高三十五使君适、虢州岑二十七长史参三十韵》[46]。这时高适正出任彭州（今成都下辖市）刺史，岑参为虢州（今河南灵宝市）长史。杜甫在诗中提到他患疟疾已经三年，并且详细描述了患病时的症状。杜甫是想念老朋友了吗？这是向朋友求援啊，他们哥俩儿在官场上正干得风生水起。杜甫这时候是不是也有去成都投靠高适的想法？这首诗也算是投石问路。

寄彭州高三十五使君适、虢州岑二十七长史参三十韵 [46]

故人何寂寞，今我独凄凉。老去才难尽，秋来兴甚长。

物情尤可见，辞客未能忘。海内知名士，云端各异方。

高岑殊缓步，沈鲍得同行。意惬关飞动，篇终接混茫。

举天悲富骆，近代惜卢王。似尔官仍贵，前贤命可伤。

诸侯非弃掷，半刺已翱翔。诗好几时见，书成无信将。

---

① 香芰，叶可用于健胃止痢，治疗胃溃疡、痢疾、食道癌、乳腺癌、子宫颈癌等。

② 女萝，主要功能是清肝、化痰、止血、解毒，治疗头痛目赤、咳嗽多痰、疟疾，还能治疗肺结核、慢性支气管炎。但女萝有毒，可损害心脏和肝脏，能引起心率减慢、血压下降。

③ 薤白，味辛、苦，性温，具有理气、通阳、散结之功效，可用于治疗胸闷刺痛、肺气喘急等。《本草纲目》称薤白"归骨，除寒热，去水气，温中散结气"。

男儿行处是，客子斗身强。羁旅推贤圣，沉绵抵咎殃。

三年犹疟疾^①，一鬼不销亡。隔日搜脂髓，增寒抱雪霜。

徒然潜隙地，有觌屡鲜妆^②。何太龙钟极，于今出处妨。

无钱居帝里，尽室在边疆。刘表虽遗恨，庞公至死藏。

心微傍鱼鸟，肉瘦怯豺狼。陇草萧萧白，洮云片片黄。

彭门剑阁外，虢略鼎湖旁。荆玉簪头冷，巴笺染翰光。

乌麻蒸续晒，丹橘露应尝。岂异神仙宅，俱兼山水乡。

竹斋烧药灶，花屿读书床。更得清新否，遥知对属忙。

旧官宁改汉，淳俗本归唐。济世宜公等，安贫亦士常。

蚩尤终戮辱，胡羯漫猖狂。会待妖氛静，论文暂裹粮。

　　杜甫在《秋日阮隐居致薤三十束》^[45]中提到"衰年关鬲冷"，他的身体是不是又出了新的毛病？"关鬲"又称关膈，指胸腹之间。中医把老年人脾胃功能衰退，称作"关鬲冷"。

　　中医所讲的脾，并不是西医解剖学中的脾脏，而是包括了脾、胰腺、胆、胃、小肠、大肠等器官的综合协调机制。其他如心、肝、肺、肾等，也都不是单纯指心脏、肝脏、肺脏、肾脏等独立的器官，而是指中医学中的心火系统、肝木系统、肺金系统和肾水系统。我们只要明白这个问题，就会在以后的阅读中，对杜甫病因的解析有所理解。

　　《黄帝内经》认为"脾为后天之本，主运化，生气血"。脾的功能就是把各种食物原料消化为营养物质，也就是气血，并负责将其运送到身体各处。它是五脏气血生化的源头。

　　脾胃功能的好与坏，与人的情志也有着密切关系，过思则伤脾。杜甫

---

① 杜甫患了疟疾，距今正好三年，一年在鄜州，一年在华州，一年在秦地。
② 《搜神记》："昔颛顼氏有三子，死而为疫鬼，一居江水，为虐鬼；一居若水，为魍魉鬼；一居人宫室，善惊人小儿，为小儿鬼。"民间传说改变容貌或者悄悄藏在他处，可避疟鬼。

在长安求仕过程中焦虑忧思，担任左拾遗时担惊受怕，在华州司马参军职上日夜操劳，弃官来到秦州后饥寒交迫……这些经历造成他的脾胃受损、衰弱，导致气血生化不足，影响到他的肠胃功能。

杜甫的饮食肯定也存在问题，他应酬时暴饮暴食，路途中忍饥挨饿，特别是长期无节制地饮酒，除了对肝脏、肾脏有影响外，对脾胃的损伤也是巨大的。他经常喝得烂醉，酒精刺激胃黏膜，导致胃糜烂、溃疡。有时候呕吐也会导致胆汁反流到胃里，然后胃酸和胆汁一起反流到食管，造成胃食管反流等伤害。

杜甫已经意识到他的脾胃异常。由于消化不良，他经常食欲不好，食后有腹胀、恶心、呕吐、打嗝、烧心等症状。他是不是还出现过腹泻或者便秘等症状？

杜甫这辈子很少描写脾胃的病。也许在那个年代，肠胃有时候不舒服，人们根本不当回事，也不认为是有病。并且杜甫又经常处于一种颠沛流离的状态，有时连基本的生活都没有保障，出现跑肚拉稀或者腹胀打嗝，能忍耐一下就过去了。这次他在诗中单独提出来，证明这段时间，他的肠胃可能很难受。

在平时的调养中，我们大多数人其实是忽略脾的。在中医中，脾居中央，有主运化、主统血、主肌肉、主四肢、主升清的生理功能。脾主运化，在运化水谷输布全身的同时，也运化水湿；脾对全身血液有固摄、统摄的作用；脾的运化对人体肌肉和四肢的正常活动有重要作用；脾主升清是脾气运化功能的表现形式，在将水谷精华化生气血营养全身的同时，脾气也能维持五脏六腑的协调运转。

那西医又是怎样介绍脾的呢？脾的四大功能包括造血功能、滤血功能、储血功能和免疫功能，是身体重要的淋巴器官。

从胚胎开始，脾就参与造血。虽然后期脾的造血功能逐步减弱，但是当人体缺血时，脾就会恢复造血功能，产生血小板、红细胞等。我们正常人的脾脏中含有大量的淋巴细胞、巨噬细胞，可以过滤掉血液中一些细菌、异物以及衰老的抗原细胞等。脾还有储备血的功能，当人在失血或者缺氧时，它就会释放血液到循环中。脾能产生淋巴细胞，生成免疫球蛋白。

杜甫近期连续出现的症状都应该和甲状旁腺功能亢进症有关。因为流失的骨钙能刺激胃泌素分泌，使胃酸增多，造成顽固性消化道溃疡，对杜甫的脾胃有伤害。肝气犯胃则胃失和降而呕吐，肝气乘脾则脾失健运而胀痛。

杜甫在《佐还山后寄三首》[44]中提到的"绿葵""香芹""女萝"，都有促进肠道消化功能和吸收功能的功效，从而缓解和改善胃炎和胃溃疡的症状；"薤白"也有温补作用，有理气、宽胸、通阳、散结的功效。杜甫在后来写的《发秦州》[48]诗中提到的"薯蓣""崖蜜""冬笋"也都有健脾开胃的作用，是滋养脾胃的佳品。

杜甫在《寄彭州高三十五使君适、虢州岑二十七长史参三十韵》[46]中再次提到自己患疟疾已经三年，用寥寥数语，便将自己苦于疟疾的心境和疟疾发病时的症状准确地描写了出来。

自
愈

到目前为止，经历过弃官、生活艰难的杜甫彻底对朝廷失去幻想了吗？他仍然时刻关注着时局，幻想着有朝一日还能回到皇帝身边做些事情。

在秦州，杜甫的日子过得很苦，他在这里没有朋友，说到底就是没有能接济他的朋友。他的远房侄子也退隐在这里；他认识的赞公、张彪也都是隐居的世外人；给他送薤白的阮昉，也可能是一位隐士。但杜甫跟他们不同，他要养活一大家子人。我们猜测，这时候，杜甫和妻子，加上四个孩子，可能还有一个堂弟也在身边，说不定还有个仆人跟随左右，这样算起来大约八口人。在秦州这样的偏僻之地，没人请杜甫写东西，他就得不到额外报酬；他也没有其他可以维持生计的手艺，所以杜甫在这里待不长久，也是很正常的。

其实，一直以来杜甫都在纠结是入仕还是避世，从他年轻的时候就这样。优柔寡断是杜甫显著的性格特征。杜甫在长安时曾和赞公交流过好几天，这次他又去拜访过几次，夜宿西枝村，和赞公长谈。

杜甫起初想在周围的山谷筑室安家，但由于种种原因：这个打算最终没有实施。至少有两个现实的原因：一是他还没彻底打破对朝廷的幻想；二是他要养活一家人，而这儿没有朋友接济。所以说，他要离开秦州去同谷。朋友在信中说同谷物产丰富，适宜生活，这只是个引子，而不是杜甫离开秦州的关键原因。

寄张十二山人彪三十韵 [47]

独卧嵩阳客，三违颍水春。艰难随老母，惨澹向时人。

谢氏寻山屐，陶公漉酒巾。群凶弥宇宙，此物在风尘。

历下辞姜被，关西得孟邻。早通交契密，晚接道流新。

静者心多妙，先生艺绝伦。草书何太古，诗兴不无神。

曹植休前辈，张芝更后身。数篇吟可老，一字买堪贫。

将恐曾防寇，深潜托所亲。宁闻倚门夕，尽力洁餐晨。

疏懒为名误，驱驰丧我真①。索居犹寂寞，相遇益愁辛。

流转依边徼，逢迎念席珍。时来故旧少，乱后别离频。

世祖修高庙，文公赏从臣。商山犹入楚，渭水不离秦。

存想青龙秘，骑行白鹿驯。耕岩非谷口，结草即河滨。

肘后符②应验，囊中药未陈。旅怀殊不惬，良觌渺无因。

自古皆悲恨，浮生有屈伸。此邦今尚武，何处且依仁。

鼓角凌天籁，关山信月轮。官场罗镇碛，贼火近洮岷。

萧瑟论兵地，苍茫斗将辰。大军多处所，余孽尚纷纶。

高兴知笼鸟，斯文起获麟。穷秋正摇落，回首望松筠。

①按杜甫之意，实为事业功名之难求，转言己志本尚疏懒，而为浮名所误，盖以牢骚语自解。杜甫本"独耻事干谒"[24]，又不得已而为之，故云"丧我真"。
②葛洪撰医书《肘后备急方》，简称《肘后方》，意谓卷帙不多，可以悬于肘后。后泛指随身携带的丹方，类似现在的口袋书。

从《寄张十二山人彪三十韵》[47]中，可以窥探出杜甫此时的心路历程，或者说通过与张彪的交往，杜甫的内心受到了一些触动。张彪这个人，好神仙长生之事，人称"张十二山人"。《唐才子传》卷三："彪，颍上人。初赴举，无所遇，适遭丧乱，奉老母避地隐居嵩阳，供养至谨。与孟云卿为中表，俱工古调诗……性高简，善草书，志在轻举……时与杜甫往还。"

这首诗的第一部分是说张山人为了"防寇"和母亲住在山中，艰难中总是"随老母"，并为老母尽孝；你的书法超过张芝，诗文超过曹植；你就像谢安、陶潜一样隐居，心静如水，多么美妙；与你在济南历下"交契密"，在华州做过邻居，但是现在离多聚少。第二部分写杜甫的现状。疏懒是我的本性，可是为了可怜的一点名利，我丧失了我的本心；我现在很落寞，在秦州亲朋故旧少；当年长安收复后肃宗大赏"从臣"，我却遭贬。就像当年的介子推，是不是要像"商山四皓"一样还是要回楚山呢？第三部分称赞山人的生活才是真的好。你掌握了道家秘诀，就像仙人骑上驯服的白鹿；你给我的药方很灵验，囊中药还没过期病就好了。第四部分是杜甫的一贯写法，将诗句和时局、国运联结在一块。现在是一个崇尚武力的时代，儒家的仁义道德到何处去讲？往西看，吐蕃已迫近；往东看，余孽纷纶。我就像一只笼中的鸟，只能看着远处的松林，还是你的生活自由自在。

杜甫在这首诗里表达的情绪很复杂。"疏懒为名误，驱驰丧我真"，他说自己为了可怜的求仕心，蝇营狗苟，去而复还，丧失了本真。杜甫没有所谓的官场生存的技巧和投机钻营的脸皮，就像当年在长安，他厚着脸皮到处讨好权贵，却一次次失望。

杜甫给韦济写诗说："不谓矜馀力，还来谒大巫"（《赠韦左丞丈济》）。因为没有结果，他就又写了一首，说我这么有才干，你们不用我，我要离开这是非之地："白鸥没浩荡，万里谁能驯"（《奉赠韦左丞丈二十二韵》[10]）。

后来杜甫又给韦见素宰相写了一首《上韦左相二十韵》[21]，奉承了他一番，夸他有抱负、有学识、有胸襟、有智慧，会治国、会用人，书法和文才好，还说他敢于直言，很肉麻。韦见素最终也没帮上多大忙，后来杜甫又写诗给他发了一通牢骚……杜甫这人在官场上确实有点幼稚。

杜甫的心理疾病，包括抑郁、压抑和焦虑，跟他的内心冲突有很大关系；身体上的疾病又跟他的心理问题有很大关系。

《黄帝内经》中，天师岐伯曰："夫上古圣人之教下也，皆谓之虚邪贼风，避之有时；恬惔虚无，真气从之；精神内守，病安从来？"

我们可以这么理解，"恬惔虚无"是一个人修身养性的四种境界，"恬"就是人要有自我疗伤、自我修复的能力。人应该能从逆境、挫折中快速治愈自己心灵的创伤，尽快摆脱负面情绪的困扰，让封闭的心重新打开，这是心理的一种自愈能力。"惔"就是平淡、平常心，少一些名誉和利益的纠结。老子说"恬淡为上，胜而不美"，就是这个意思。"虚无"则是妙不可言的两种更高境界，这不是一般人能达到的，也是杜甫诗中的高人和隐士毕生所追求的。

"恬惔虚无"是一种能够让我们心神内守的健康心态，也是一种自我人格的修养，甚至可以说是一种非常难得的修为。

"无病先防，有病早治"是《黄帝内经》对预防医学的重大贡献。《素问·四气调神大论》说："圣人不治已病治未病，不治已乱治未乱，此之谓也。夫病已成而后药之，乱已成而后治之，譬犹渴而穿井，斗而铸锥，不亦晚乎！"《素问·阴阳应象大论》也说："故善治者，治皮毛，其次治肌肤，其次治筋脉，其次治六腑，其次治五脏。治五脏者，半死半生也。"

有些人认为所谓的"虚邪贼风"只作用于我们的躯体，使我们的身体生病或是受到侵害。其实不全是这样，人的"心"也会受到"虚邪贼风"

的侵扰，而心受伤后引起的疾病更加难以治疗，这也就是我们现在常说的心理疾病。

杜甫从小受儒家传统浸染，且对佛家有研究和传承。杜甫对道家也是精通的，他对葛洪很崇拜，和郑虔相识相知。杜甫每走到一个地方，最先去的就是寺庙，与禅师或者道长沟通交流。他写的诸多诗中，都与佛法或者道家道教很默契，比如《游龙门奉先寺》[2]《冬日洛城北谒玄元皇帝庙》《玄都坛歌寄元逸人》《大云寺赞公房四首》《太平寺泉眼》[43]《游修觉寺》等。

佛家认为，众生之病，皆由心病所致。心若无病，万症自销；心若病时，百骸不调。这个道理，杜甫肯定很明白，但是做不到，所以他也做不到精神内守。

自愈

119

可能会有人说，杜甫若真的遵从天人合一和道法自然，也许就不是伟大的杜甫了。其实，我们所说的"恬惔虚无"并不是不去做事，或者甘于默默无闻，而是在做事的过程中，能保持一种健康的心态，这样我们的身体和心灵就不至于受到更多的伤害和摧残。

人往往是这样的，一定是先得了病，再去寻求救治，一般的治疗无济于事时，就去寻求养生之道。其实，这是一个颠倒的次序。

有些东西说起来容易做起来难。人在世上，熙熙攘攘，各种诱惑纷扰，要做到心神安宁确实不易。老子说过："祸莫大于不知足，咎莫大于欲得。故知足之足，常足矣。"我们需要合理、适当地去寻求一些欲望，在力所能及的范围内有所取舍，这样才能给心灵留下空间。

动物受伤，总是去舔伤口，这是一种自我疗伤。说到自愈，其实就是自己跟自己妥协的过程。极端一点说，也是自欺欺人、自我安慰，最终让自己释然的一个过程。杜甫恰恰在自愈方面做得不够，他太较真儿，跟官僚体制过不去，跟别人过不去，也跟自己过不去。

那么，杜甫在自我解脱方面有哪些途径呢？一是诗酒遣愁。孔子曾说过："其为人也，发愤忘食，乐以忘忧，不知老之将至。"杜甫以酒为介写下一批诗作，"通泉百里近梓州，请公一来开我愁"（《春日戏题恼郝使君兄》），苦中寻乐，获得心理慰藉。二是宴游交欢。杜甫通过与亲友交游，消磨忧愁，排解苦闷，"歌罢仰天叹，四座泪纵横"（《羌村三首》）。三是访仙拜佛。无力济世的杜甫时常结交僧侣，参禅悟道，"何当摆俗累，浩荡乘沧溟"（《桥陵诗三十韵因呈县内诸官》），在百般无奈中寻求心灵的宽慰。四是寻古济心。痛苦在现实中无法排解，杜甫就在与古人对话中寻找精神安慰，"自古有羁旅，我何苦哀伤"（《成都府》）。这些解脱与排闷途径，就是支撑杜甫一路走来的自我疗伤方式。

杜甫在诗中说："肘后符应验，囊中药未陈。"我们猜测，应该是张彪告诉了杜甫《肘后备急方》中治疗疟疾的方剂，让杜甫试着治疗。杜甫患疟疾三年，一直受病痛折磨，他用这个方子医治，收到了很好的效果。以后的很多年，杜甫没有再提到过疟疾一病。

肺热

　　杜甫从秦州去同谷（今甘肃成县）①，用他自己的话说就是"无食问乐土，无衣思南州"（《发秦州》[48]）。有些人认为杜甫是因为缺衣少食才离开秦州的，其实这不是全部的原因。杜甫离开秦州至少有三个方面的原因：一是安史之乱后吐蕃乘机进犯，占领了陇右、河西等地，危机向秦州逼近；二是秦州没有朋友接济，杜甫生活艰难；三是杜甫下不了决心隐居，他对朝廷还抱有幻想。

　　杜甫是759年十月离开秦州的，途经赤谷（《赤谷》[49]）（今天水皂郊堡）、铁堂峡（《铁堂峡》[50]）（今天水镇东北）、盐井（今礼县盐官镇）、寒峡（今西和县道南）、法镜寺（今西和县石堡西）、青羊峡（今西和县南石峡）、龙门镇（今成县小川）、石龛（今成县西峰北）、积草岭（今成县红川镇与徽县栗川乡交界处），十二月初九左右到达卜居地栗亭。

---

①《成县志》记载："唐广德元年（公元763年）秋七月，土蕃占领同谷县长达二十年，公元783年，唐蕃盟约于清水，约唐地圣州、陇州、清水、凤州悉还于唐，县治方西移同谷（见唐代宗纪《土蕃传》）"。

　　沿途每经过一地，杜甫都有记地、记游诗可查。他在路上共写了十二首诗，其中在《积草岭》中写道："邑有佳主人，情如已会面。来书语绝妙，远客惊深眷。"这里的"佳主人"有人考证是李某某、韦迢几个朋友和栗亭当地仰慕杜甫的儒生。

　　韦迢是杜甫晚年在潭州才认识的，这些考证靠谱不靠谱先不去评说。清代文人施鸿保有一段很精辟的论述可以借鉴一下："宰既佳主人，且先曾致书，即不能如严武、裴冕之厚待，亦或如高使君之供禄米，柏中丞之数赐金；又不然，亦当如王司马之助修草堂赀，萧、韦明府之遗桃栽榿木。乃任其旅居穷谷，短衣长镵，拾橡栗，掘黄精，男呻女吟，几皆馁死，而此谓佳主人者，竟不一顾。想是狡情薄分一流，慕公之名而寄书，假为语妙，以尽世情。初不料公信之，竟挈妻子舍秦州而来也。度公至后，其人或避匿不见，故同谷诗无一篇及之。"[①]

　　我们可以揣测，在杜甫到达同谷后，这几个"佳主人"可能请他吃了顿饭，也喝了酒，当地仰慕杜甫的人在酒桌上也索要了诗文，之后就没了下文。这些人没有给予杜甫一家一点照顾，最终把杜甫置入更艰难的境地。不知道是什么缘故，让这些人如此薄情寡义。杜甫诗中讲述的这些世态人情以现在人的心理看，也挺有意思。

发秦州 [48]

我衰更懒拙，生事不自谋。无食问乐土，无衣思南州。

汉源十月交，天气如凉秋。草木未黄落，况闻山水幽。

栗亭名更嘉，下有良田畴。充肠多薯蓣[②]，崖蜜亦易求。

---

① 施鸿保著，张慧剑校《读杜诗说》，中华书局上海编辑所，1962年版，上海古籍出版社，1983年重版。

② 指山药，入药能补脾胃亏损，治疗气虚衰弱、消化不良、痰风喘急、脾胃虚弱、心腹虚胀等，能预防心血管疾病。唐代宗叫李豫，避讳改为薯药；宋英宗叫赵曙，于是又改成山药。

密竹复冬笋①，清池可方舟。虽伤旅寓远，庶遂平生游。

此邦俯要冲，实恐人事稠。应接非本性，登临未销忧。

溪谷无异石，塞田始微收。岂复慰老夫，惘然难久留。

日色隐孤戍，乌啼满城头。中宵驱车去，饮马寒塘流。

磊落星月高，苍茫云雾浮。大哉乾坤内，吾道长悠悠。

赤谷 [49]

天寒霜雪繁，游子有所之。岂但岁月暮，重来未有期。

晨发赤谷亭，险艰方自兹。乱石无改辙，我车已载脂。

山深苦多风，落日童稚饥。悄然村墟迥，烟火何由追。

贫病转零落，故乡不可思。常恐死道路，永为高人嗤。

铁堂峡 [50]

山风吹游子，缥缈乘险绝。硖形藏堂隍，壁色立积铁。

径摩穹苍蟠，石与厚地裂。修纤无垠竹，嵌空太始雪。

威迟哀壑底，徒旅惨不悦。水寒长冰横，我马骨正折。

生涯抵弧矢，盗贼殊未灭。飘蓬逾三年，回首肝肺热②。

杜甫在路途中感慨，从奉先探亲，到白水，再到鄜州，漂泊已经三年时间，（"飘蓬逾三年，回首肝肺热"）。

中医认为，人的身体维持温度稳定，有两套系统在同时工作，一套是制热的，对应的脏器是心和肝；一套是制冷的，对应的脏器是肺和肾。这就是为什么在寒冷的冬天，我们的身体能保持足够的温度，而在炎热的夏天，

---

① 冬笋，在中医上可护肝养肝、保护视力，同时增加食欲，具有健脾开胃作用。

② 中医叫肝肺热盛证，通常是因为情志不遂、肝失疏泄导致气郁结于肝，气郁化火，肝火上逆的一种肝脏疾病。常见临床症状有头晕目眩、口苦咽干、暴躁易怒、食欲不振、恶心呕吐、五心烦热、盗汗潮热等。

我们的身体摸起来却是凉凉的。杜甫恰恰是这两套系统的平衡出现了问题。

肝热引起的症状有面红目赤、口臭、性情急躁、食欲不振、心烦，严重的时候会造成心神不宁，出现心悸、失眠等情况。肝热最先引起的就是眼部问题，因为肝主目。肝火旺的人眼睛会发红，肝火上炎眼睛也会火旺，就会眼红、眼干眼涩、视物模糊、眼屎增多等。正所谓"肝胆相照"，当肝热的时候，胆汁也会受到煎熬，就会导致肝胆湿热，人就会出现口干口苦，口腔内细菌在湿热环境中大量繁殖引起口臭，肠道也因缺少水分润滑而引起便秘。肝热的人容易气血上涌，从而引起头胀、头痛，同时也会引起眩晕、耳鸣。肝主情志，所以肝热的人对情绪的把控力就差，他们容易控制不住脾气而生气，容易急躁和心烦。肝火旺导致心阴不足，也会因心内烦热而出现失眠、多梦等。肝气不足时，肝脾之间的正常关系也被破坏，而出现脾之邪气偏胜的情况，常常同时出现腹痛、腹泻等现象。肝主人体经脉，所以肝虚的人也会出现经络不顺畅，导致手脚发麻、关节屈伸不利、手抖，以及四肢发紧甚至抽筋等。

肺热常见的表现比较典型，风热犯肺在冬春比较常见，主要就是咳嗽、黄痰脓痰，可能会有鼻塞、流鼻涕以及口干咽燥等症状，情况严重一些可能出现发烧、烦躁不安、口渴、胸痛，严重的时候痰中带有血丝，咳出痰液腥臭等。肺与大肠相表里，肺热也会出现大便秘结的症状。肺热如果长期得不到治疗，病情进一步加重，可能会导致支气管炎、肺炎等。

我们知道，杜甫的肝脏受到的损害也挺重，他的肝气郁结，郁而化火，气血经常往上涌；他的心火很旺，身体的致热机能强大，肝火心火燃烧炽烈。由于肺部的一系列疾病，杜甫的肺阴、肺气甚至肾阴都挺虚弱的，身体的制冷机能明显衰弱。冷却系统出现故障，水不制火，所以他经常会感到燥热，即便是在冬季也是如此。《黄氏补注》卷六引师曰："肝肺热，言忧则内热也。"按照这种解释，我们发现杜甫在诗中经常提到内热、执热，并非单指天气炎热，而主要是指身体内部的火旺燥热。

其实，杜甫的诸多病症，都是由于肝肺热盛证引发的，就是肝郁化火、水不制火、肝阳上亢的一种病案，这与他自己描述的头晕目眩、易躁易怒、食欲不振、恶心呕吐、失眠多梦等表现相符合，也是他后来患上甲旁亢、糖尿病、湿痹症的主要原因。杜甫在诗中说的"肝肺热"，非常准确地指出了他身体的毛病，也为后世提供了非常明确的辨证治疗肝肺热的医例。

假如我们有肝肺热的症状，去医院诊疗的话，医生也许会告诉我们说，这是内分泌紊乱造成的。

我们理顺这些枯燥的病机知识，其实就是理顺杜甫目前的身体状况，以及他以后病情的发展趋向。

肺
热

125

有一段时间杜甫很少提到肺部和肝部相关的病症，这三年期间他罹患了疟疾，在疟疾的周期性反复折磨下，其他的病症被掩盖，或者说杜甫没有顾得上这些看似不影响日常生活的"小病"。杜甫现在最迫切的想法，可能是赶紧到同谷，去享受想象中的"栗亭名更嘉，下有良田畴"的生活。

目眩

　　杜甫到同谷后，原以为能求得饱暖，不料日子过得比在秦州还苦还难。他用自己的切身遭遇，悲声吟唱出《乾元中寓居同谷县作歌七首》[51]。天寒地冻，杜甫在山谷里捡拾橡栗充饥，"岁拾橡栗随狙公，天寒日暮山谷里"；他拿着长铲子挖黄精，"手脚冻皴皮肉死"；衣不遮体，"短衣数挽不掩胫"；空手归家，"男呻女吟四壁静"……苍天啊，"我生何为在穷谷，中夜起坐万感集"。呜呼！在这寒冷的冬天，杜甫连一家人的生计都无法解决，他对生活抱有的一丝幻想，也变成了黄粱美梦。

　　杜甫的这种窘迫无以言表，悲伤凄惨无法掩饰，他从哭诉眼前的生活转而想到对远方兄弟及媚妹的思念，兄妹此生难再相见也是有可能的。在他漂泊一生的最后十一年中，应该说，这段时间是杜甫最穷困潦倒、最悲惨的一段时光。同谷行程并没有给他的命运带来新的转机，反而使他经受了一生中最严重的一次打击。

　　诗中"黄精无苗山雪盛"，有的版本校注为"黄独"。杜甫当年写的应该是黄精，对这一点不需要质疑。因为在冬天，黄精的叶片已经掉落，很难挖到，必须依靠在夏秋季节对植株做好的标记来挖；而黄独，也叫山慈姑，是藤本植物，茎蔓最长的可达二十多米，冬天也比较容易找到。

黄精是道家辟谷、炼丹、养生的常用药材，葛洪《抱朴子内篇·杂应》卷十五记载黄精宜于辟谷："问诸曾断谷积久者云，差少病痛，胜于食谷时。其服术（白术）及饵黄精，又禹余粮丸，日再服，三日，令人多气力，堪负担远行，身轻不极。"

黄精根茎形状像山芋，含有大量淀粉、糖分、脂肪、蛋白质以及多种维生素，既能生食，也可以炖服充饥，并且有健身作用。黄精药用可以治疗脾胃虚弱、体倦乏力、口干食少、肺虚燥咳、精血不足、内热消渴等症，还能治疗肺结核、癣菌病等，很对杜甫的病症。

乾元中寓居同谷县作歌七首 [51]

有客有客字子美，白头乱发垂过耳。

岁拾橡栗① 随狙公，天寒日暮山谷里。

中原无书归不得，手脚冻皴皮肉死。

呜呼一歌兮歌已哀，悲风为我从天来。

其二

长镵长镵白木柄，我生托子以为命。

黄精无苗山雪盛，短衣数挽不掩胫。

此时与子空归来，男呻女吟四壁静。

呜呼二歌兮歌始放，邻里为我色惆怅。

---

① 橡栗，是壳斗科植物的果实的统称，板栗除外。考古学家考证五千年前先民的主食就是橡果，味苦涩、发酸，淀粉含量在百分之五十以上，被称为"粮食树"。《庄子·盗跖》："昼拾橡栗，暮栖木上，故命之曰有巢氏之民。"杜甫的《北征》[30] 诗又说："山果多琐细，罗生杂橡栗。"

其三

有弟有弟在远方，三人各瘦何人强。

生别展转不相见，胡尘暗天道路长。

东飞鴐鹅后鹙鸧，安得送我置汝旁。

呜呼三歌兮歌三发，汝归何处收兄骨。

其四

有妹有妹在钟离，良人早殁诸孤痴。

长淮浪高蛟龙怒，十年不见来何时。

扁舟欲往箭满眼，杳杳南国多旌旗。

呜呼四歌兮歌四奏，林猿为我啼清昼。

其五

四山多风溪水急，寒雨飒飒枯树湿。

黄蒿古城云不开，白狐跳梁黄狐立。

我生何为在穷谷，中夜起坐万感集。

呜呼五歌兮歌正长，魂招不来归故乡。

其六

南有龙兮在山湫，古木巄嵷枝相樛。

木叶黄落龙正蛰，蝮蛇东来水上游。

我行怪此安敢出，拔剑欲斩且复休。

呜呼六歌兮歌思迟，溪壑为我回春姿。

其七

男儿生不成名身已老，三年①饥走荒山道。

长安卿相多少年，富贵应须致身早。

山中儒生旧相识，但话宿昔伤怀抱。

呜呼七歌兮悄终曲，仰视皇天白日速。

　　杜甫在同谷住了一个月左右，他在这里无依无靠，那个说得天花乱坠的"佳主人"从此也不再出现。杜甫在山中遇到一个以前相识的儒生，见面时也只是怀念往日的生活，他真的下定决心要离开同谷了。

　　杜甫在《发同谷县》诗下注："乾元二年十二月一日，自陇右赴剑南纪行。"杜甫这次去成都，可能跟高适有一定的关系，因为759年四月高适任彭州刺史。杜甫可能想，到成都后，高适一定会给他一些帮助。杜甫去成都可能还有一个原因，当时裴冕节制成都，他也是杜甫的朋友。

目眩

129

　　从同谷到成都，这一路杜甫又写了十二首诗——《发同谷县》《木皮岭》《白沙渡》《水会渡》《飞仙阁》《五盘》《龙门阁》[52]《石柜阁》《桔柏渡》《剑门》《鹿头山》《成都府》，杜甫一路行一路诗。明末卢世㴶在《杜诗胥钞》评论："杜公纪行诗，从《发同谷县》至《成都府》，入天穿云，万壑千崖，雨雾烟虹，朝朝暮暮，一切可怪可呼可娱可忆之状，触目惊心，直取其髓，而犁然次诸掌上，古今诗人殆无可拟者。"

---

① 仇兆鳌："三年走山，谓自至德二载至乾元二年，奔凤翔，贬华州，客秦陇，迁同谷也。"（杜甫撰，仇兆鳌注《杜诗详注》，中华书局，2015年重版三卷本）

龙门阁 [52]

清江下龙门，绝壁无尺土。长风驾高浪，浩浩自太古。

危途中萦盘，仰望垂线缕。滑石欹谁凿，浮梁袅相挂。

目眩① 陨杂花，头风② 吹过雨。百年不敢料，一坠那得取。

饱闻经瞿塘，足见度大庾。终身历艰险，恐惧从此数。

龙门阁是石阁道，故址在今天的四川广元市朝天区龙门山上，这是自关中进入蜀地的古栈道中最险要的一段，因此学者都把"目眩陨杂花，头风吹过雨"点评为地险绝而心乱目眩、头顶生风。这种解释有一定的道理，但是杜甫借此地的险峻，也写出了自己的两种病症。

杜甫在诗中提到的病症名称，在中医发展过程中，有的已经改变了称呼，有的后世也不再使用，所以解读起来有陌生感，或者出现误解。

"目眩"在医学上属于眩晕症，患者有眼球震颤或者天旋地转的感觉，眼前的画面会出现垂直或水平方向的旋转视觉，特别是在睁开眼睛的时候，症状会加重。有的患者还会出现步态不稳、出汗、视物模糊、视物成双、言语不清等症状，甚至还会出现全身大汗淋漓、面色苍白、心跳加快等情况。另外，有的患者还会伴随耳鸣、听力下降等症状，严重的会累及中枢神经，甚至造成偏瘫或者侧身麻木等。

杜甫在夔州诗中提到"玄阴"（《复阴》）[133]，也是古中医名词，同样是眩晕，但两者却有不同的症状，"玄阴"类似现代的梅尼埃综合征。

导致突如其来眩晕的原因有很多，中医认为多是气血虚弱、肾精虚亏造成的。

---

① 大多注家多以地势险峻，目生眩头生风解释。宋代赵次公曰："佛书云：空本无华，病者妄执……非由地险绝而然。"（《新定杜工部古诗近体诗先后并解》）

② 头风病是一种以慢性阵发性头痛为主要临床表现的疾病，该病病程较长、缠绵难愈、易于复发，相当于现代医学的紧张性头痛、偏头痛等原发性头痛。

贫血会导致整个大脑缺氧，引起头晕目眩；颈椎病也有可能引起脑供血不足、缺氧；视神经病变也会引起眩晕；耳部疾病也能引起眩晕，比如耳迷路水肿，能造成严重的眩晕，并会出现呕吐症状；脑动脉硬化引起的脑供血不足，也能引发眩晕。还有一些内科疾病，如高血压等也能引发眩晕；甲状腺功能减退和甲状旁腺功能亢进也会造成头晕目眩，并且伴随耳鸣、耳聋、眼球震颤等症状。其实，还有一种情况也应该引起我们的重视，那就是焦虑症，焦虑引起的睡眠障碍，很容易导致精神紧张，引发血管痉挛，进而使脑供血不足，也可能发生眩晕。

随着时间的推移，我们看杜甫的晚年，上面所罗列出的患眩晕症的一些症状，在杜甫身上都有所体现。杜甫可能一直患有贫血，这一年从华州到秦州，再迁同谷，营养不良会加重贫血。杜甫到晚年时患了耳聋和视网膜病变，这时候出现的眩晕，跟这两种病也有关联。

杜甫的焦虑和抑郁倾向一直存在，只不过到夔州时变得更加明显，焦虑和抑郁引起的眩晕经常不被重视。

在华州时，我们推断杜甫可能出现了糖尿病先期预兆，而这次出现眩晕，我们也应该把糖尿病这个隐患考虑在内。

《诸病源候论·目眩候》说："目者五藏六府之精华，宗脉之所聚也。筋骨血气之精，与脉并为目系，系上属于脑。若府藏虚，风邪乘虚随目系入于脑，则令脑转而目系急，则目眴而眩也。"中医认为目眩是由肝肾精血不足、肝阳上亢，或脾不运化、湿聚成痰、痰瘀互结、脉道受阻等因素所致，这些病因与我们分析杜甫以后可能出现的一些疾病是相符的。

诗中提到的"头风"，应该指慢性阵发性头痛。《杂病源流犀烛·头痛源流》记载："头风之证，素有痰饮，或栉沐取凉，或久卧当风，以致贼风入脑入项，自颈以上，耳目口鼻眉棱之间，有麻痹不仁之处，或头重，或头晕，或头皮顽厚，不自觉知，或口舌不仁，不知食味，或耳聋，或目痛，或眉棱上下掣痛，或鼻闻香极香，闻臭极臭，或只呵欠而作眩冒之状。"

这种病的病程比较长而且容易反复发作，难以治愈，相当于现在的紧张性头痛、偏头痛等，这些都属于中医"头风"的范畴。这种头痛病的部位可以是一侧，也可以是两侧，有时候整个头部都会出现疼痛，是一种跳痛、酸痛、烧灼般疼痛，或者有冷痛、胀痛的感觉。

杜甫的肝肾阴虚，肝阳上亢，由于连续奔走疲劳容易形成肝风内动，所以引发头风病。杜甫所经过的龙门阁，海拔在一千五百米左右。杜甫可能想在除夕前赶到成都，所以风餐露宿，也容易感染外邪，即以风邪为主的外邪，夹杂寒邪、湿邪，上犯头部，使经脉、气血运行不畅，不通则痛，就会出现头痛的症状。

梳理一下从755年至759年杜甫的经历：755年冬被授右卫率府兵曹参军，到安史之乱爆发，他把家人安置在鄜州，自己去寻找流亡朝廷，途中被叛军俘获；从长安出逃到灵武，拜左拾遗；被皇帝放还鄜州省亲；重返长安后左迁为华州司功参军；弃官西去秦州，流寓同谷；759年腊月携家赴成都。如果我们把这一时期看作杜甫人生第三个阶段的话，他共留存诗歌二百五十首。

患气

  杜甫来到成都后，现存最早的一首诗应该是《酬高使君相赠》。他在诗中提到，他住在一所古寺中，就是浣花寺，也叫草堂寺，高适给他送来了米粮。

  杜甫的一个表弟王司马给他送来一些建造房屋的资金，他去成都县（今成都市区，唐代与华阳县共治省城）萧实县令那儿要桃树苗，去利州绵谷（今四川广元）县令韦续那儿要绵竹，去绵谷县尉何邕那儿要桤木，去涪城（今绵阳市涪城区）县尉韦班那儿要松树苗和瓷盘瓷碗，去徐卿那儿要果树……有人说徐卿就是后来谋反的徐知道，后面我们分析可能另指他人。

  这时候裴冕担任西川节度使，驻守成都。裴冕是唐肃宗登基的大功臣，杜甫任左拾遗时与他同朝为官，来到成都后肯定首先得到了他的资助，其他的大小官员都是看在裴冕的面子上帮助杜甫。众人拾柴火焰高，在760年暮春，杜甫的草堂终于建成，"暂止飞乌将数子，频来语燕定新巢"（《堂成》）。这个草堂建在成都西郊的浣花溪畔。

杜甫前前后后在这里居住了约五年时间。他离开成都后，至中唐草堂坼废。据说晚唐诗人、五代前蜀宰相韦庄曾经来这里寻找草堂遗址，重结茅屋，这才使草堂遗址得以保存。后来经宋、元、明、清历代多次修复，草堂才形成现在的规模和风格。其中最大的两次整修，分别是在明弘治十三年（1500）和清嘉庆十六年（1811）。

据洪业先生考证，1090年吕大防镇蜀时也曾修复过草堂，他也是第一个给杜甫编年谱的人。现在的草堂园内有遮天蔽日的香楠，也有傲霜迎春的梅苑和清香四溢的兰园。茂密如云的翠竹苍松使整座祠宇充满诗情画意。冯至先生在所著的《杜甫传》[①]中说："人们提到杜甫时尽可以忽略了杜甫的生地和死地，却总忘不了成都的草堂。"

这里就像一个世外桃源，杜甫带着家人开辟了菜园和药圃。天刚蒙蒙亮，杜甫就去浇水除草（《为农》[53]）；闲暇时妻子在纸上画个棋盘，两人下棋玩，孩子们在旁边用针敲打出鱼钩，准备出去钓鱼（《江村》[56]）；时不时还有客人来造访，有些人买走他亲手种植、炮制的药材（《有客》[54]）……

杜甫享受着这田园的安逸闲适，家人们也开始恢复被贫困和流离所折磨的身体，整个家庭洋溢着健康活泼的气息。不管怎么说，这是杜甫一家人最为快乐的一段时光。杜甫在《漫成二首》中说："眼边无俗物，多病也身轻"；在《江村》[56]中说："多病所须唯药物，微躯此外更何求"。从这里看，杜甫的心态似乎很从容，但是仔细琢磨，这里面其实包含了他的无奈与自嘲。

---

① 冯至著《杜甫传》，人民文学出版社，2014年版。

为农 [53]

锦里烟尘外，江村八九家。圆荷浮小叶，细麦落轻花。

卜宅从兹老，为农去国赊。远惭句漏令 [①]，不得问丹砂。

有客 [54]

幽栖地僻经过少，老病人扶再拜难。

岂有文章惊海内，漫劳车马驻江干。

竟日淹留佳客坐，百年粗粝腐儒餐。

不嫌野外无供给，乘兴还来看药栏。

　　杜甫怎么会突然提到他的肺病呢？他在《宾至》[55] 诗中说："患气经时
久，临江卜宅新。"读到这里，我们的第一感觉就是杜甫的肺病加重了。

　　这是杜甫第一次在诗中明确提到自己的肺疾。他曾在 754 年作《进封
西岳赋表》说自己"少小多病""常有肺气之疾"。前面我们说过，杜甫
小时候得过肺痨，经过他姑姑舍子救治，捡了一条命。在长安时肺痨复发，
从那时候开始，他的肺部应该就一直不健康。

　　754 年春天，杜甫在《重过何氏五首》[18] 中说到"高枕乃吾庐"，我
们推断当时杜甫的支气管炎已经并发了肺气肿，并且演变成肺源性心脏病，
因为他有明显的气促、气短、喘息、胸闷等造成的呼吸困难，需要高枕才
能舒服一些。768 年春天，杜甫下峡时，在《敬寄族弟唐十八使君》中说"归
朝跼病肺，叙旧思重陈"，这是杜甫最后一次写到他的肺部疾病。

　　761 年的春天，杜甫在诗中提到"患气"，这说明他的肺源性心脏病在

---

① 晋成帝咸和二年（327），葛洪听闻交趾出产丹砂，自行请求出任勾漏（今广西北流市）令。赴
任途经广州，刺史邓岳表示愿供他原料在罗浮山炼丹，葛洪遂决定中止赴任的行程，从此隐居于罗
浮山。葛洪在这里修行炼丹，著书讲学，卒于东晋兴宁元年（363），享年八十一岁。

逐步加重。肺源性心脏病，简称肺心病，这种病发展缓慢，在临床上除原有肺部疾病的各种症状和体征外，还会逐步出现肺、心功能衰竭以及其他器官损害的征象。

这种病的病因以慢支并发阻塞性肺气肿最为多见，其次为支气管哮喘、支气管扩张、重症肺结核、尘肺、慢性弥漫性肺间质纤维化、结节病、过敏性肺泡炎、嗜酸性肉芽肿等。杜甫这时候应该还处于肺、心功能代偿期，但慢性咳嗽、咳痰、气急、心悸、呼吸困难、乏力和劳动耐力下降等症状明显加重。

宾至 [55]

患气经时久，临江卜宅新。喧卑方避俗，疏快颇宜人。

有客过茅宇，呼儿正葛巾。自锄稀菜甲，小摘为情亲。

江村 [56]

清江一曲抱村流，长夏江村事事幽。

自去自来堂上燕，相亲相近水中鸥。

老妻画纸为棋局①，稚子敲针作钓钩。

多病②所须唯药物，微躯此外更何求。

---

① 杜甫经常写到下棋，如"棋局动随寻涧竹"（《因许八寄江宁旻上人》[32]），"置酒高林下，观棋积水滨"（《赠王二十四侍御契四十韵》[81]），"闻道长安似弈棋，百年世事不胜悲"（《秋兴八首》[102]）。

② 到目前为止，杜甫患过肺痨、肺气肿、肺心病、疟疾、目眩、偏头痛、牙齿松动，可能患有甲状旁腺功能亢进症。

国内外一些流行病学研究报告表明，气道反应性增高[①]的人群得肺病的概率明显比气道反应性低的人高很多。这种现象可因肺发育不全造成。杜甫小时候得的肺痨损伤了肺，他的肺痨也在逐步加重。杜甫在《遣兴》[57]诗中说"拭泪沾襟血"，伤心流泪时为什么衣襟上会出现血迹？这说明杜甫开始咯血了。

杜甫几次提到肺病严重都是在春天。春季气温不稳定，还是流感、过敏等疾病多发的季节，俗话说"大闪风勾起痨病"，说的就是这个意思。

我们都知道，慢性支气管炎在并发阻塞性肺气肿、肺源性心脏病时，在原有的咳嗽、咳痰等症状的基础上，会出现逐渐加重的呼吸困难；一般在春秋换季时发病，会出现胸闷、气急、头痛、嗜睡、神志恍惚、呼吸困难等症状。

杜甫的肺阴不足，阴虚内热，痰浊在体内郁结化热，痰浊所化的热又堆积在肺部，肺气上逆就容易造成喘息气粗、胸部胀满。另外，杜甫的肺肾两虚，不能主导这些气的运行，呼多吸少，气不能连续和连贯，就会造成气短，喘得厉害。时间长了，阴虚内热就会导致五心发热，阴虚火旺，潮热汗出，所以不能正常喘息，也不能平卧。杜甫多次在诗中提到"肝肺热"，他很明白自己一些疾病的根源所在。

杜甫在诗中说"患气"，不能简单地理解为肺疾，他在这里的用意很明确，就是说他的气不够用。他的肺源性心脏病后期也将发展到肺、心功能失代偿期，从缓解期向急性加重期发展。

从杜甫晚年的临床症状推测，肺心病引发的心力衰竭是导致杜甫死亡的最终原因。

[①] 自然界存在各种各样的刺激物，生物性的如尘螨、花粉，物理性的如冷空气，化学性的如甲苯等，人的气道可做出不同程度的反应，某些人群的气管、支气管敏感状态异常增高。

元气

远离了中原的战乱，远离了朝廷的内斗，远离了仕途的纠结，杜甫在成都暂时得到了歇息。

离长安远了，离故乡也远了，他只能安慰自己："自古有羁旅，我何苦哀伤。"（《成都府》）早晨他骑上马四处游逛，直到晚上才返回草堂，周围的山水都留下了杜甫的身影和诗作。杜甫写《北邻》《南邻》，他与邻居交往频繁，相处得十分融洽……

杜甫四处拜访那些做官员的朋友，除了要点米粮外，还有一个因素要考虑，他是不是还想在官府里谋一个差事？

《新唐书·杜甫传》说，杜甫"好论天下大事，高而不切"。这些话以什么为依据，我们在这里不好评说，但是有一样是明确的，杜甫的身体和性格确实不适合做官，他已经辞过两次职。他的朋友们肯定了解杜甫的性格和为人，所以朋友们可以救济他钱粮，但是对于杜甫从政的愿望，他们一般不愿接这个茬。多一事不如少一事，包括高适，从他当年处理李白的事件上看，他在官场是很谨慎和圆滑的，因为不管让杜甫担任什么职务，都要上报朝廷才能得到批准任命。直到后来，严武来到成都，杜甫才又一次进入幕府。

从 760 年下半年开始，杜甫的日子有点不好过，可能朋友救济他的钱盖草堂花得差不多了，他还买了一匹马，骑着到处闲逛，"跨马出郊时极目，不堪人事日萧条"（《野望》）。

《金瓶梅》第三十八回写西门庆骑的一匹高头点子青马，夏提刑估计值七八十两银子；第四十三回写云离寺的两匹马，是云参将从边疆捎来的，西门庆相了一回说不是好马，即便不是好马，两匹加起来也值七十两银子。这么算来，北宋末年一匹普通的马大概值三十五两银子。

《通鉴纪事本末》[①] 记载，为了对付西羌的叛军，怀县县令虞诩建议让各郡民兵复员，每二十人缴纳的钱可以买一匹战马。如果以每人缴纳三千铜钱计算，一匹战马值六万铜钱。按杜甫在右卫率府兵曹参军位置的薪酬算，大概两个月的工资能买一匹马。

杜甫得到的接济越来越少了，他在《因崔五侍御寄高彭州一绝》中，就毫不客气地跟高适说："百年已过半，秋至转饥寒。为问彭州牧，何时救急难。"意思很明白，杜甫直接向高适伸手要东西，以解燃眉之急。

760 年秋天，高适由彭州刺史调任蜀州（今四川崇州）刺史，他给皇帝写了一封奏折，说中原来蜀郡避乱的逃难者太多了，他们都需要救济。当时高适是不是对前来索要钱物的杜甫也表达过同样的意思：我不能给予你太多的帮助了，你看看，需要救助的人越来越多。这种表达没有错，因为高适与杜甫站的角度不同，思考问题的方式也不同，杜甫应该是理解的。

失去了别人的帮助，杜甫的生活真的有点艰难了。对于《遣兴》[57] 一诗，

---

① 南宋袁枢（1131—1205）撰《通鉴纪事本末》，凡四十二卷，始于"三家分晋"，终于"周世宗之征淮南"。共记二百三十九事，附录六十六事，开纪事本末体之先河。

大多数人把它编在这个时期内，几乎没有异议，但诗中流露出来的悲观和绝望似乎有点过分。说实话，这种心理与760年前后的氛围并不十分契合。"衰疾那能久，应无见汝时"，杜甫说自己坚持不了多久，应该没有机会再见到你们了。

咳嗽、咳痰是肺结核的初期表现，病情逐渐加重后，可能会有咯血的现象发生，这是由于肺内血管破裂造成的。"拭泪沾襟血，梳头满面丝"，在那个时代，医学不发达，病人出现咳血、咯血，会被认为患上了绝症。杜甫感觉离死期不远了，所以才会绝望和悲观。

从夔州时期的诗歌看，杜甫应该有抑郁症的倾向，所以出现悲观的情绪也是病态反应。从咳血和抑郁这两个方面来读《遣兴》[57]，也许就能理解杜甫此时的心境了。

遣兴 [57]

干戈犹未定，弟妹各何之？拭泪沾襟血，梳头满面丝。

地卑荒野大，天远暮江迟。衰疾那能久，应无见汝时。

石犀行 [58]

君不见秦时蜀太守，刻石立作三犀牛①。

自古虽有厌胜法，天生江水向东流。

蜀人矜夸一千载，泛溢不近张仪楼。

今年灌口损户口，此事或恐为神羞。

终藉隄防出众力，高拥木石当清秋。

———————
① 战国时秦人李冰为蜀郡太守，修都江堰，在成都南三十五里刻立五头石犀，用以镇压水怪，防止洪溢。一说唐代时被江水漂没，只剩下"三犀牛"。

先王作法皆正道，鬼怪何得参人谋。

嗟尔三犀不经济，缺讹只与长川逝。

但见元气①常调和，自免洪涛恣凋瘵②。

安得壮士提天纲，再平水土犀奔茫。

都江堰被誉为"世界水利文化的鼻祖"。这个年代久远、唯一留存、以无坝引水为特征的宏大水利工程，两千多年来，长盛不衰。当年秦国蜀郡太守李冰，沿岷江两岸实地考察水情地势，制定了治理岷江的规划方案。"深淘滩低作堰"据传是最关键、最核心的机密，是李冰传世的六字诀。"深淘滩"就是岁修时，清淤河道的深度，必须挖到李冰埋下的石马，才能保证灌区的进水量；"低作堰"是飞沙堰修筑的高度，必须低于内江河道，才能确保排沙泄洪的效果。

760年的时候，李辅国专权行动越来越猖狂。李辅国在唐玄宗年间入宫做宦官，后因侍奉太子李亨而成为太子的心腹。安史之乱初期，李辅国劝太子速速在灵武即位。唐肃宗见李辅国忠心拥戴，便把军政大事都委托给他办。

李辅国权倾朝野，宰相和朝中大臣谁想见皇帝，都必须经过他的安排。皇帝的诏书也需要他的签名才能施行，群臣没有敢提出意见的。地方上的节度使也是李辅国一手委派。李世民的玄孙李岘多次向唐肃宗说李辅国的不法行为，但在李辅国的操纵下，唐肃宗把李岘、宰相萧华等人贬出了京城。后来李辅国离间两宫，逼令太上皇唐玄宗从南内强迁到西内软禁，还将玄宗的亲信流放至偏远地区，或者强制退休。

杜甫不会不知道李冰父子治水的科学方法，比如"趋自然之势""辟

①"调元气、养太和"蕴含着《周易》里的"生生"之性、《黄帝内经》里的"合和"之德、《老子》里的"归根"之道。

②瘵，专指一种类似结核的传染性疾病。《证治要诀·虚损门》："传尸劳，骨肉相传，甚至灭门。此其五脏中皆有劳虫，古名曰瘵疾，难以医之。"

沫水之害"，也明白这些石犀放在这里镇压水怪只是百姓为了纪念而已。他嘲讽这种靠封建迷信手段镇压水怪是"诡怪"，其实是有深意的，在这里只不过是暗喻而已。

杜甫虽远在成都，但对朝廷内部的恩恩怨怨应该有所耳闻，特别是他对玄宗是有感情的，听到李辅国对太上皇的所作所为后，他写了《石笋行》《石犀行》[58]。这两首诗其实就是暗喻对李辅国专权的痛恨，以及期盼李辅国之流快快被除掉。

"但见元气常调和，自免洪涛恣凋瘵"，杜甫感慨自然界只有阴阳二气调和了，才可以免除洪水带来的祸患。在那个时代，难得杜甫能保持如此清醒的头脑，他既对社会现实有着清醒的认识，又深受道家道教"调元气、养太和"的影响，明白生命是在生生中进化、在合和中传承，再回归元气的循环过程。

更进一步讲，杜甫也认为国家政治和经济的基本力量在于朝廷和百官的和谐，朝有良相，以调理正气；官府执行力强，筑堤疏导是正道，这样才能使得国家治理不至于凋瘵生乱。

在《石犀行》[58]这首诗中，其实杜甫还有第三层意思，那就是身体要免于疾病侵袭，根本在于体内元气的调和。

中医里的"元气"指的就是真气，它藏之于肾，依赖后天的精气滋养，通过经络运行于全身。五脏六腑只有得到元气的推动激发，才能更好地发挥各自的功能。五脏六腑之气的产生，都源于元气。元气充足，脏腑功能就强健，身体就健康；如果先天不足，损伤了元气，则身体就会衰弱，也容易感染其他疾病。

我们曾经说过，"瘵"在古代专指肺痨。杜甫在这里用到这个词，很有可能他开始怀疑，幼年时患过的疫病是肺痨一类的传染病，此病伤害到自己的元气，造成先天不足，这才使他后期疾病缠身。

在中医理论中，"气血调和"是一个经常被提起的词汇，"调和"也是一项治病的重要法则。现在有的人却简单地将"调和"当成"补益"来理解，这就完全误解了"气血调和"的本意。

《黄帝内经》对"调气"很重视，在"四气调神"的基础上阐发了"气虚则补，气滞则疏，气陷则升，气逆则降，气脱则固，气闭则开"等治法。

身体的"元气"和多个脏腑有关，不仅仅限于"肾为先天之本"这个概念，比如肺主一身之气，脾为后天之本、气血生化之源……杜甫肾脾两虚，肝气不舒，疏泄不利；气血不足也影响到心气不足，造成情志方面不畅，这也是他出现心理问题的主要原因。

杜甫身体上的这种不协调，也表现为脏腑功能的衰退和纠结，身体抵御外邪、抗病能力的下降。杜甫后来说"消中内相毒"（《客堂》[96]），表达的正是这种脏腑之间互相联系、互相依存、互相制约的理念。在某种意义上，"气血调和"的道理，就是根据身体的气血虚实情况，有针对性地进行调理，无非就是实者泻之、虚则补之，扶正祛邪，以求达到平衡。

元
气

143

疏懒

758年九月，肃宗命九镇节度使围攻安庆绪所占的邺城（今河北临漳西、河南安阳北一带），他又武断地认为郭子仪、李光弼都是中兴名将，功勋卓著，可能会产生矛盾，于是不任命统帅，却起用宦官鱼朝恩担任观军容宣慰使，总监九军。这期间唐军虽然打过几次胜仗，却不对邺城发动总攻，丧失了战机。

在华州时，杜甫曾见识过李嗣业的兵马，并观看了龟兹、于阗、疏勒、碎叶四镇大军演练，写下了《观安西兵过赴关中待命二首》。第一首主要赞美主将李嗣业英勇杀敌，战功赫赫："老马夜知道，苍鹰饥著人。临危经久战，用急始如神。"第二首称颂安西四镇士兵士气旺盛，纪律严明："孤云随杀气，飞鸟避辕门。竟日留欢乐，城池未觉喧。"

从华州公干赴洛阳的途中，杜甫还见到过陆续前往邺城的唐军，写过一首《观兵》，其中提到"妖氛拥白马，元帅待雕戈。莫守邺城下，斩鲸辽海波"。这里他提出的两个主张应该是正确的：一是希望朝廷能任命郭子仪为统帅，因为军中无统帅，胜算皆无；二是希望唐军可以直捣叛军的老窝范阳、平卢，这与当时李光弼的作战方案出奇地相近。

事情的发展与杜甫的愿望却背道而驰。安庆绪退缩邺城，被唐军包围，急忙派人向史思明求援，答应退兵后就把帝位让给他。到759年二月，唐军围攻邺城四个月没有攻下。三月初三，唐军布阵在安阳河以北与史思明五万精兵激战，双方伤亡严重。郭子仪率大军增援，援军到达后，还没来得及列阵，突然狂风大起，飞沙走石，天昏地暗，人惊马骇，唐军和叛军各自逃窜。

由于史思明派来援军，再加上唐军内部矛盾重重，形势发生逆转，在叛军两面夹击之下，唐军全线崩溃，损失惨重。据《资治通鉴》记载，唐军"战马万千，惟存三千；甲仗十万，遗弃殆尽"。郭子仪引朔方军断河阳桥，保卫洛阳。除李光弼、王思礼两军全部撤退外，其余各节度使兵马，溃归本镇。史思明得知唐军退走后，引兵返回邺城，并向南继续进犯。

因契丹、同罗等族组成的精兵大部分归在史思明部下，安庆绪就想找个机会除掉史思明。史思明自围攻太原被李光弼击退后，退守到范阳驻守。范阳本来是安氏老窝，安禄山从东京和西京掠夺来的珍宝多半都存放在这里。渐渐地，史思明恃富而骄，想把范阳据为己有，也不想再被安庆绪控制，于是他就向朝廷上书，愿把所领十三郡及兵马八万人归降。唐肃宗得报大喜，封他为归义王，兼制范阳节度使。但史思明"外示顺命，内实通贼"，不断招兵买马，这一切又引起唐肃宗警觉，决定要剿灭他。不料计划外泄，史思明复叛，不久安庆绪被史思明所杀。史思明接收了安庆绪的部队，重返范阳，自称"大燕皇帝"。

李光弼大败史思明于河阳后，史思明安排部下安太清守怀州（今河南沁阳）。760年二月，李光弼攻打怀州，史思明率兵救援，李光弼迎战史思明在沁水，大败史思明部，杀三千多人。后李光弼继续攻打怀州，直到十一月，才把怀州攻克，擒获了安太清。

安史之乱爆发后，杜甫在 759 年春自洛阳回到华州，秋天又流寓秦州，十月奔走同谷，年底又远赴成都，奔走四千多里。《恨别》[59] 就是写于这种背景下，有家未得所依，故别为恨。

恨别 [59]

洛城一别四千里，胡骑长驱五六年。

草木变衰行剑外，兵戈阻绝老江边。

思家步月清宵立，忆弟看云白日眠。

闻道河阳近乘胜，司徒急为破幽燕。

西郊 [60]

时出碧鸡坊，西郊向草堂。市桥官柳细，江路野梅香。

傍架齐书帙，看题① 减药囊。无人觉来往，疏懒意何长。

杜甫来到成都的一年时间，除了忙活盖草堂，就是四处游走筹措资金。草堂建成后，他游玩、观景、看山、写诗，百无聊赖中，"无人觉来往，疏懒意何长"（《西郊》[60]）。他曾经在《寄张十二山人彪三十韵》[47] 中提到"疏懒为名误"，后来《发秦州》[48] 也提到"我衰更懒拙"。

杜甫一再提到的"疏懒"，单从字面上理解，是"懒散而不习惯于受拘束"的意思。"懒"本义从"心"，我们可以这么认为，古人造字时就认定"懒"不单纯是身体上的懒惰、倦怠，还是一种心理上的疾病。

历史上，有很多出名的懒人。疏懒成性的嵇康（224—263）应该排在第一位，他自己说："不涉经学，性复疏懒，筋驽肉缓，头面常一月十五日不洗，不大闷痒，不能沐也。每常小便，而忍不起，令胞中略转，乃起耳。"

---

① 指药签。杜甫将采集、种植的药材，经过精心炮制，细心地在每种药物上贴上标签，方便取用。

他喜欢"卧喜晚起",而且"性复多虱,把搔无已"。嵇康长时间不洗头、不洗脸、不洗澡,最后浑身生虱子,和"扪虱而谈"的政治家、军事家王猛（325—375）都是一时的名士。比杜甫小整整一甲子的白居易,也是"经年不沐浴,尘垢满肌肤"（《沐浴》）。苏轼（1037—1101）好像也够邋遢的,上了年纪后,经常"老来百事懒,身垢犹念浴"（《安国寺浴》）,都懒到身上污垢很多了才想起去洗澡。《黄庭经》里曾经提到一个叫王君的说:"疏懒我亦不免,伤寒病尚有治法,疏懒病则无药可医。"

疏懒症确实是一种心理疾病。患上疏懒症的人有时候会感觉自己活在世上是多余的,不想去做事情,也不愿意和周围的人接触交往,闭门独处,疏远亲友,回避社交,甚至不修边幅。

杜甫在《屏迹三首·其三》[69]中说:"百年浑得醉,一月不梳头。"一般来看,疏懒的人情绪是低落的,对任何事情都可能失去兴趣,缺失愉悦感,"无人觉来往,疏懒意何长"。患这种病的人在身体上会出现发热、多汗、乏力、关节疼痛等症状。还有一些人会产生消极悲观的思想,对自己自责自罪,抑或没有了自信心,甚至萌生出绝望的情绪,极端者会生出结束自己生命的念头。从某种意义上来说,这些典型的症状其实跟焦虑症、抑郁症的倾向是一致的。

疏懒

147

还有一种情况要注意,除了心理因素,有一些身体上的疾病也可能导致疏懒。所以有时候遇到特别懒的人,也不能一味责怪,还应适当关注一下这个人是否身体出了毛病,比如患上甲状腺功能异常、胰岛素瘤、肝肾疾病、糖尿病、神经衰弱,甚至是某个部位的恶性肿瘤等。

我们多次分析杜甫可能患有甲状旁腺功能亢进症,大多时候是根据他身体的一些症状来做推测。杜甫肝气郁结,肝气不条达容易引起精神抑郁、消瘦乏力等;而思虑伤脾,脾胃气机不畅,脾瘀水湿,脾气不通,也容易生成痰浊,痰浊郁结在颈部,也会造成甲状旁腺功能异常。

患甲状旁腺功能亢进症的人本身会精神萎靡、表情淡漠。由于甲状旁腺激素分泌过多，引发中枢神经系统病变，所以即使做再有趣的事情，或者通过外界刺激也难以改变困倦状态。

前面我们探讨到，杜甫从开始的肝肺火盛，到后来的阴虚阳亢，现在已经是阴阳两虚，元气大伤，身体上的疾病再加上心理上的变化，所以会出现心烦失眠、五心燥热、腰酸乏力、怕热多汗的症状。肝郁化火，所以也伤及脾胃；胃火炽盛，所以会出现多食易饥、口渴、消瘦等症状，这是杜甫患上甲状旁腺功能亢进症和糖尿病的原因之一。

在心理学上，有一种人格类型理论模型，是由美国的凯恩琳·布里格斯和她的女儿迈尔斯提出的，即迈尔斯 - 布里格斯人格类型测验（MBTI）。其指标以瑞士心理学家荣格划分的［外倾（E）、内倾（I），感觉（S）、直觉（N），思考（T）、情感（F），判断（J）、知觉（P）］八种类型为基础，再加以扩展，形成注意力方向、认知方式、判断方式、生活方式四个维度，把人的性格气质划分为十六种类型。

我们尝试着把杜甫的人格类型划定为 INFP，即调停者型人格。这种人格的人是诗意和善良的利他主义者，是安静、思想开放和富有想象力的类型。这种类型的人对所做的每一件事都是采用关怀和创造性的方法。

虽然这类人看起来安静或者谦逊，但他们拥有充满活力、激情的内心世界。他们富有创造力和想象力，很容易在白日梦中迷失自我，在脑海中编造各种故事和对话。这类人的行事以荣誉、美好、道德和善良为准则，引导行动的是纯粹的信念，而非奖惩，并且他们以这样的品质为荣。这类性格的人往往以敏感著称，可能对音乐、文学和周围的人产生深刻的情感反应。

我们可以尝试着对比一下，理想主义和善解人意的杜甫渴望深入、深情的人际关系，他是不是感觉到他是来帮助别人的？这种性格类型的人在所有性格类型中占比很少，"百年歌自苦，未见有知音"（《南征》）。

杜甫的朋友圈"豪华"，但他经常感到孤独。也许他感到，他似乎在一个不太欣赏他的世界里漂泊。

疏
懒

抑
郁

761 年三月，李国贞成为成都尹、御史大夫、剑南西川节度使，这个人与杜甫有点表亲关系，也不知道从哪里论的，杜甫称他为"表丈"（《奉酬李都督表丈早春作》[61]）。这个人是唐宗室大臣，次年八月迁户部尚书，跟李光弼去平定安史叛军，镇守绛州（今山西新绛县），762 年在军中被杀。历史上评价"国贞有风采，清白守法"。可能李国贞刚来成都府时资助过杜甫，所以杜甫写诗酬谢。

奉酬李都督表丈早春作 [61]

力疾坐清晓，来时悲早春。转添愁伴客，更觉老随人。

红入桃花嫩，青归柳叶新。望乡应未已，四海尚风尘。

"力疾坐清晓，来时悲早春"，杜甫睡得很晚，半夜醒来再也睡不着，好不容易坐到拂晓，看天蒙蒙亮，却又莫名地伤悲起来。

杜甫患有焦虑症和抑郁症，这些心理疾病的发生是一个渐进的过程。杜甫从大西北来到成都平原，饮食、生活节律有所改变，情绪应该也发生了很大改变，尤其是睡眠的改变，这些可能都促使杜甫出现心理或者精神问题。这些信号包括睡眠出现障碍，像入睡困难、早醒、多梦、易醒或者睡眠时间骤然减少；情绪也发生异常，心里压抑，对什么事都提不起兴趣，莫名其妙地难过；还有一些行为障碍，像变得懒散，不愿讲卫生，也不愿与人交往；还有一些无缘无故的头晕、乏力、心慌、食欲下降等现象也开始出现。

前面我们提到过杜甫的疏懒，这里又"转添愁伴客"，在《茅屋为秋风所破歌》[64] 诗中又说"自经丧乱少睡眠，长夜沾湿何由彻"。按说761年的春天，杜甫的生活是相对安逸的，但是他的情绪突然变坏，这不得不让我们担忧：一是他身体上的疾病在加重，二是杜甫开始受到精神疾病的困扰，并且有越来越严重的迹象。

"伤春""悲秋"除了心理因素外，也有生理原因。《黄帝内经》说："春三月，此谓发陈。"一是说春天太阳在回归，大地慢慢回暖，万物开始生发，这种生发依靠的是过去积累的东西，也就是冬天闭藏时的养精蓄锐。还有一层意思，是说以前留下的旧病，也会在春天这个季节诱发，在春天肝气萌动的时候，这些陈年痼疾也会生发出来。中医认为，春天对应的是肝，很多肝火、肝气过旺的人，一到春天就表现出一种莫名的烦躁、易怒、易激动，这就是旧病冒出来的症状。杜甫在《老病》[108] 诗中也说，"药残他日裹，花发去年丛"，他对这种老病春发的认识是非常深刻的。

杜甫晚年作《登高》[122] 诗："万里悲秋常作客，百年多病独登台。"中医素来有"天人相应"之说，"秋三月，此谓容平"，春天的事做了，夏天的事也做了，到了秋天就应该是收获的季节，健康的人应该是平和、从容不迫的，而那些有压力的人就会发愁生悲，出现情绪低落、凄楚伤感、失眠多梦、少气乏力的症状，产生"悲秋"情绪。在这个时期发生的抑郁症，中医称为"秋郁"。767年秋天，杜甫作《大历二年九月三十日》，"为客无时了，悲秋向夕终"，也表达了这种悲秋的感受。

"伤春悲秋"是一种生理现象，更是一种心理现象。古人常说的"伤春悲秋"就是指随着季节的变化，人的情绪也受到相应的影响。在临床上，从很多数据中我们可以发现，一到秋冬季节，抑郁症的发病率会大大增加，在现代医学中这种现象被统称为"季节性抑郁"。现在我们不把它作为单独的诊断，只是把它作为情感障碍中的一个亚型，就是伴有季节性发作的特征。性格不健全的人，一旦遇到诱发因素，比如工作、生活中的应激事件，就会出现这种焦虑和抑郁。

"伤春悲秋"又是中国古代文人一种带有颓废色彩的情结，这种心结几乎影响了所有的文人。

北宋著名词人晏几道（1038—1110）在《鹧鸪天》写道："九日悲秋不到心，凤城歌管有新音。风凋碧柳愁眉淡，露染黄花笑靥深。"唐代文学家、哲学家刘禹锡（772—842）在《秋词》里感慨："自古逢秋悲寂寥，我言秋日胜春朝。"南宋词人辛弃疾（1140—1207）在《踏莎行》中感叹："是谁秋到便凄凉？当年宋玉悲如许！"南唐皇帝李煜（937—978）在《谢新恩》中哀叹："紫菊气，飘庭户，晚烟笼细雨。雍雍新雁咽寒声，愁恨年年长相似。"北宋文学家、书画家苏轼（1037—1101）在《蝶恋花》中触动乡愁："昨夜秋风来万里。月上屏帏，冷透人衣袂。有客抱衾愁不寐。那堪玉漏长如岁。"唐朝中期浪漫主义诗人李贺（790—816）在《秋来》中抒怀："桐风惊心壮士苦，衰灯络纬啼寒素。"

古代文人悲秋心理的产生，主要有以下原因：一是秋天肃杀，触动文人内心郁结的悲伤愁苦，而落叶飘飞，也牵动起文人草木凋零、韶华易逝的人生感慨；二是思乡思亲情愫，古代文人大多在外漂泊，睹落叶而思亲盼归之情已成为永恒的诗文主题；三是苛政猛于虎的悲愤心理，秋天本来是丰收的季节，但是在统治者的横征暴敛下，文人发出的是关注民间疾苦、悲秋悯农的哀叹；四是政治失意、仕途遭贬也容易引起文人悲秋的心理，因落魄潦倒而寄情诗赋。

杜甫是善良的利他主义者，追求完美，富有想象力，又极其敏感，甚至多疑；对自身要求高，又过于执着，也可以说性格偏执，爱钻牛角尖，把很多负面情绪都压在心底。他的体质又是偏阴虚、痰瘀、气郁、气虚的综合体。从性格上分析，杜甫是容易得抑郁症的一类人。

十年长安求仕路，杜甫饱受种种不堪与羞辱："朝扣富儿门，暮随肥马尘。残杯与冷炙，到处潜悲辛。"（《奉赠韦左丞丈二十二韵》）[10] 他好不容易当了个小官，又逢安史之乱，幼子饿死，自己被叛军俘获；找到流亡朝廷后，"致君尧舜上，再使风俗淳"的政治理想与现实不合拍，经历了朝廷清除异己的风波后，被贬华州，流寓秦州、同谷，受尽磨难和困苦……

前面我们分析杜甫可能患上了甲状旁腺功能亢进症，这种病本身也属于"郁证"，也是在身体、心理和环境等多重压力下产生的，典型症状中也有抑郁倾向。一些身体疾病，比如癌症、心脏病、长期的慢性疾病、甲状腺功能疾病等，也有可能引起抑郁症。

抑郁症在中医上也属于"郁证"范畴，临床上一般分为肝气郁结型、痰气交阻型、心神失养型、心脾两虚型、心肾阴虚型等。总的来说，其表现为神志抑郁、精神恍惚、情绪不宁、心神不安、易惊、多疑、喜怒无常、心悸、胆怯、多思善虑、头晕眼花、神疲乏力、失眠健忘、食欲不振、燥热虚烦、腰膝酸软、盗汗、口干咽燥等。抑郁症最大的祸根就是肝气的郁结。

抑郁症的病因目前并不明确，可能与遗传、生理、环境、社会、心理等因素有关，若想治疗必须帮助患者找到患病根源，然后将其隔绝或者消除。说实话，这并不容易。

这一年，历史上也发生了几件大事。史思明这个人猜忌心很重，又极其残忍，部下稍不如其意，就被灭族。史朝义是他的长子，经常跟他一起出兵作战，为人谦恭，又爱惜部下，很得人心。但史思明宠爱小儿子史朝清，便时时想着找借口杀了史朝义，然后立史朝清为伪太子。史思明大败李光弼于邙山（今河南洛阳市北）后，欲乘胜西入潼关，便派史朝义率军为前锋，从北路袭击陕郡（今河南陕州）。

761年三月，史朝义率兵到达礓子岭（今河南陕县东），被神策军节度使卫伯玉大败，又进攻数次，都失败了。史思明怒骂儿子不足以成大事，还说"克陕州后，一定要杀朝义"。史朝义听闻后，又惊又惧，不知如何是好。史朝义的部下夜晚就率兵窜到史思明寓所，擒杀了史思明。之后，史朝义僭位，同时秘密派人到范阳，杀了弟弟史朝清和其母亲。叛军内部在范阳城内自相攻击，相互残杀，交战数月，死者数千人。

到四月底，梓州（今四川三台）刺史段子璋反。段子璋骁勇善战，曾经保护玄宗入蜀有功，东川节度使李奂上奏皇帝要罢免他，于是他起兵造反。段子璋先是率兵袭击绵州（今四川绵阳）的李奂，途经遂州（今四川遂宁）时，刺史虢王巨开城门迎接他，竟也被他杀了。李奂战败后，逃往成都。段子璋自称梁王，改元黄龙，以绵州为龙安府，设置百官，还进兵攻取了剑州（今四川剑阁）。

在平息段子璋叛乱的过程中，杜甫曾为之壮行的马将军苦战身死，大批官兵白骨遗散荒野，有去无归。杜甫后来在梓州城下，用《苦战行》《去秋行》两首诗来祭奠战场上的冤魂，痛惜国家的不幸：去年临行之时，我俩在江边握手告别，没想到这样的情形再也不能重现；告别时的那片孤云已不在天边，我独自仰望，已经忍不住老泪纵横，洒满胸襟。

这次叛乱很快就被平息了。五月十一日，西川节度使崔光远、东川节度使李奂联兵进攻，五天后攻入绵州，杀死段子璋。

这一年，诗人、画家王维（701？—761）去世。代宗时，王维的弟弟王缙辑录王维的遗文，共编为十卷。

春夜喜雨 [62]

好雨知时节，当春乃发生。随风潜入夜，润物细无声。

野径云俱黑，江船火独明。晓看红湿处，花重锦官城。

情绪经过暂时的阴霾，终归还是要好起来的，因为这一年杜甫确实不应该悲观。阳春三月，万物复苏，杜甫在成都留下了"好雨知时节，当春乃发生。随风潜入夜，润物细无声"的千古名句，这首《春夜喜雨》[62]成了小学课本的必学课文。杜甫诗中的"花"，指的应该是成都的桃花。这个春天，杜甫还写了《江畔独步寻花七绝句》《绝句漫兴九首》等诗，描绘浣花溪畔的桃花，咏出"黄四娘家花满蹊，千朵万朵压枝低""桃花一簇开无主，可爱深红爱浅红""恰似春风相欺得，夜来吹折数枝花"等传世佳句。

据《西京杂记》记载，汉武帝时期人们已经大规模种植桃树，到了唐代开始出现观赏桃树品种，并为诗人所咏吟。《逸周书·时训解》云："惊蛰之日，桃始花。"在"二十四番花信风"中，桃花是惊蛰的花信。桃花开放，意味着春天正式到来。

抑
郁

155

不寐

761年八月的深秋，狂风大作，卷走了我屋顶上覆盖的茅草。茅草在风中凌乱飞舞，飘过浣花溪，散落在对岸的江边。一些飘得高的茅草缠绕在高高的树梢上，飘得低的则散落在池塘和洼地里。一群孩童欺我年老力衰，毫无顾忌地抱着散落在地上的茅草跑进竹林去了。我咽喉干燥也吆喝不住，只能拄着拐杖回到屋里，唉声叹气。

不一会儿风停了，天空中乌云密布，阴沉的天空逐渐暗了下来，雨开始落下。盖了好多年的棉被又冷又硬，像铁板一块，孩子睡觉不老实，把被子也蹬破了。房顶开始漏水，屋内没有一点儿干燥的地方，屋顶上漏的雨水像麻线一样不停地流下。

自从安史叛乱以来，我就开始失眠，睡得很少，长夜漫漫，屋漏床湿，怎么才能熬到天亮啊。

这世上怎样才能有千万间宽敞的房子，让贫寒的读书人安居，让他们开颜欢笑，不至于在风雨中漂泊啊！唉，什么时候才能出现这样的房屋，即使我的茅屋被秋风吹破，我自己受冻而死，也心甘情愿。

这就是杜甫著名的《茅屋为秋风所破歌》[64]，我们在课本里第一次读到，是"置身事外"的学习和阅读，我们的情感和这些苦难是有隔膜的，不仅仅是时间上的隔膜，更多的是我们所处的安逸环境与那个战乱时代的隔阂。

杜甫的一些诗，比如著名的"三吏三别"，他所记述的是他目睹的现实，他只是苦难的目击者，而不是苦难的当事人。

恶树 [63]

独绕虚斋径，常持小斧柯。幽阴成颇杂，恶木剪还多。

枸杞①因吾有，鸡栖②奈汝何。方知不材者，生长漫婆娑。

茅屋为秋风所破歌 [64]

八月秋高风怒号，卷我屋上三重茅。

茅飞度江洒江郊，高者挂胃长林梢，下者飘转沉塘坳。

南村群童欺我老无力，忍能对面为盗贼，公然抱茅入竹去。

唇焦口燥呼不得，归来倚杖自叹息。

俄顷风定云墨色，秋天漠漠向昏黑。

布衾多年冷似铁，娇儿恶卧踏里裂。

床床屋漏无干处，雨脚如麻未断绝。

自经丧乱少睡眠，长夜沾湿何由彻。

安得广厦千万间，大庇天下寒士俱欢颜，风雨不动安如山。

呜呼！何时眼前突兀见此屋，吾庐独破受冻死亦足。

---

① 枸杞子，养肝，滋肾，润肺；枸杞叶，补虚益精，清热明目；根皮（中药称地骨皮），有解热止咳之效用。在南方嫩叶可作蔬菜。
② 鸡栖，皂角的别名，有祛痰止咳、开窍通闭、杀虫散结的功效。皂仁还是一种美食，有养心通脉、清肝明目、健脾滋肾、祛痰开窍、润肠通便的作用，特别适合糖尿病患者食用。

如果我们把杜甫的茅屋看成一个戏台，那台后的背景就是安史之乱。在这个大背景下的大动荡中，杜甫小家的悲剧正在上演。杜甫一家人所遭遇到的困境，也正是那个时代的缩影。杜甫以诗为史，为这个多灾多难的民族立此存照。

在这个狂风暴雨、屋漏床湿的夜晚，杜甫推己及人，从自身苦难想到了风雨飘摇中的大唐帝国，想到了天底下像自己一样饱受战乱磨难的寒士，这是儒家的用世情怀。

别林斯基曾说过："任何一个伟大的诗人也不能由于他自己和靠描写自己而显得伟大，不论是描写他本人的痛苦，或者描写他本身的幸福；任何伟大的诗人之所以伟大，是因为他的痛苦和幸福的根子深深地伸进了社会和历史的土壤里，因为他是社会、时代、人类的器官和代表。"[1]杜甫虽然是一介布衣，却始终恪守着这样一种家国情怀。

"自经丧乱少睡眠"，杜甫说他的失眠症是从安史之乱开始的。但实际上他的失眠应该始于长安时期，不过他在诗中没有提及，也许开始失眠较轻，只是间歇性的，另外他可能认为失眠根本不算是一种疾病。

杜甫是个心事很重的人，他在长安时，生活困顿，还一门心思找门路求官。那时候杜甫沉湎于仕途编织的名利场里无法自拔，他挖空心思，甚至不择手段，时时处在一种焦虑和彷徨当中。753 年他说"高枕乃吾庐"，因为呼吸困难，晚上睡觉必须半倚靠着或者把枕头垫高，这样尽管呼吸会顺畅，但容易造成失眠。

再往后的事情我们已经了解，杜甫被授为右卫率府兵曹参军，回奉先省亲，进门时看到幼子已经饿死；在寻找流亡朝廷的途中被叛军俘获拘在

---

[1] 维萨里昂·格里戈里耶维奇·别林斯基（1811—1848）的这一观点堪称他自己的人生总结，也是自然派作家的精神写照。

长安，后逃出长安投奔在灵武的肃宗，官拜左拾遗，没干几天被贬为华州司功参军；后来弃官流寓秦州、同谷，最后到达成都。这四年时间，杜甫贫病交加，基本上没有安稳的时候。人在焦虑不安、恐惧惊吓、过度劳累中，也极其容易失眠。

杜甫在谏省上班的时候，写了首《春宿左省》："花隐掖垣暮，啾啾栖鸟过。星临万户动，月傍九霄多。不寝听金钥，因风想玉珂。明朝有封事，数问夜如何。"杜甫睡不着。虽然人到中年，但杜甫为官的经历很单纯，他刚进入官府急于表现，也想真诚地付出所有，所以思虑太多，睡不着觉。

杜甫的失眠可以说折磨了他半辈子。他整夜睡不着觉，出发也总是在半夜起程，"中宵驱车去，饮马寒塘流"（《发秦州》[48]）；他大清早还在坐着等天亮，"力疾坐清晓，来时悲早春"（《奉酬李都督表丈早春作》[61]）；他晚上睡不着就看月光、听江水，"卷帘残月影，高枕远江声"（《客夜》[73]）；没有月亮的夜晚他就数星星，"重露成涓滴，稀星乍有无"（《倦夜》）；在寂静的夜晚，他可以听见鸟儿的窃窃私语，"数惊闻雀噪，暂睡想猿蹲"（《东屯月夜》[129]）；甚至他还在夜里听见鸟儿睡觉打呼噜的声音，"暗飞萤自照，水宿鸟相呼"；更为过分的是，星星从东边到西边的轨迹他都看到了，"高枕翻星月，严城叠鼓鼙"（《水宿遣兴奉呈群公》[136]）……杜甫写夜晚睡不着觉、失眠的诗共有一百一十多首，仅次于写疾病和喝酒的诗。

杜甫766年在夔州时写过《不寐》[104]，那时候他的失眠症可能非常严重，已经到了彻夜不寐的程度。

"不寐"出自《难经·第四十六难》，中医古籍中也有"不得卧""不得眠""目不瞑""不眠""少寐"等说法。《素问·逆调论》指出"胃不和则卧不安"。《金匮要略》认为失眠的病因分为外感和内伤两类，提出"虚劳虚烦不得眠"的论述。明朝李中梓提出："不寐之故，大约有五：一曰气虚，一曰阴虚，一曰痰滞，一曰水停，一曰胃不和。"明朝戴元礼

不
寐

159

所撰的《证治要诀》又提出"年高人阳衰不寐"的论断。

中医认为失眠是由于外感和内伤等多种病因，致使心、肝、肺、脾、肾等脏器功能失调，使心神不安而产生的。具体到杜甫，多为情志所伤、肝郁化火、饮食不节、损伤脾胃，造成痰热，以及肺和胃气不和，痰热上扰，神不归舍而失眠，这是实证。杜甫思虑太过，宿体阴虚，阴血不能养心，造成心神不宁，这是导致杜甫失眠的虚证。也就是说杜甫的失眠是虚证实证夹杂。

中医治疗失眠症，最科学之处在于能辨别出失眠症到底是哪个部位受到损伤而引起的。假若部位在心、脑，心神被扰乱或心神失养、神不守舍，或者由于肾阴亏虚、神不守持，都有可能引起失眠；其他脏腑如肝、胆、脾、胃、肾的阴阳气血失调，也可能扰动心脑之神而导致失眠。烦躁易怒是由于肝火内扰，肢体倦怠是由于脾虚不运。将这些因素综合起来看，杜甫身体脏腑的多个器官受到损害，并且气血难以调和，心神失养，所以他的失眠症才逐渐形成并快速加重。

杜甫的其他疾病也是造成失眠的重要原因，他除了神经衰弱外，还有精神紧张、压力过大、过度劳累，并且伴有焦虑、抑郁的症状。杜甫的慢性阻塞性肺病、并发的肺气肿和肺心病，他的甲状旁腺功能亢进，还有即将患上的糖尿病等也都有可能引发睡眠障碍。

杜甫在失眠的夜里，或感叹人生，或融情于景，把自己失眠时的所见所想都融入作品中。杜甫的遐想，是他夜不能寐时的幻觉、心理的宣泄和情绪的张扬，其实他的内心是孤独和沮丧的。

杜甫嗜酒跟他的失眠症也有很大的关系，因为睡不着觉，他常常用喝酒来麻醉自己。喝醉后，他便可以短暂地忘掉所有的烦恼。为了摆脱辗转反侧的苦恼，他开始试着喝醉，然后很快就昏睡过去，这样所有的痛苦和烦扰都随之消失了。但嗜酒的一个直接后果，就是对身体造成巨大损伤，使免疫力下降，反过来又加重了他的失眠症，如此便陷入一种恶性循环的怪圈。

和老中医诊断杜甫的病情时，我们尝试着为他开一剂方子。首先杜甫体质消瘦，应该脉迟无力，他的舌苔发白、发黄，根部舌苔较厚，有痰浊现象，证明他元气损伤，阴阳两虚，气血两虚，需要加补气血的药；杜甫忧思过度，肝气不条达，疏泄不利，需要用疏肝理气的药；杜甫虚火上炎，心肾不交，心理负担也很重，需要用泻心火和养心安神的药；杜甫气滞血瘀，需要用益气药，帮助气行血行；杜甫脾气虚弱引起脾胃不和，更需要加补脾的药来调理。

杜甫诗中"唇焦口燥呼不得"，也印证了《肺热》章我们分析的杜甫因肝肺热而引起的口干咽燥。

人的一生有三分之一的时间是在睡觉，睡眠可以说是一种最简单也最有效的养生方式。

《黄帝内经》说："逆春气，则少阳不生，肝气内变。逆夏气，则太阳不长，心气内洞。逆秋气，则太阴不收，肺气焦满。逆冬气，则少阴不蔽，肾气独沉。"意思是说，人们要根据春夏秋冬四季和四气来调节作息时间。

睡觉还是很有讲究的，俗话说："人睡三觉，命比纸薄。"那么，哪"三觉"不能睡呢？

首先是颠倒黑白的觉不能睡。《黄帝内经》说，人体内的卫气运行在阴阳之间，是睡眠和清醒的基本原因。晚间的子、丑、寅三个时辰，大约是夜间十一点至凌晨五点，阴气最盛，也是身体养精蓄锐的时候，应该在睡眠中度过。第二个不能睡的就是饭后觉。孙思邈在《唐新本草》中说："饱时即卧，乃生百病，不消成积食。"就是说，不能刚吃完饭就躺下睡觉，因为这时候食物在肠胃里还没有得到消化，饭后就睡觉会使食物堆积在胃里产生瘀滞，进而引起气血不通。第三个不能睡的觉就是气觉，即生着闷气睡觉。

唐朝时有个坊市制度，即每当夜幕降临，鼓楼会敲闭门鼓六百下，让在外的人开始往家赶，一旦闭门鼓敲完，坊门就会关闭，如果谁还在外面溜达，那就要挨板子。

　　《黄帝内经》说："阳气尽则卧，阴气尽则寐。"人体都有规律的生物钟，长期的作息紊乱会导致失眠，损害健康。

病物

　　咏物诗是我国自古有之的一种诗歌形式，诗人通过对事物的描摹和咏叹，表达自己的人生态度或者寄托自己的情绪。心志难酬身体又虚弱的杜甫，在很多咏物诗中，所咏之物也是"病"的。让我们透过杜甫一系列的咏物诗，来看看他的心路历程。

　　《全唐诗》收录的咏物诗有六千多首，而又以盛唐时期最多，盛唐诗人多以咏佳物自比，表达自己的踌躇满志和积极入世的人生态度。在杜甫早期的咏物诗中，这种咏佳物的特点依然存在，像《房兵曹胡马》中所写："胡马大宛名，锋棱瘦骨成。竹批双耳峻，风入四蹄轻。所向无空阔，真堪托死生。骁腾有如此，万里可横行。"这首诗是杜甫游齐赵时写的。那时候他意气风发，在房兵曹那里看到一匹出身名贵而又身姿矫健的大宛骏马，他对此赞叹不已，便对主人说，有了这样一匹骁勇飞腾的骏马，还愁日后不能建立功勋吗？这也展现出杜甫青年时期的自信和锐意进取的精神，他相信以自己的才华，必定能得到赏识，建功立业。

杜甫在同一时期的咏物作品多是如此。他写画中的雄鹰："何当击凡鸟，毛血洒平芜。"（《画鹰》）他希望有朝一日画中的雄鹰可以成为真鹰，奋起九霄搏击凡鸟。可谓"天下事皆庸人误之，末有深意，非轻下"[①]，这也正是杜甫以画鹰自比，希冀自己可以搏击长空，铲奸除恶。

　　可惜，这样的诗作在杜甫中晚期的作品中，就很难再看到了。在之后坎坷的几十年中，杜甫干谒被拒，求仕无门，而安史之乱造成社会动荡不安，自己又多病缠身。这时候的杜甫再看见万事万物，便总是蒙上一层愁苦，他以饱经风霜和苦难的笔触，吟咏了一大批"病物"。

　　757 年，杜甫在千难万险得归长安却因疏救房琯再度被贬华州后，写下了《瘦马行》[35]。同样都是咏马，《瘦马行》却不复当年《房兵曹胡马》那般神采飞扬，而是已经流露出了种种病态，这首诗可以说是杜甫"病物"诗的前期代表作品。

　　这首诗可以分成两段，前八句写马的瘦弱憔悴，后面十二句则写马凄楚的内心。这匹瘦马正是当时杜甫的自况写照，"皮干剥落""毛暗萧条"也正是杜甫自己百病缠身的现状，而这匹马的身世又与自己的遭遇如此契合。这本是一匹官马，却因为一蹶伤蹄之后不再被使用，惨遭遗弃；最后这匹瘦马的现状也正是自己所面临的现实，天寒远放，贬官华州。杜甫完全是借这匹瘦马寄托自己的身世和遭遇，满篇悲凉。钱泳[②]在他的《履园谭诗》中提到："咏物诗最难工，太切题则粘皮带骨，不切题则捕风捉影，须在不即不离之间。"

　　最后一点对朝廷的期望，最终因为肃宗痛失邺城而变成了绝望。杜甫到华州一年后便辞官独行，到达秦州之后，他的生活更加艰难，旧疾复发，吃穿困难。此时的杜甫已经年近五十，眼见"致君尧舜"的心愿无望实现，

①张溍著，聂巧平点校《读书堂杜工部诗文集注解》，齐鲁书社，2014 年版。
②钱泳（1759—1844），清代学者、书法家，出身于名门望族，却一生不事科举。

他这一时期所写的咏物诗，像《苦竹》《除架》《废畦》等，其中事物的病态便愈发凸显。然而，也就是从这个时期开始，杜甫在病物诗中以病物寄托的不再是自己悲苦的个人命运，而是国家由盛转衰的哀叹。

杜甫在表达被废弃之物的心情时，也不尽是苦哀之思，而是感叹事物的美好秉性。杨伦[①]注杜诗《苦竹》说道："中四句言世已见弃，末欲以隐居全晚节也。翦伐欲无辞，何等谦厚。"

这些病物诗中流露出的，正是杜甫对自身命运悲苦和国运转衰的思考。这段时期杜甫也写了一首《病马》，此时的马已经从骏马到瘦马，最终成为病马："乘尔亦已久，天寒关塞深。尘中老尽力，岁晚病伤心。"

这首《病马》依然是杜甫的自比和自况，只是此时的马已经不是当年的大宛名驹，也不是流落街头的官马。杜甫对自己的评价也变得十分谦厚，说只是一匹普通的马，毛骨都没有什么特别出众的地方，并且因为天寒日久而生病。"尽力"是他对自己中肯的鉴定，"驯良"是他对自己品格真诚的认可。杜甫做官的时候，恪尽职守，不管流离在外，还是辞官归乡，仍然不忘朝事，写下了很多针砭时弊的诗歌，可以称"尽力"尽为；他为人真诚、善良，无论何时何地，自己是老病抑或贫穷，都记挂着亲人朋友，他写思念弟弟、安慰朋友的诗歌不计其数，可称"驯良"。而如此尽心尽力、奉献自己一生的"病马"最后却始终"意不浅"，始终没有放弃过，不渝此心。蒋弱六[②]云："贫贱患难中，只不我弃者，便生感激，写得真挚。"

杜甫的《病马》每一句都在写马，其实每一句都在写他自己，物和人相互咏叹，彼此寄托，情感真挚。杜甫病物诗中的事物之病，正是自身之病，病物和病身巧妙地融合在一起，达到了极高的艺术境界。

杜甫另外还有一组很有名的病物诗，作于 761 年的秋天。《病柏》《病

---

① 杨伦（1747—1803），字西木（一作西禾），江苏阳湖（今常州武进区东部）人，清代诗人。
② 蒋弱六（1641—1722），名金式，字玉度，号弱六，清代学者。参见《蒋金式及其批〈杜工部诗集辑注〉研究》，作者蔡锦芳、张运平。

橘》^[66]《枯棕》《枯楠》同样也是诗人托病物以感发的代表作。与早中期的病物诗不同，这一组病物诗不再只将事物之病比照自身之病，而是将这些病物与大唐的国事盛衰联系了起来。

《病柏》以柏树比喻自己的国家，前六句写道："有柏生崇冈，童童状车盖。偃蹇龙虎姿，主当风云会。神明依正直，故老多再拜。"杜甫将柏树全盛时期的风貌写得淋漓尽致，以此比喻盛唐时期的蒸蒸日上，不仅万国来朝，并且受人尊敬。后面却突然转折，写柏树病从中来："岂知千年根，中路颜色坏。"杜甫感叹说，谁能知道千年不衰的柏树能突然病倒呢，以此来比喻大唐从中期由盛转衰，并且以形象的比喻来说明王朝衰败的原因，就是因为小人把持朝政，奸佞当道，贤士良臣被贬逐。杜甫想要匡扶朝政、除去奸邪的痛切之情，在诗中溢于言表。

杜甫的这首病物诗，并不是借病柏比喻个体的命运，而是同整个王朝的时运联系起来，所托深远；其最后也以良臣被驱自比，又将个人命运融入时代的命运中，病物、病世、病身三者有机地融合起来。在这个时期，杜甫的疾病诗言病也是从多个角度相互印证，变得更加圆融成熟。

另一首写有关病木的诗歌《枯楠》，同样讽刺了当朝统治者不能选贤任能，导致小人当道的现状："楩楠枯峥嵘，乡党皆莫记。不知几百岁，惨惨无生意。"

诗中的这株楠树，其实在杜甫的另一首《楠树为风雨所拔叹》中出现过。这株楠树生长在杜甫草堂前，是一种非常珍贵的木材，木质坚硬耐腐，寿命长，又被称为栋梁之材。而这株楠树却被一场暴风雨摧倒，杜甫为此痛惜万分，便以此为题，相继作了两首诗歌。杜甫作这首《枯楠》指的就是房琯、张镐被贬，"负栋梁之才，而失霄汉之志，此必实指一人，惋惜不在枯柟"^①。

---

① 参见清汪灏《树人堂读杜诗》道光本卷十。

杜甫正是以惋惜楠木珍贵却不被赏识，而榆木成长太容易，却被委以重任，来讽刺当时大唐贤臣被贬谪，而小人大受重用的现状。杜甫虽然身处庙堂之远，却心系政事，所作所言，情真意切，体现出他深沉的忧国之思。

而《病橘》[66]诗中用病橘嘲讽时局，忧民之情更为明显。诗的前半部分看似写橘病，实则写民情，蜀地因为虫害和天灾，作物歉收，百姓穷困；后半部分则充分表达了对朝廷催贡的不满，认为连年战乱，民生凋敝，此时本应少征贡赋，以养民情，而统治者为了自己的口腹之欲，来蜀地征收贡橘，使老百姓不堪其苦；最后四句以前朝的历史教训，借古讽今，谴责了统治者的不察民情、劳民伤财，充满了对百姓的同情和对朝廷的不满。这首诗以橘之病喻民之病，托物寄兴，充满了沉郁的忧民之情。

百忧集行 [65]

忆年十五心尚孩，健如黄犊走复来。

庭前八月梨枣熟，一日上树能千回。

即今倏忽已五十，坐卧只多少行立①。

强将笑语供主人，悲见生涯百忧集。

入门依旧四壁空，老妻睹我颜色同。

痴儿未知父子礼，叫怒②索饭啼门东。

病橘 [66]

群橘少生意，虽多亦奚为。惜哉结实小，酸涩如棠梨。

剖之尽蠹虫，采撷爽其宜。纷然不适口，岂只存其皮。

萧萧半死叶，未忍别故枝。玄冬霜雪积，况乃回风吹。

---

① 肺病走多易喘，糖尿病行多易累，再加上腿脚不好，关节疼痛，所以行立少、坐卧多。
② 中医认为，肝气郁结，能引起生理功能紊乱，肝气上逆，血随气而上溢，故伤肝，易发怒。

尝闻蓬莱殿，罗列潇湘姿。此物岁不稔，玉食失光辉。

寇盗尚凭陵，当君减膳时。汝病是天意，吾谂罪有司。

忆昔南海使，奔腾献荔支。百马死山谷，到今耆旧悲。

《枯棕》同样用病木比兴百姓之苦，通篇以物喻人，比兴巧妙，将百姓因军务繁重所遭受盘剥的痛苦描写得淋漓尽致："蜀门多棕榈，高者十八九。其皮割剥甚，虽众亦易朽。"这首诗写当地的棕榈因为可以用来做防具等，惨遭割剥，被斧子交横砍伐的伤痕惨不忍睹。这时候蜀地仍然战乱频仍，让杜甫联想到如同枯棕一样饱受剥削的人民，而最令人沉痛的则是"死者即已休，生者何自守"，被逼死的倒也罢了，但是活着的这些人，到底如何才能保护自己呢？这首诗真实地刻画出当地百姓生不如死的惨状，其情可怖可叹，用笔尖锐，句句悲情。

在这一系列的病物诗中，杜甫对病物的托物寓意，不只是站在自身的角度，而是与国情民意紧密地联系在一起。这些诗语意沉郁，不袭汉魏之迹，而能得其神髓。这种病是事物之病，更是国家之病，杜甫深刻地控诉着统治者的残暴，表达了自己对百姓深深的关切。

杜甫在这个时期还写了《百忧集行》[65]，回忆自己十五岁的时候，健壮得像一头小牛犊，秋天爬梨枣树摘果子，一天能爬上千回；而现在五十岁，疾病缠身，每天"坐卧只多少行立"，身体的变化对比强烈。

在心理学上有一个名词叫"投射"，就是把自己不能接受的冲动、欲望和思想在潜意识中转移到他人或周围事物上，使之脱离自我，以减轻内心的焦虑，避免痛苦而求得心理安慰，是一种自我防御机制。

这种心理现象告诉我们，人对于外界刺激的反应都是有原因，而且是可以预测的，不是偶然发生的。这些反应虽然取决于当时的刺激或者情境，但是个人当时的心理结构、过去的经验、对将来的期望，也就是个人的人格结构，对当时知觉与反应的性质和方向，都会产生很大的影响。人格结构的大部分处于潜意识中，个人无法凭借其意识说明自己，而个人面对一种不明确的刺激情境时，却常常可以使隐藏在潜意识中的欲望、需求、动机冲突等"泄漏"出来。也就是说，杜甫在陈述病物的时候，常常会不自觉地将隐藏在内心的冲突和欲望，融入故事情节当中，借助于事和物宣泄出来。

用心理投射现象来理解杜甫写的病物诗，也许能更好地解释杜甫生命历程中心态的变化和诗歌风格的转变。

杜甫在早期的病物诗中，运用一些衰败的病物意象渲染氛围，表达自己的失意和未酬之志；中期的病物诗则通过一些被废弃的事物，转而思索国家命运的盛衰始终，有着深刻的生命哲思；而后期的病物诗则非常明确地借病物来体现这个病态的社会，同情困苦的人民，讽刺昏庸的统治，有着浓郁的家国之忧，最终完成了思想上的完美转化。

病
物

种药

杜甫困居长安期间，就在小庭院里栽种过中药材。754年秋天，长安一带连续下了六十多天雨，很多庄稼和花草都在雨水中泡烂了，而杜甫种的决明却长势喜人，颜色鲜艳，"著叶满枝翠羽盖，开花无数黄金钱"（《秋雨叹三首》[17]）。因为生命力极其旺盛，在北美洲等地区，决明被当成是一种难以根除的野草。在杜甫眼里，决明的一朵朵小黄花仿佛变成了无数的小铜钱，这种所谓"庸俗"的联想，是不是从一个侧面说明杜甫卖过药？

有学者认为，杜甫在《进三大礼赋表》中所述"卖药都市，寄食友朋"是一种借喻。梁实秋说："卖药恐怕不是真的卖药，是引用韩康'卖药洛阳市中口不二价'的典故，自述旅食京华之意。有人写《杜甫传》，把杜甫真个说成为一个卖药郎中，疑误。"梁实秋说的"有人写《杜甫传》"，指的就是冯至。

杜甫在长安十年并无固定的收入来源，他只是在权贵门下陪玩陪喝酒，别人会施舍一点赏钱，或者通过这些人的介绍写写碑文之类的，赚点酬金。

杜甫对中医药是有研究的，特别是认识郑虔后，对药材的功效应该比一般人懂得多，比方说他知道某个人眼睛或者脾胃不舒服，就利用自己知道的医药知识给这人以指点并带来药物，有钱人也会对他的这种帮助给予酬金。

这种"卖药"是朋友间沟通的媒介和交流的手段，并不是真正意义上的卖药。他被贬华州后，在一首诗（《路逢襄阳杨少府入城戏呈杨员外绾》[36]）题下注道："甫赴华州日，许寄员外茯苓。"这说明人们对杜甫很信任。杨绾员外听说杜甫去华州任职，就让他往回寄茯苓，因为华山茯苓是最好的，这就旁证了刚才说的那层"卖药都市"的意思。

762 年初，担任成都府幕僚的魏侍御，骑着高头大马专程到浣花溪畔寻访杜甫的草堂，留下买药的钱（《魏十四侍御就弊庐相别》[67]）。当时杜甫肯定给成都府的官员弄了一批药材，有可能是他自己种植的，也有一些是上山采挖的。杜甫经过炮制把药材送给了一些官员，官员们又打发人专程来送药钱。

魏十四侍御就弊庐相别 [67]

有客骑骢马，江边问草堂。远寻留药价①，惜别到文场。

入幕旌旗动，归轩锦绣香。时应念衰疾，书疏及沧浪。

杜甫还有一次记述自己卖药的经历是在 770 年，那是杜甫人生的最后一年，一家人漂泊到潭州。他原本打算投奔时任湖南都团练使兼衡州刺史的韦之晋，没想到赶到衡州时，老朋友已经调入潭州；他们一家子又赶到潭州，不料韦之晋已经去世。杜甫一家实在是走投无路，只好挤在湘江一条破船上度日。没有办法，杜甫在渔市上摆摊卖药，勉强维持一家生计，"茅斋定王城郭门，药物楚老渔商市"（《暮秋枉裴道州手札，率尔遣兴，寄

① 采药、种药、制药不仅是杜甫增加收入的渠道，还是与朋友交往的媒介。

近呈苏涣侍御》）。据考证，长沙市坡子街有文字记录的历史就有1200多年，下坡子街的店铺主要有药材行和棉布棉纱行。就是这年的冬天，杜甫客死在长沙到岳阳的一条船上。

杜甫在成都草堂旁边开垦了一块药圃，种植中药材："柟树色冥冥，江边一盖青。近根开药圃，接叶制茅亭。"（《高柟》）

杜甫种药是十分在行的，并倾注了大量心血："幕府筹频问，山家药正锄"（《赠李八秘书别三十韵》），"常苦沙崩损药栏"（《将赴成都草堂，途中有作，先寄严郑公五首》[80]）；杜甫的药圃里药材品种不少，有木本的、藤本的、草本的，还有根茎类的，"药条药甲润青青，色过棕亭入草亭"（《绝句四首·其四》[82]）；各种药材在他的精心料理下，一片生机勃勃，"不嫌野外无供给，乘兴还来看药栏"（《有客》[54]）……

种药治病两相宜，种药写诗两不误。杜甫经常以药材为题，佳句信手拈来："雨中百草秋烂死，阶下决明颜色鲜"（《秋雨叹三首》[17]），这是描述决明子的；"细叶带浮毛，疏花披素艳""红取风霜实，青看雨露柯"（《江头五咏》[68]），这是描述丁香和栀子的……

杜甫种药，既用来调养他的多病之躯，也维系着一家人的一部分衣食所需。杜甫诗中共记载了独活、决明、甘菊、山药、萱草、辛夷、茯苓、黄精、苦竹、金菊、香荽、绿葵、女萝、薤白、柴胡、菖蒲、荇菜、栀子、丁香、罂粟、芍药、枸杞、鸡栖、薯蓣、苍耳、茱萸、丹橘、麝香等多种中药材。仔细研究这些药材的功效，基本与杜甫的疾病对症。

对于怎样种好药，杜甫有相当的研究。在秦州，他起初要在那儿找块地盖茅屋定居。他见太平寺泉特别清，可以用来灌溉一片上好的药圃，便在《太平寺泉眼》[43]诗中写道："何当宅下流，余润通药圃。三春湿黄精，一食生毛羽。"黄精具有补脾、润肺生津的作用，在临床上，把黄精熬制成膏，可治疗肺结核。

现代药理学证明，黄精浸膏对肾上腺素引起的血糖过高有明显的抑制作用，同时它还有抗氧化、抗疲劳、延缓衰老的功效。根据《本草纲目》记载，黄精是阳草，久服可延年益寿。杜甫采挖、种植黄精，也与他的肺病、糖尿病十分对症。

江头五咏 ①[68]

丁香

丁香体柔弱，乱结枝犹垫。细叶带浮毛，疏花披素艳 ②。

深栽小斋后，庶近幽人占。晚堕兰麝中，休怀粉身念。

丽春

百草竞春华，丽春 ③ 应最胜。少须好颜色，多漫枝条剩。

纷纷桃李枝，处处总能移。如何此贵重，却怕有人知。

栀子

栀子比众木，人间诚未多。于身色有用，与道气伤和 ④。

红取风霜实 ⑤，青看雨露柯。无情移得汝，贵在映江波。

① 顾宸曰："首咏丁香，立晚节也；次咏丽春，守坚操也；三咏栀子，适幽性也……虽咏物，实自咏也。"（《辟疆园杜诗注解》五律卷五）

② 从描述的细节看这是白丁香，可提炼丁香油，用作香料；而干燥的花蕾则可入药，具有温中降逆、补肾助阳的功效。丁香入脾、胃经，温中散寒止痛，治胃寒脘腹冷痛。

③ 丽春，主治咳嗽、偏头痛、腹痛、痢疾。又名仙女蒿、定参草。《本草纲目》："移栽辄死，不移其性。"这里的丽春应该指罂粟。

④ 栀子，性大寒，食之易伤气，脾虚便溏、胃寒作痛者，不宜使用栀子，故诗人云"与道气伤和"。

⑤ 栀子的果实也可入药，据《本草纲目》记载，栀子有治五内邪气、胃中热气的功效。现代研究表明，栀子具有保肝、解热、促进胆汁分泌、抗炎、镇痛、降血糖、降脂、抗肿瘤、抗病毒、抗氧化等作用。

屏迹三首 [69]

衰年甘屏迹，幽事供高卧。鸟下竹根行，龟开萍叶过。

年荒酒价乏，日并园蔬课。犹酌甘泉歌，歌长击樽破。

其二

用拙存吾道，幽居近物情。桑麻深雨露，燕雀半生成。

村鼓时时急，渔舟个个轻。杖藜从白首，心迹喜双清。

其三

晚起家何事？无营地转幽。竹光团野色，舍影漾江流。

失学从儿懒，长贫任妇愁。百年浑得醉，一月不梳头。

细细品味《绝句四首》[82]，我们会发现杜甫对种植药材已经到了痴迷的程度，比一般的药农讲究多了。诗中写道"苗满空山暂取誉，根居隙地怯成形"，意思是说，"苗满空山"的美誉我愧不敢当，只担心它们种在干裂的土里成不了形。

一些中药材在特定的土壤环境、气候条件下，其地下根茎会长成特异的形状，并且这种形状的药材是最上等也是最有效的。他在《路逢襄阳杨少府入城戏呈杨员外绾》[36]中也写道："翻动神仙窟，封题鸟兽形。"

这种特定形状的药材，在后来的本草著作中都有记载。比如《本草纲目》中写人参种植，"人薓年深，浸渐长成者，根如人形，有神，故谓之人薓"。李时珍引《史记·龟策列传》说："茯苓在兔丝之下，状如飞鸟之形。"再有，李时珍注明："狗脊有二种：一种根黑色，如狗脊骨；一种有金黄毛，如狗形，皆可入药。""（黄连）大抵有二种：一种根粗无毛有珠，如鹰、鸡爪形而坚实，色深黄；一种无珠多毛而中虚，黄色稍淡，各有所宜。"

了解了《本草纲目》对药材形状与药效关系的记载，我们就会理解诗中对"怯成形"的担忧，这说明杜甫种植中药材已经达到精益求精的地步。为了掌握其栽培方法，他熟读医书，同时对一些药材的生长特点和根茎形态的特殊要求，都有充分的了解和把握。

　　杜甫在《屏迹三首》[69]里表达的情绪很复杂。单从疾病的视角看，他提到"高卧、杖藜、白首、一月不梳头"等几个关键词，这里不用细说，我们就知道分别指的是什么病。"屏迹"就是避开人事、不交世俗之意，学界均指杜甫的遁世隐居思想。但是结合前文的分析，杜甫此时已经患有抑郁症倾向，他"百年浑得醉，一月不梳头"，情绪低落，并且开始闭门独处，不愿意与他人交往，甚至出现消极悲观的念头。

种
药

内
热

严武（726—765）于761年晚冬到成都任职，当时任剑南东川节度使，接着他又被任命为西川节度使。杜甫有一首诗《严中丞枉驾见过》题注"严自东川除西川，敕令两川都节制"，当时严武还兼任御史中丞，所以杜甫以"中丞"称呼。

严武到达成都后曾写诗邀请杜甫出仕为官，担任自己的幕僚，但杜甫谢绝了。杜甫在《奉酬严公寄题野亭之作》[70]诗中说，如果您能枉驾出城到草堂，我在杂草丛生的门前用锄头开出一条小路来。这是杜甫对严武发出的邀请，同时他也婉言谢绝了严武劝仕的好意。可能杜甫还是想着入朝侍君，不愿意在地方上当官。

762年的春天，严武去草堂拜访过杜甫。前面我们说过，762年初春，成都府幕僚魏侍御骑着高头大马到浣花溪畔寻访草堂，并留下买药的钱（《魏十四侍御就弊庐相别》[67]）。那么现在可以确定，严武为了照顾杜甫，从他那儿订购了一批药材，说到底也是变相地救济杜甫。

杜甫和严武感情这么好，他们到底是一种什么关系呢？史书上说，杜甫与严武是世交，早年杜甫的祖父杜审言曾与严武的父亲严挺之同朝为官，情谊还算深厚。因为杜甫没有见过自己的祖父，他小时候与严武是否认识不确定，但是有了这层世交关系，在情感上两个人是容易沟通的。《新唐书·严武传》中也说严武"最厚杜甫"。

　　杜甫在长安时与严武也有交往，并且称赞严武"新诗句句好，应任老夫传"（《奉赠严八阁老》）。当时严武经房琯推荐迁为给事中，那时他才三十一岁，收复长安后拜京兆尹。从这里看，两人同出于房琯门下，都受到房琯推荐才进入仕途，这在政治上属于同一阵营。后来杜甫对严武的诗还有更高的评价，像"贾笔论孤愤，严诗赋几篇"（《寄岳州贾司马六丈、巴州严八使君两阁老五十韵》），"阅书百氏尽，落笔四座惊"（《赠左仆射郑国公严公武》）……从现存的诗歌看，杜甫不仅赞美严武的诗，还极力夸赞他的为人，杜甫写的有关严武的诗有三十五首。尽管杜甫比严武大十四岁，但"忘年交"的友情确实不一般。

奉酬严公寄题野亭之作①[70]

拾遗曾奏数行书，懒性从来水竹居。
奉引滥骑沙苑马，幽栖真钓锦江鱼。
谢安不倦登临费，阮籍焉知礼法疏？
枉沐旌麾出城府，草茅无径欲教锄。

　　严武做成都尹兼御史大夫时，杜甫的日子比较好过，严武也经常带着酒到草堂与杜甫对饮。

---

① 严武《寄题杜二锦江野亭》："漫向江头把钓竿，懒眠沙草爱风湍。莫倚善题鹦鹉赋，何须不著鵁鶒冠？腹中书籍幽时晒，肘后医方静处看。兴发会能骑骏马，终须直到使君滩。"

762 年的夏天，长安又经历了一场大的灾难，唐玄宗于五月三日去世，享年七十七岁；他的儿子肃宗在他去世时也病危，十三天后也随之而去，终年五十一岁。

肃宗自从默许李辅国软禁父皇以来，也发现这个太监对自己控制得很严，但他已经没有办法改变了，特别是还有一个张皇后对权力也虎视眈眈。在肃宗去世前的几天，两个阴谋家都加快了步伐，都想把对方置于死地，最后李辅国行动快一些，率领宫廷卫士控制了大内皇宫，清除了张皇后和她的党羽。李辅国扶太子李豫登基，史称代宗。

新皇帝登基不久，严武被召回长安。杜甫在成都为严武送行，写下"此生那老蜀，不死会归秦"的诗句（《奉送严公入朝十韵》）。在这首诗里，杜甫既赞扬了严武是众望所归，也表达了自己不希望终老蜀地，有机会能再回长安为朝廷效力的愿望。杜甫从严武身上看到了自己再次入朝的希望，并将严武一直送到了一百二十多公里外的绵州（今四川绵阳、江油、安州等地）。

严武走之前是成都尹兼御史中丞、剑南节度使，当时为了防范吐蕃，将剑南、东川、西川合为一道，高度集权。严武前脚刚离开，成都少尹徐知道立即就把严武的官衔加在了自己身上，自封成都尹兼御史中丞、剑南节度使，派兵往北断绝剑阁（今四川广元）的道路。剑阁在四川、陕西、甘肃三省结合部，"剑阁峥嵘而崔嵬，一夫当关，万夫莫开"。徐知道往西则攻取邛州（今四川邛崃），勾连西南的少数民族部落。这肯定是一场叛乱，照这个趋势发展，徐知道明显是想建立自己的独立王国。这次事变没有被史书详细记录下来，却被高适和杜甫以上表和诗歌的形式记了下来。

杜甫在绵州送完严武后，得知徐知道叛乱，便先滞留在绵州，后避入梓州，在外漂泊了一年多。即使在徐知道叛乱被平定以后，他还没有回成都的意思。我们可以猜想杜甫这时有他的小心思，这是经历过政治风险的人都会有的一种正常心理。

有人说杜甫建草堂时找徐卿索要过果树，徐卿就是徐知道，但我们推测应该不是。因为那时候严武还没来成都，徐卿应该是上一任成都府的班底，大家都知道上司换了，手下干活的人员肯定要更换一批，换成自己亲近的人。

高适曾向皇帝上书说，叛乱的徐知道是成都的少尹。严武镇成都后，这个徐少尹曾经拜访过杜甫，杜甫也在秋天写过《徐九少尹见过》。徐知道是严武的副手，严武去杜甫那里喝酒肯定会带上他。徐知道很赏识、尊重杜甫，杜甫与他交往也不错。

杜甫应该担心徐知道占领成都后会邀请他进幕府做事，再有一点，他与徐知道有过交往，也怕自己受到牵连。他曾经差点吃过这样的亏，并且他也知道郑虔就是跌进了类似这样的坑里。

高适也记下了这次事变，因为不久朝廷就命令高适暂代西川节度使平定叛乱。徐知道从七月起兵，到八月就被部将李忠厚杀死。这次叛乱虽然时间很短，但使一向安宁的成都瞬间变成了人间地狱。有史料记载说，徐知道一伙人将刑具摆在大街上，随意宰杀不听话的人。

大雨 [71]

西蜀冬不雪，春农尚嗷嗷。上天回哀眷，朱夏云郁陶。

执热乃沸鼎，纤絺成缊袍。风雷飒万里，霈泽施蓬蒿。

敢辞茅苇漏，已喜黍豆高。三日无行人，二江声怒号。

流恶邑里清，矧兹远江皋。荒庭步鹳鹤，隐几望波涛。

沉痼聚药饵，顿忘所进劳。则知润物功，可以贷不毛。

阴色静垄亩，劝耕自官曹。四邻耒耜出，何必吾家操？

上面这首《大雨》[71]没有什么特别之处，无非说从去年冬天开始西蜀就没有雨水，现在下了大雨，而官曹劝农。"执热乃沸鼎"，杜甫在诗中多次提到"执热""内热"，比如《多病执热奉怀李尚书》[135]，"开襟仰内弟，执热露白头"（《毒热寄简崔评事十六弟》），"近公如白雪，执热烦何有"（《大云寺赞公房四首》），"远行无自苦，内热比何如"（《寄李十四员外布十二韵》）等。

大多史学评论家将执热理解为"手执热物""极热"的意思，冯至在《杜甫评传》里甚至认为"这些诗多无甚可观"。但从中医角度讲，执热应该解释为"内心燥热"，这是一种病态的内热。杜甫自己也提到过"肠内热""肝肺热"，本书前面专门探讨过。内热又称火热内生，是指多种原因引起的人体阴阳失衡的综合表现，多与外感邪气、饮食、情绪、久病等因素有关。临床上内热有虚实之分，实热以心、肝、肺、胃多见，虚火多见于内伤劳损，可出现烦热、潮热、盗汗、面赤、口渴喜冷、大便秘结、消瘦等症状。"内伤发热，是阳气自伤不能升达，降下阴分而为内热，乃阳虚也，故其脉大而无力，属肺脾；阴虚发热，是阴血自伤不能制火，阳气升腾而为内热，乃阳旺也，故其脉数而无力，属心肾。"（《明医杂著·卷一》）一些器官或组织的急慢性炎症、抑郁症、甲状腺疾病、睡眠障碍等，都与内热有关联。

阳盛生内热，杜甫的肝阳火盛，加上他好生气郁闷，又大量饮酒，肝郁化火，所以他经常心烦失眠，脾气暴躁。杜甫肝胆湿热，又横移脾胃，造成脾胃湿热，阴虚生内火，所以他容易烦躁发热。

欹斜

还记得杜甫有个从孙叫杜济吗？752年在长安时，杜甫到杜济家里找饭吃，可能杜济招待得不是很热情。杜甫写了一首诗《示从孙济》[20]，说了一通牢骚和教训的话。按照《杜氏谱系》看，杜济比杜甫小一辈，但杜甫一直在诗中称他为孙子辈，是不是杜甫的记忆出现了错误，弄得杜济不高兴？杜济这时候任绵州刺史，杜甫送严武归京送到绵州，杜济在江楼设宴为严武送行，在席间是不是搞得不愉快？按中唐官制看，刺史掌管一州军政大权，州辖县，绵州刺史是四品下阶的官职。

在成都送严武时，杜甫表达出将来有机会再为朝廷效命的愿景严武在一首答诗中也回应了杜甫的这种心愿，希望他做好重返长安的准备。按两人的交情和严武为人处事的秉性来说，有机会严武定会在新皇帝面前推荐杜甫。在这些天的送行行程中，杜甫应该是亢奋的，也憧憬着未来，但是杜甫在最后告别严武的诗里，却流露出奇怪的、沮丧的落寞情绪："江村独归处，寂寞养残生。"（《奉济驿重送严公四韵》）

本书展示的不是一个高高在神坛之上的诗圣，而是把杜甫当成一个平常人来看待。把杜甫当作一个普通人，那么他诗里一些所谓无解的密码也许会露出端倪。

杜甫在为严武送行的宴会中，是不是再次感受到官场上的某些坏毛病？比如说在权势面前阿谀奉承、溜须拍马，而在平民百姓前则专横跋扈、耀武扬威。特别是看到杜济"扶杆子不扶井绳"的那副嘴脸，这种人也能这么快爬上高位，他心里很不舒服。否则，杜甫在这么短的时间内，情绪发生如此剧烈的波动，一个天上、一个地下，让人无法理解，也无法解释。

杜甫在梓州时写过一首《寄高适》，这与我们的判断是相符的。因为这时候高适代成都尹，接替了严武，并且奉命平定徐知道叛乱。杜甫在梓州得到这个消息后写信给高适，也有试探口风的意思，但没有得到高适的回应。

宗武生日 [72]

小子何时见？高秋此日生。自从都邑语，已伴老夫名。

诗是吾家事，人传世上情。熟精文选理，休觅彩衣轻。

凋瘵① 筵初秩，欹斜坐不成 ②。流霞分片片，涓滴就徐倾。

杜甫还写过一首《宗武生日》[72]，证明了杜甫的二儿子宗武出生在重阳节。但是这首诗系作于哪一年有分歧：杜甫是漂泊在梓州时写的这首诗，还是在夔州和家人团聚时为儿子过生日时所作？

杜甫在诗中再一次提到"凋瘵"这个词。在前面我们已经提到，"瘵"

---

① 凋瘵，一般解释为衰败、困乏。杜甫在这里指的是自己的肺痨。
② 歪坐、斜坐、不能端坐。有肺气肿、肺心病的人坐直了会感觉胸闷，由于内脏挤压导致肺部受压，感觉有压迫感；类风湿可能引起椎体变形，也会坐不直；甲状旁腺功能亢进症也能引起腰背痛、四肢畸形。

在古代医书中专指结核病，晋代葛洪在《肘后备急方》里面记述了一种叫"尸注"（瘵）的病，说这种病会互相传染，并且千变万化。染上这种病的人闹不清自己到底哪儿不舒服，只觉得怕冷发烧、浑身疲乏、精神恍惚，身体一天天消瘦，时间长了还会丧命。葛洪描述的这种病，就是现在我们所说的结核病。

杜甫在酒席上喝酒的时候，在椅子上已经坐不直了，身体只能斜歪着。那么，什么病才会使他出现如此的情况？

佝偻病和贫血严重的人可以出现类似情况，但杜甫没有提及这方面的疾病，我们不去妄加猜测。

杜甫的肺气肿和肺心病，造成他气促、气短，晚间睡觉只能高卧而不能平躺。肺心病发展到后期，会引起肝瘀血，也能引起下肢浮肿，而造成"坐不成"的现象。因为缺氧，再加上肺血管阻力增加、肺动脉高压，他坐直了会胸闷，感觉有压迫感。

还有一种情况，我后面会探讨，杜甫的湿痹症也能造成他的"坐不成"和食欲减退。湿痹症，也就是杜甫诗中提到的"坐痹"，会造成椎体关节变形，最明显的表现就是四肢手足不举，或半身不能转侧，或拘挛作痛，或蜷缩难伸展，同时伴有食量减少和食之无味。

这首诗若考定在767年秋作，那"欹斜坐不成"就好解释了。那年秋天杜甫得过间歇性的脑部缺血，也就是轻度脑梗，使他卧床很长时间，不久又得了偏瘫。这次为儿子过生日，应该是他脑梗后大病初愈，但仍然"坐不成"，需要斜靠在床上。

还有一个因素应该考虑进去，那就是杜甫的甲状旁腺功能亢进症，从757年确诊到这时候已经十年之久。他的骨钙大量流失，腰背、四肢除了疼痛外，还会出现畸形，加之身体瘦骨嶙峋，身材变矮，出现"欹斜坐不成"的现象也容易理解。

杜甫在诗中说："流霞分片片，涓滴就徐倾。"这里面有个典故，王充《论衡·道虚》载：项曼都自述从仙人至天上，"居月之旁，其寒凄怆。口饥欲食，仙人辄饮我以流霞一杯。每饮一杯，数月不饥"。历代评论家都以这个典故来说明杜甫因病衰，不能畅饮，只能酌以少许。这只是其中的表象，杜甫真正想表达的是没有饥饿感，也就是"食欲减退"。

杜甫的肝硬化和肺心病都能造成肝瘀血，消化不好则影响食欲，容易出现胀满腹饱等症状。

从杜甫的病情分析，762 年秋天，他的疾病没有这么严重，并且他送完严武后，一直在梓州一带漂泊、会友、喝酒，诗中他几乎没有提及疾病。而杜甫 767 年秋天在夔州时，脑梗发作，出现食欲不振、恶心、呕吐的现象，在诗中屡屡提及肺心病和坐痹症。他的抑郁症倾向也更明显，这些与杜甫诗中的描述契合。从病情方面来判断，《宗武生日》这首诗系在 767 年秋天是最恰当的。①

客夜 [73]

客睡何曾著，秋天不肯明。卷帘残月影，高枕②远江声。

计拙无衣食，途穷仗友生。老妻书数纸，应悉未归情。

寒冷的秋夜里，杜甫躺在客邸的床上，看残月透出卷帘洒进点点的光影，垫高枕头更是睡不着，只听见远处江水拍岸的涛声。夜这么长啊，天总是不明，这些日子他衣食皆无，处境艰难，依赖朋友接济才能活下去。他给

---

① 根据黄鹤、赵次公、朱鹤龄编年，《杜甫全集校注》把《宗武生日》置于 762 年秋天梓州诗内；仇兆鳌则将诗中第一句理解为"儿子是哪一天出生的"，并且认为诗的最后二行能清楚表明杜甫出现在生日聚会上，而将此诗置于 767 年秋天夔州诗内；洪业认同仇兆鳌的分析，但他认为 767 年秋天杜甫的身体状况不错，不像诗中描述的那样严重，故认为杜甫一家 768 年秋天在江陵居停的那几个月与此诗比较吻合。

② 肺心病需要垫高枕头才能正常呼吸。赵汸曰："此不寐时耳目所接。惟夜久故月残，惟夜静故远闻。"（《杜律五言注》）

老伴写了几次书信，老伴应该明白此时他不能归家的苦衷。

在《客夜》[73] 里，杜甫表达了愁人苦夜长的孤眠苦境。杜甫的肺气肿、肺心病已经逐步加重，所谓的"高枕"，就是半斜倚的姿势，能减轻喘息、气短、呼吸困难等症状。

但是这种睡眠形态反过来会影响睡眠质量，长期高枕卧位使颈椎间盘受力不均，颈部肌肉和关节受力异常，累及周围神经、血管，容易造成头晕、四肢麻木、恶心、呕吐等不适，也容易导致失眠。

这段时间，杜甫本来就处在焦虑不安、精神紧张的状态，我们不清楚他住在梓州的哪个地方。他这个时期所作的诗内容大多是去拜访朋友，与他们一起吃喝游玩，也许这是他排解忧愁和苦闷的一种方式。

戏题寄上汉中王三首 [74]

西汉亲王子，成都老客星。百年双白鬓，一别五秋萤。
忍断杯中物，只看坐右铭？不能随皂盖，自醉逐浮萍。

杜甫在《戏题寄上汉中王三首·其一》[74] 中，说汉中王李瑀已经戒酒不饮。这个老王爷是当年杜甫在长安时认识的汝阳王李琎的弟弟，当时有交往，所以诗中说"一别五秋萤"，指的是 758 年杜甫离开长安去华州任职，到现在已经分别五个年头了。

筋力

徐知道叛乱在八月份就被剿灭了，但是杜甫没有返回成都草堂的计划。他在梓州逗留了一段时间，十一月又到了射洪（今四川省辖县级市）、通泉（今四川省射洪市柳树镇通泉坝）两个县。当时这两个县都属于梓州管辖，762年整个冬天杜甫都在这儿游逛。

杜甫去金华山碰巧看到陈子昂少年苦读时的学堂遗迹，后来又专程去东武山下拜谒了陈子昂故居，写下《陈拾遗故宅》。

陈子昂（659—700）是唐代著名文学家、诗人，与王适、李白、孟浩然、王维、贺知章等并称"仙宗十友"。陈子昂少年时期轻财好施、慷慨任侠，开耀进士。他的政论曾得到武则天的重视，授右拾遗，因直言敢谏而株连下狱。698年他因父亲生病，解官回乡，不长时间父亲去世。居丧期间，武三思指使射洪县令罗织他的罪名，加以迫害，最终他冤死在狱中。"悲风为我起，激烈伤雄才。"杜甫是为陈拾遗悲，也是为自己伤悲。

《谒文公上方》[75] 诗中的文公，应该是杜甫在上方寺见的一个高人，寺在何处，无人考据。目前在射洪县金华镇西南角山坡上有上方寺遗址，也许杜甫"谒文公"就在此处。

杜甫与文公交流佛经的时候，向文公说了自己的眼睛有毛病，视力模糊，好像有一层阴影，文公就给杜甫讲了"金篦刮眼膜"的故事。据《涅槃经》讲，有盲人为治疗眼病，去看良医，良医就用金篦为他刮除眼膜。

中国南北朝时有一个名士叫张元，他祖父因为眼病丧失视力三年。张元十分忧愁，就请僧人做法事，七天七夜转《药师经》，拜求佛祖，夜里梦见一老翁用金篦为其祖父治眼，后来他的祖父果然重见光明。金篦是一种形似箭镞的手术刀，古代医者常用它来刮除病人眼中的翳膜，所以佛教也用来比喻为信徒除去昏愚无智之膜。

杜甫这时候也许已经患有白内障。白内障早期没有特别的症状，就是看东西有模糊感，总觉得眼前有异物，擦又擦不掉，这并不是眼睛分泌物导致的，而是晶体混浊引起的。后面我们会专门探讨杜甫的眼病。

谒文公上方 [75]

野寺隐乔木，山僧高下居。石门日色异，绛气横扶疏。

窈窕入风磴，长萝纷卷舒。庭前猛虎卧，遂得文公庐。

俯视万家邑，烟尘对阶除。吾师雨花外，不下十年馀。

长者自布金，禅龛只晏如。大珠脱玷翳，白月当空虚。

甫也南北人，无漫少耘锄。久遭诗酒污，何事忝簪裾？

王侯与蝼蚁，同尽随丘墟。愿闻第一义，回向心地初。

金篦刮眼膜①，价重百车渠。无生有汲引，兹理傥吹嘘。

---

① 金篦术，是佛门医学对金针拔障术的称呼，大约在公元 7 世纪传入中国。金篦是一种眼科器械，主要用于治疗白内障。

早发射洪县南途中作 [76]

将老忧贫窭，筋力①岂能及？征途乃侵星，得使诸病入。

鄙人寡道气，在困无独立。傲装逐徒旅，达曙凌险涩。

寒日出雾迟，清江转山急。仆夫行不进，驽马若维絷。

汀洲稍疏散，风景开快恦。空慰所尚怀，终非曩游集。

衰颜偶一破，胜事难屡拍。茫然阮籍途，更洒杨朱泣。

这年的冬十一月，杜甫从射洪县往南到通泉县，在《早发射洪县南途中作》[76]诗中，说"征途乃侵星，得使诸病入"。这时候他已经意识到，半夜行路，寒湿侵入，才诱发了他的各种疾病。我们在《外邪》章节详细讨论过"虚邪贼风"对人体侵扰的危害，比如杜甫的类风湿关节炎、头风，脾胃方面的"关鬲冷"等都与这方面有关联。

在诗中，杜甫特别提到了"筋力"一词。筋力在这里不是指体力，中医所说的筋，是驱动与维持运动的装置。《黄帝内经》曰："骨为干，筋为刚，肉为墙，皮肤坚而毛发长。"我们有时候崴了脚，到医院拍片，医生说骨头没事，就是韧带拉伤，意思是伤到筋了。

中医中筋的概念相当于肌腱和韧带，是联结肌肉、骨和关节的一种坚韧刚劲的组织，较粗大的称大筋，细小的称小筋，包于肌腱外的称为筋膜。

现代解剖学已经证实，筋能够联结骨与关节，早在《素问·五脏生成论》中就有"诸筋者，皆属于节"的论断。宋代《圣济总录·伤折门》明确指出："诸筋从骨……连续缠固，手所以能摄，足所以能步，凡厥运动，罔不顺从。"就是说，筋附于骨而聚于关节，筋联结骨节肌肉，不仅能加强关节的稳固性，还有保护和辅助肌肉活动的作用。人体的运动系统由骨、骨联结和骨骼肌

---

① 筋力，一般解释为体力。而在中医里，肝主全身筋膜，与肢体运动有关，肝之气血充盛，筋膜得其所养，则筋力强健。《素问·痿论》载："肝主身之筋膜。"

三部分组成，筋附着于骨节间，起到了骨联结的作用，维持着肢体关节的屈伸转侧。

《黄帝内经》说"肝主筋""肝主身之筋膜"。筋的正常运行依赖肝血的滋养，肝血充足则筋力强劲，关节屈伸有力而灵活；肝血虚衰则会使筋力疲惫，屈伸困难。我们俗话说的"腿抽筋"，多是由于肝血或者肝气不足，肝经失养拘挛引起的。

《素问·经脉别论》又说："食气入胃，散精于肝，淫气于筋。"脾胃为水谷之海，气血生化之源，脾胃健旺，化源充足，气血充盈，肝才有所滋，筋才有所养。所以，筋与脾胃也有着密切的关系。

杜甫是懂得这层道理的，他提到"将老忧贫窭，筋力岂能及"，就是说自己的筋力因肝血不足，脾胃运化不利而受到了损伤。

杜甫在《将晓二首》中说："归朝日簪笏，筋力定如何？"他在《负薪行》中说"筋力登危集市门，死生射利兼盐井。"他在《十二月一日三首》[93]中说："他日一杯难强进，重嗟筋力故山违。"他在《客堂》[96]中说："别家长儿女，欲起惭筋力。"他在《贻华阳柳少府》[99]中说："俊才得之子，筋力不辞烦。"他在《秋日夔府咏怀奉寄郑监李宾客一百韵》[119]中说："筋力妻孥问，菁华岁月迁。"……

俗话说："筋长一寸，寿长十年。"练武的人会说："筋长一寸，力厚一分。"平时我们所说的肌肉、皮肤等名词，大多数人并不了解字义。"肌"的本义是绷紧，"肉"的本义是放松；"皮"指的是表皮，"肤"指的是皮下脂肪。

人体就像一张弓，骨骼是弓背，筋就是弓弦，拉紧或者放松就是肌肉的状态。通过这个比喻，我们对筋力就有了更形象的认识。有了弓弦的牵扯才有了箭的力度，就像我们身边的人，有些人挺瘦小但是力气很大。泰山挑夫很少有大胖子，筋相比肌肉、脂肪，优点是耐力和韧性大。

"大筋"有两种结构：一种是联结骨关节与肌肉的，具有很强的弹力，比如跟腱。另一种是包裹在关节内接缝处，用于联结固定骨关节的，它的特性类似于"皮筋"。人随着年龄衰老，肌肉的生理功能会衰退，但筋力锻炼好了，力道会增长，这也是俗话说的"练筋增寿"的道理。

　　杜甫多次在诗中提到的"筋力"，就是指身体能使出的力量，而不单纯指躯体的承受力。我们常说的"在意不在力"，就是强调在"筋骨"而非肌肉的用力方式。

　　在讨论杜甫的筋力和健康时，我们应该意识到，健康不仅仅指身体的健康，还有心理的健康。健康是我们的第一财富，通常提到的"健康"两个字，单从字的意义上理解，"健"是指筋骨有力，"康"是指协调通达。

宣泄

徐知道叛乱时，杜甫送完严武，从绵州避入梓州。762 年整个秋冬，他一个人在梓州及周边的地方游逛。当他再次回到梓州时却是和家人在一起，也就是说家人从成都过来了。不一定是杜甫亲自回成都接的，从后面《舍弟占归草堂检校聊示此诗》这首诗中我们知道，和杜甫家人在一起的还有杜甫的一个弟弟杜占。仇兆鳌引陶开虞曰："（甫）有四弟，颖、观、丰各在他乡，唯占从公入蜀。"这个杜占很有可能是杜甫的堂弟，而不是杜甫同父异母的兄弟。

当杜甫再次回到梓州时，已经是 763 年的春天。这时候跟朝廷命运攸关的两件大事发生了，这两件事跟杜甫的命运也有关联。

李辅国尽管拥立代宗李豫登基，但他对太上皇玄宗的所作所为，新皇帝看在眼里，也恨在心中。李辅国开始日益骄横，他曾对代宗说："大家（皇帝的俗称）但内里坐，外事听老奴处置。"这种僭君之言，代宗心里肯定不痛快，暗下决心要将李辅国翦灭。但代宗表面上优待李辅国，尊之为"尚父",封司空兼中书令,私底下却安排人掌握禁军、夺取兵权。不久代宗便罢了李辅国的官职,派人在深夜将其刺杀,割下他的头颅扔到茅厕里,又砍下他的右臂,用纸一裹,飞马去泰陵祭奠玄宗。

史思明被他的儿子史朝义所杀,叛军离心离德,多次被打败。762年四月,代宗继位,启用仆固怀恩为朔方节度使,统兵进军洛阳。史朝义派十万精兵赶来增援,列阵于昭觉寺。这场大战,唐军击败叛军,攻占洛阳,斩首叛军六万多人,俘获两万人,史朝义逃走。

763年正月,田承嗣献莫州(今河北任丘)投降,送史朝义的母亲和妻子给唐军。史朝义率五千骑兵逃往范阳,部下李怀仙献范阳投降。史朝义无路可走,在树林中自缢而死。

安禄山于755年发动的叛乱,历时七年又两个月宣告结束。

当这些消息传到梓州时,杜甫是兴奋的,提笔写下《闻官军收河南河北》[77]。在好多版本中,"便下襄阳向洛阳"底下有个注语"余田园在东京",杜甫在这里指的是在偃师的田地和房产吗?

闻官军收河南河北 [77]

剑外忽传收蓟北,初闻涕泪满衣裳。

却看妻子愁何在,漫卷诗书喜欲狂。

白日放歌须纵酒,青春作伴好还乡。

即从巴峡穿巫峡,便下襄阳向洛阳。

杜甫在诗中表达了想在这个春天归乡的愿望,并且规划了回家的路线:从梓州沿涪水(今乌江)而下,再转入西汉水(今嘉陵江),到达巴郡(今重庆),然后顺长江下行,穿过巫峡,到达江陵(今湖北荆州),从这里向北走旱路到达襄阳,经过南阳,最后回到洛阳。

但是杜甫并没有按照诗中的计划往回走。从接下来的行程中，我们看到杜甫几乎都在拜访一些有点权势的朋友，难道他在筹措回家的路费吗？"今秋天地在，吾亦离殊方"，这句诗出自764年春杜甫写的《双燕》，杜甫有意出峡。卢元昌曰："时欲去蜀，托兴于燕。"

从763年春返回梓州，一直到764年春严武第二次镇蜀，杜甫回到成都，这一年的时间里，杜甫几乎没有提到他的疾病，只有这首《远游》[78]中有一句"种药扶衰病"。这是个很奇怪的现象，多病的杜甫不可能突然间没了疾病的侵扰，但他为什么没有提及呢？当我们读完这期间杜甫写的七十九首诗后，就可以解开这个谜团。其实，杜甫在这段时间一直忙于应酬，他自己也说"二月频送客"（《泛江送客》）。

远游 [78]

贱子何人记？迷芳著处家。竹风连野色，江沫拥春沙。

种药扶衰病，吟诗解叹嗟。似闻胡骑走，失喜问京华。

寄题江外草堂 [79]

我生性放诞，难欲逃自然。嗜酒爱风竹，卜居必林泉。

遭乱到蜀江，卧疴遣所便。诛茅初一亩，广地方连延。

经营上元始，断手宝应年。敢谋土木丽？自觉面势坚。

台亭随高下，敞豁当清川。虽有会心侣，数能同钓船。

干戈未偃息，安得酣歌眠？蛟龙无定窟，黄鹄摩苍天。

古来达士志，宁受外物牵？顾惟鲁钝姿，岂识悔吝先？

偶携老妻去，惨淡凌风烟。事迹无固必，幽贞愧双全。

尚念四小松，蔓草易拘缠。霜骨不甚长，永为邻里怜。

763年春天，杜甫从梓州到达绵州，接着又来到汉州（今四川广汉市）。房琯在汉州担任过刺史，杜甫曾经来拜访。现在杜甫和新任的绵州杜刺史、汉州王刺史处得也不错，几人经常在一起喝酒。

回到梓州后，杜甫还是忙着应酬喝酒。梓州章刺史很看重杜甫，在经济上对杜甫也有帮助。章刺史在好多宴会场合都叫上杜甫，甚至有歌妓的场合也带着。杜甫在《数陪章梓州泛江有女乐在诸舫戏为艳曲二首》中开玩笑说："使君自有妇，莫学野鸳鸯。"杜甫很少写这种艳情诗，他能这么调侃章刺史，说明两人的关系很好。

763年秋天，杜甫来到阆州（今四川阆中），他是来参加恩师房琯葬礼的。这一年房琯被拜为特进刑部尚书，却在返京途中染上重病，八月份在阆州一个寺院去世，终年六十七岁。杜甫在房琯的葬礼上写了一篇祭文《祭故相国清河房公文》，表达了他对房琯的尊重和追思。杜甫在阆州待了三个月，之后返回梓州。《发阆中》诗中提到"别家三月一得书""女病妻忧归意速"，从中可知他出来三个月了，得到家书知道女儿病了，妻子很担忧，所以他得赶紧回去。

现在已经十一月了，我们开始猜想杜甫在筹措路费，这时候他应该筹集得差不多了。特别是章刺史对他高看一眼，帮助也是最大的。杜甫从春天游历到年底，仅从诗中得知，和他喝酒的有名有姓的就有四十多位，并且章刺史叫上他喝酒的次数无限多。《寄题江外草堂》[79]中提到的"嗜酒爱风竹"，也说明了杜甫从喜欢的"耽酒"状态开始向"嗜酒"状态发展。

杜甫为什么一年时间没有提到他的病情，谜底也许就在这里。一方面，杜甫此时的心情是放松的，安史之乱平定了，那个祸害李辅国也被除掉了，他比较兴奋。另一方面，这段时间他反复送一些朋友返京任职，联想到自己的命运和前途，他的内心是失落和焦虑的。

这一年，杜甫几乎逢酒必喝、每喝必醉。所谓的"酒醉解千愁"，其实也是一种心理压抑的宣泄方式。不加节制地喝酒，麻痹了他的神经，暂时缓解了他的焦虑、压抑和身体的疼痛。

现代科学证明，某些药物、食物、酒、运动、音乐等，都会使大脑产生一些化学物质，刺激或者抑制神经，从而达到控制情绪和思维的作用。其中多巴胺、5-羟色胺和肾上腺素是最重要的三种物质。

多巴胺被比喻成一种奖励，当多巴胺聚集的时候，我们就会很享受这种状态，觉得满足和快乐；而多巴胺缺乏的时候，我们就会变得不安、空虚，甚至焦躁。

5-羟色胺是一种能使人产生愉悦情绪的物质，几乎影响到大脑活动的每一个方面，从调节情绪、精力、记忆力到塑造人生观。研究证实，当5-羟色胺含量较低时，愤怒、狂躁等负面情绪更难被抑制，也就是人们经常所说的"失去理智"。这时候人体会分泌一种紧急避险的物质，这就是肾上腺素。

当人经历某些刺激，过度兴奋、恐惧、紧张时，人体会分泌肾上腺素，使心脏收缩力提升，加快心跳与血液流动，使身体反应更快速，帮助身体应对压力和危险。

上面这些身体的应对机制，我们没有办法觉察，也无法控制，只是身体对外界刺激的本能反应。

杜甫当年通过嗜酒，来使他的焦虑暂时平复。酒精短暂的麻醉可以缓解焦虑，留下的却是无奈和无力的感觉。问题是，这种麻醉对身体的伤害更严重，所以杜甫的肺、肠胃、肝肾的损伤也在进一步加重。

醉酒后总有醒来的时候，醒来后更多的是失落、自责和内疚。杜甫酒醒了，生活和身体的质量也下降了，他的失眠症在加重，他的忧愁一点也没减轻。《倦夜》《愁坐》，是杜甫在这个时期创作的众多饮酒诗外的两首发泄情绪的小诗。

曾经因大唐帝国的胜利，一度在杜甫心底燃起的希望是否已经熄灭？"青春作伴好还乡"的畅想，是否也烟消云散？这段时间，杜甫有一些朋友由梓州返回长安任职，他作诗送行："飘零为客久，衰老羡君还"（《涪江泛舟送韦班归京》），"帝乡愁绪外，春色泪痕边"（《泛江送魏十八仓曹还京因寄岑中允参范郎中季明》）……从诗中可以看出，杜甫内心失落、消沉，看朋友聚散离合，叹只身迟暮飘零。

消渴

参加完房琯的葬礼后，杜甫回到梓州，和章刺史狩完猎，喝了场酒，写了《将适吴楚，留别章使君留后兼幕府诸公》，表达了自己要离开的意思。吴大概在江浙一带，楚包括今天的湖南、湖北、江西、安徽等地。

杜甫为什么要到吴楚去呢？可能他想去避难。763 年七月，吐蕃大举入侵，边将告急，宦官程元振隐瞒不报，继位不久的代宗李豫一无所知。十月，吐蕃进攻泾州（今甘肃泾川县），泾州刺史高晖举城投敌，并引领吐蕃军队向长安进逼。等吐蕃军已经过了邠州（今陕西彬县），唐代宗才知道消息，急忙命令雍王李适为关内道元帅，郭子仪为副元帅，带领军队开往咸阳去抵挡。

郭子仪本来被召回京城解职了，闲居在家，手上没有一兵一卒，突然接到皇帝急诏，只能临时招募旧部随从二十多人，骑上马就赶紧出发了。他在路上看到吐蕃军大约二十万人，浩浩荡荡向东而来。郭子仪让判官中书舍人王延昌赶回长安向朝廷奏报请兵。但王延昌赶到长安，宦官程元振却不肯见他，他无法将奏请呈报皇上。

当时只有渭北行营兵马使吕月率领两千多士兵抵挡了一阵吐蕃军前锋，但很快战败，吕月被俘。消息传来，代宗不知所措，逃往陕州（今河南陕州区）。十月吐蕃军入长安后，叛臣高晖与吐蕃将领马重英等人策划，立唐宗室大臣李承宏为傀儡皇帝。

郭子仪使用各种计谋与吐蕃军周旋，随后招募的援军越来越多，最终成功光复长安，代宗于十二月二十六日返回长安。

最终杜甫没有去吴楚，764 年却出现在阆州，途中还安排堂弟杜占回成都料理草堂。

在偏僻的阆州，杜甫得不到确切消息，他在诗中一再表达忧虑："狼狈风尘里，群臣安在哉"（《巴山》），"西京安稳未，不见一人来"（《早花》）。

大多数人可能不知道，杜甫这时候还得到过一次任命，就在郭子仪驱逐吐蕃收复长安、皇帝从陕州返回长安不久。可以确定的是，严武推荐了杜甫，而不可能是其他人。

杜甫是房琯政治圈子里的人。758 年房琯被贬后，这个圈子里的人先后被外放，杜甫也从左拾遗出为华州司功参军，岑参出虢州（今河南灵宝市）长史，贾至出汝州（今河南汝州市）刺史，严武出巴州（今四川巴中市巴州区）刺史……直到肃宗去世，除被召回却死在返京途中的房琯以外，其他人都没有回归权力中心。

代宗上台后，起用被贬的上届老臣，岑参被召回任太子中允兼殿中侍御史；贾至官复原职，不久升任尚书左丞；严武被召回担任京兆尹……像杜甫这种品级低的小官要被重新起用，只有一种可能，那就是有人奏荐。按照唐例，除了宰相和有举荐职能的官员以外，其他五品以上有举荐权的官员只限于本部门内部举荐。那么有权限举荐杜甫担当京兆属官的，只有严武。

奏荐要冒很大的政治风险，如果被举荐人有犯法乱纪行为，举荐人要承担连带责任。张九龄曾经被贬，就是因为他举荐的御史周子谅犯了罪。这时候房琯已经去世，杜甫和岑参、贾至从离开长安后没有太多的交集，所以他们也不会去冒这个风险。从严武和杜甫的交情看，只有严武能出头替杜甫说话。

唐代京兆尹下设少尹二名，另外设六曹，即功曹、仓曹、户曹、兵曹、法曹、士曹，也称六司。功曹除掌管人事外，还能参与本州郡的政务。京兆功曹虽然只是正七品下阶，但是有实权，负责每年的乡贡进士和官员考课，涉及科举功名的推荐和官员升迁的考核，肯定是由京兆尹信任的人来担任。

这个职位的待遇也很高。白居易在左拾遗任满之后，为了收入高点自请京兆户曹，和功曹级别一样，但实权少一些。被批准后他很高兴，写了首诗说："俸钱四五万，月可奉晨昏。廪禄二百石，岁可盈仓囷。"（《初除户曹喜而言志》）贬谪在远地的元稹听到好朋友改任的消息，高兴到"泪沾巾"。杜甫和白居易两人尽管相差了六十岁，但从侧面可以看出，功曹比左拾遗的待遇要高得多。

有研究者说杜甫在诗中表达了自己不适合担任行政职务，只想做拾遗一类的谏官，所以拒绝了这份任命。杜甫在《奉寄别马巴州》诗下有个附注："时甫除京兆功曹在东川。"意思很明确，就是说吏部除授的任命已经颁布，送达东川。杜甫最终没能赴任，不代表他没有接受这个官职。更何况，后来严武奏请朝廷授杜甫为检校工部员外郎。若吏部没有给过杜甫京兆功曹（正七品下）的任命，根本不可能直接授他"从六品上"的官职。元稹在墓志铭中也说："出为华州司功参军，寻迁京兆功曹。"

杜甫为什么没有赴任呢？第一个原因，战乱频发，杜甫流离两川，难以成行。特别是听到吐蕃轻而易举攻陷长安的消息，他感觉大唐帝国如此不堪，不想再去冒这个"陷贼"的风险。长安在唐代历史上曾有过六次沦陷，杜甫亲历过两次，他死后还有四次。这在历史上也是前无古人，后无来者。杜甫在《忆昔二首》中曾经忠告唐代宗，第一首讲的是肃宗宠信的宦官李辅国和皇后张良娣，使纲纪坏而国政乱，告诫新皇帝不要再走肃宗的老路；第二首则回忆玄宗时的开元盛世，告诉新皇帝要致力于安国兴邦，恢复往日的荣光。

第二个原因，我们查到一段史料，看似与杜甫无关，其实与杜甫大有干系。《旧唐书·代宗本纪》说，763 年"冬十月，京兆尹兼吏部侍郎严武为黄门侍郎，朗州刺史第五琦为京兆尹，兼御史大夫"。

从这段史料可以推测，严武在举荐了杜甫后，长安遭吐蕃占领，代宗逃亡，吏部根本没顾上这事儿；等任命到达杜甫手里时，严武已经从京兆尹调任他职，第五琦接任。

第五琦这个人在历史上毁誉参半，他搞经济很有一套，死后被追赠为太子少保。当年任中书侍郎的房琯对他一直很反感，曾对肃宗上书，说第五琦是个"聚敛臣"，说他像杨国忠一样。对一个官员来说，这是致命的指控，相当于撕破脸皮了。

杜甫是房琯圈子里的人，他不可能不知道这层关系。所以第五琦接任严武后，杜甫心里明白，自己若在房琯的政治对手手下做事，绝对没有好果子吃，所以杜甫不愿意，也不敢去做第五琦的下属。

杜甫尽管没赴任，但他对严武的举荐是感激的。三个月后，严武再次入川接替高适，成为成都尹、剑南节度使。杜甫接到严武的邀请后，急忙返回成都。《将赴成都草堂，途中有作，先寄严郑公五首》[80] 一诗中说"生理只凭黄阁老，衰颜欲付紫金丹"，意思是我以后的生计就全凭阁老照顾了，衰老多病的身体也就有了益寿延年的丹药可以调理。对清高孤傲的杜甫来说，这也算是回报严武举荐京兆功曹这个人情吧。

将赴成都草堂，途中有作，先寄严郑公五首 [80]

其四

常苦沙崩损药栏，也从江槛落风湍。

新松恨不高千尺，恶竹应须斩万竿。

生理只凭黄阁老，衰颜欲付紫金丹。

三年奔走空皮骨，信有人间行路难。

赠王二十四侍御契四十韵 [81]

往往虽相见，飘飘愧此身。不关轻绂冕，俱是避风尘。

一别星桥夜，三移斗柄春。败亡非赤壁，奔走为黄巾。

子去何潇洒，余藏异隐沦。书成无过雁，衣故有悬鹑。

恐惧行装数，伶俜卧疾频。晓莺工逆泪，秋月解伤神。

会面嗟黧黑，含凄话苦辛。接舆还入楚，王粲不归秦。

锦里残丹灶，花溪得钓纶。消中①只自惜，晚起索谁亲？

伏柱闻周史，乘槎有汉臣。鸳鸿不易狎，龙虎未宜驯。

客则挂冠至，交非倾盖新。由来意气合，直取性情真。

浪迹同生死，无心耻贱贫。偶然存蔗芋，幸各对松筠。

粗饭依他日，穷愁怪此辰。女长裁褐稳，男大卷书匀。

潏口江如练，蚕崖雪似银。名园当翠巘，野棹没青蘋。

屡喜王侯宅，时邀江海人。追随不觉晚，款曲动弥旬。

但使芝兰秀，何须栋宇邻。山阳无俗物，郑驿正留宾。

出入并鞍马，光辉参席珍。重游先主庙，更历少城闉。

石镜通幽魄，琴台隐绛唇。送终唯粪土，结爱独荆榛。

置酒高林下，观棋积水滨。区区甘累趼，稍稍息劳筋。

---

①杜甫第一次提到患了消渴症。消中，即中消，是消渴病的一种，消中属脾胃热而名中消。中消又称脾消或脾瘅。

网聚粘圆鲫，丝繁煮细蒪。长歌敲柳瘿，小睡凭藤轮。

农月须知课，田家敢忘勤。浮生难去食，良会惜清晨。

列国兵戈暗，今王德教淳。要闻除猰貐，休作画麒麟。

洗眼看轻薄，虚怀任屈伸。莫令胶漆地，万古重雷陈。

杜甫回到成都，整葺了草堂，还嗔怪王录事不寄草堂赀："昨属愁春雨，能忘欲漏时。"他给高适也写了一首诗《奉寄高常侍》。这时候高适因抵抗吐蕃不力，皇帝用严武替代，高适则转散骑常侍。

杜甫还给一个叫王契的人写了一首长诗《赠王二十四侍御契四十韵》[81]。元结（719—772）在《别王佐卿序》中说："癸卯岁，京兆王契佐卿，年四十六……佐卿须日去西蜀。"杜甫诗中的这个王契和元结所说的王佐卿是同一个人。王契弃官后在西蜀居住，杜甫有可能在去年见过他一次，这次回成都又见面了，两人很聊得来。杜甫在诗中说自己患上了"消中"。

"消中"是中医叫法，又称中消、消瘅，以善饥多食、形体消瘦为主要症候，属于消渴病的一种。

其实中医的"消渴"比现代意义上的糖尿病范围要广，《证治汇补·消渴》说："上消者心也，多饮少食，大便如常，溺多而频；中消者脾也，善渴善饥，能食而瘦，溺赤便闭；下消者肾也，精枯髓竭，引水自救，随即溺下，稠浊如膏。"

中医认为，先天禀赋不足是引起消渴病重要的内在因素。《灵枢·五变》说："五脏皆柔弱者，善病消瘅。"其中尤以阴虚体质最容易患病。饮食不节是引发此病的第二个原因，长期喜食甜食，醇酒厚味，辛辣香燥，损伤脾胃，致脾胃运化失职，积热内蕴，化燥伤津，消谷耗液，发为消渴。长期过度的精神刺激造成的情志失调是引发此病的第三个原因，如郁怒伤肝、肝气郁结，或者劳心竭虑、忧虑过度等，以致郁久化火，火热消灼肺胃阴津而发为消渴。正如《临证指南医案·三消》说："心境愁郁，内火自燃，乃消症大病。"劳欲过度是引发此病的第四个原因，肾精亏损，虚火内生，水少火更烈，终致肾虚肺燥胃热俱现，发为消渴。

杜甫在755年初春《上韦左相二十韵》[21]诗中曾提到："长卿多病久，子夏索居频。"好多人说他此时患上了糖尿病。其实杜甫在这里用长卿、子夏自喻多病、独居、生活寂寞，那个时候他并没有患糖尿病。

长卿是司马相如（约前179—前118）的字，是中国的"赋圣"和"辞宗"。鲁迅在《汉文学史纲要》中说："武帝时文人，赋莫若司马相如，文莫若司马迁。"杜甫刚来成都时曾写过《琴台》诗，相传司马相如和卓文君在琴台相遇并为她弹琴，这个爱情故事在中国广为流传。《史记·司马相如列传》记载："相如口吃而善著书，常有消渴疾。"司马相如是史上记载的第一位糖尿病患者，在古代，"消渴症"被称作"相如病""长卿病"。

子夏是孔子的得意门生，是"孔门十哲"之一，晚年因丧子哭泣而失明，离群索居。

消
渴

203

那时候杜甫没有患糖尿病的迹象，但奇怪的是，他为什么单单拿司马相如来自喻？难道他知道自己不良的饮食习惯和肠内热等原因，以后会向这个疾病的方向发展吗？

755年的冬天，杜甫在《自京赴奉先县咏怀五百字》[24]诗中说"叹息肠内热"。中医认为肠内热是实火，通常还伴有各种各样的基础代谢过度的病症，比如面部潮红、眼赤、多食易饥、情绪不稳定、消瘦等。可以这么说，肠内热是杜甫患上糖尿病的重要原因。

756年夏，杜甫说自己记忆力减退，"记一不识十"（《送率府程录事还乡》[25]），对于一些事情十有八九记不得。当时我们分析说杜甫可能患有某种疾病，造成记忆力下降。现在看，杜甫的糖尿病和甲状旁腺功能亢进症可能引发了其神经官能症。

757 年夏，杜甫在《述怀一首》[29]中提到"郁结回我首"。郁怒伤肝，肝气郁结，或劳心竭虑，强思忧患，都会郁久化火，消灼肺胃阴津而发为消渴。当时我们推断，杜甫以后患糖尿病的概率非常大。

758 年春，杜甫出现昏昏沉沉、全身乏力、嗜睡、头晕等症状，"头白昏昏只醉眠"（《因许八寄江宁旻上人》[32]）。这些症状与 761 年以后他自述的"疏懒"（《西郊》[60]）是相同原因造成的。除了心理原因外，还有肝肾虚弱、脾胃虚弱、肝阳上亢、心气不足、心肾不交等原因。这些都是糖尿病的常见症状。

759 年冬天，杜甫从同谷赴成都的路上，"目眩陨杂花，头风吹过雨"（《龙门阁》[52]）。这时候不排除他已经患上糖尿病而不知，因为头晕目眩也是糖尿病患者一个常有的表现。

761 年深秋，杜甫说自己失眠好多年了，"自经丧乱少睡眠"（《茅屋为秋风所破歌》[64]）。当时我们推断，糖尿病容易造成神经衰弱，引发失眠。

通过梳理杜甫前期自述的症状和疾病出现的预兆，我们发现，杜甫的糖尿病也许比他自己说的时间要提前，或者说，他在 755 年左右就属于糖尿病的高危人群。

杜甫五脏皆弱，尤其是肝肾阴虚，肺气不足，肝气郁结；饮食又没有节制，喜欢食甜，脾胃积热不化；长期处于压抑、焦虑、惊惧、过度奔劳的状态，并且肾精亏损严重，阴虚生热，最终导致糖尿病的发生。

杜甫前后共有十多首诗提到他的糖尿病。"触热生病根"（《贻华阳柳少府》[99]），这是杜甫写病因病理，与中医认为肺胃燥热引起消渴症的认识一致；"肺枯渴太甚"（《同元使君春陵行》[118]），"病渴三更回白首"（《示獠奴阿段》[97]），"闭目逾十旬，大江不止渴"（《七月三日亭午已后，较热退，晚加小凉，稳睡有诗，因论壮年乐事，戏呈元二十一曹长》），"消中内相毒"（《客堂》[96]），"内热比何如"（《寄李十四员外布十二韵》，这些自述突出了消渴病的症状是口渴和内热烦躁；"病渴身何在，春生力更无"（《过南岳入洞庭湖》[141]），这一症状与糖尿病患者的困倦、乏力等表现相符；"久病多加饭"（《雨四首》[127]），这与糖尿病人易饥易食的症状有关；"蔗浆归厨金碗冻，洗涤烦热足以宁君躯"（《入奏行》），表明他因烦热便大量饮用蔗浆，以为能去燥热，却加重了脾胃的内火；"消中日伏枕，卧久尘及屦。……针灸阻朋曹，糠籺对童孺"（《雨》[116]），杜甫在这里食用荞麦、麸皮等含有丰富膳食纤维的粗粮，因这些粗粮能改善大便秘结，同时也有降血糖、降胆固醇等作用，对糖尿病有一定的好处。

766年，杜甫在夔州时"临餐吐更食"（《遣怀》），证明杜甫开始出现恶心、呕吐，可能是出现了糖尿病性胃轻瘫，这也是一种糖尿病的植物神经病变，往往在进食之后出现恶心、呕吐的情况。

有人在研究中说杜甫出现恶心、呕吐症状，又在其诗中得到杜甫身上有一股婴儿的奶味和馊味，便认为这是糖尿病酮症酸中毒。这个说法是站不住脚的，因为糖尿病酮症酸中毒是一种严重的代谢紊乱综合征，是一种急性并发症，容易导致恶心、呕吐，伴有腹胀、腹痛，呼吸深并且慢，但发病后很快就休克，不省人事。就是放在现在，这种并发症不及时抢救，也是很危险的。更何况在一千多年前，杜甫的糖尿病若并发酮症酸中毒，他可能熬不过一天。

766年杜甫说"我虽消渴甚"（《别蔡十四著作》[95]），767年冬天他说"长卿消渴再"（《送高司直寻封阆州》[131]），这都是杜甫自述糖尿病病情发展得很快。767年处暑，杜甫说"令儿快搔背，脱我头上簪"（《阻雨不得归瀼西甘林》），其实也是描述他的糖尿病症状。由于过高的葡萄糖会刺激神经末梢，从而引起皮肤瘙痒；当糖尿病并发肾功能不全时，肾脏排出尿素的能力减弱，过多的尿素会从汗腺排出，刺激皮肤引起瘙痒。其实，尿毒症、胆汁性肝硬化、糖尿病等都有可能出现伴发或者首发瘙痒症状。

现代医学证明，消渴是由多种病因引起的以高血糖为特征的终身性代谢性疾病。据世界卫生组织统计，糖尿病并发症高达一百多种，是目前已知并发症最多的一种疾病，能引发心肌梗死、高血压、白内障、视网膜血管病变、失聪、失明、糖尿病肾病、糖尿病足、神经病变、感染等。杜甫后来出现的脑梗、偏枯、眼病、耳聋等都与糖尿病有很大的关系。

坐痹

杜甫的《扬旗》诗题下有注："二年夏六月，成都尹郑公置酒公堂，观骑士试新旗帜。"这说明杜甫在 764 年六月已经入职严武幕府。

由于严武的奏请，765 年朝廷授予杜甫检校工部员外郎 的官职，这也是后人称杜甫为"杜工部"的原因。这肯定也是严武为杜甫量身定制的差事，是一个从六品上阶的职位，可以穿绿色的官袍。但杜甫被准许穿绯色的官袍，佩银鱼袋，这是五品官员的政治待遇，可能是因为杜甫在这个秋天对吐蕃的战事有所贡献，严武本人则因为这次胜利被加封为郑国公。

杜甫现存的一篇文章《东西两川说》，可能就是在这个时期写的。他在文中分析了以前的军事失利（指高适镇蜀期间对吐蕃用兵失败），不仅仅是军事上的原因，更多的是政治和经济上的原因。他说原因在于官员的贪腐，

---

① 唐代在给地方任职的官员授予中枢官衔时，在职位前加上"试""兼""检校"，最常见的如"试校书郎""兼御史中丞""检校员外郎"。这些职务在朝廷的正式公文和官员的升迁交流中都是被认可的，但不发工资。这些官员通常另有职务，如杜甫的"节度参谋"、杜济的"行军司马"，都是领薪水的。

军队的粮食供应不足。他建议更好地对待和利用当地羌族土著头领。他还提出增加农业垦荒力度，采取措施来减轻富人对穷苦人的剥削和压榨等。

　　杜甫现在的心情不错。两只黄鹂在翠绿的柳枝上婉转地歌唱，一行白鹭冲向蔚蓝的天空。他坐在窗前，望着西岭上堆积的终年不化的积雪，门前停泊的这些船只可能来自万里之外的东吴。（《绝句四首》[82]）

绝句四首 [82]

其三

两个黄鹂鸣翠柳，一行白鹭上青天。

窗含西岭千秋雪，门泊东吴万里船。

其四

药条药甲润青青，色过棕亭入草亭。

苗满空山惭取誉，根居隙地怯成形。

遣闷奉呈严公二十韵 [83]

白水鱼竿客，清秋鹤发翁。胡为来幕下？只合在舟中。

黄卷真如律，青袍也自公。老妻忧坐痹[①]，幼女问头风[②]。

平地专欹倒，分曹失异同。礼甘衰力就，义忝上官通。

畴昔论诗早，光辉仗钺雄。宽容存性拙，剪拂念途穷。

露裛思藤架，烟霏想桂丛。信然龟触网，直作鸟窥笼。

西岭纡村北，南江绕舍东。竹皮寒旧翠，椒实雨新红。

---

①坐痹，《素问·痹论》："风寒湿三气杂至，合而为痹也。"本病外由风寒湿邪留于关节经络，内因气血不足，气血痹阻不通，筋脉关节失于滋养所致；若深入脏腑，则发为脏腑痹。
②头风病，是一种以慢性阵发性头痛为主要临床表现的疾病，该病病程较长、缠绵难愈、易于复发。此病在古代医著中常与头痛并列提出，相当于现代医学的紧张性头痛、偏头痛等原发性头痛。

浪簸船应坼，杯干瓮即空。藩篱生野径，斤斧任樵童。

束缚酬知己，蹉跎效小忠。周防期稍稍，太简遂匆匆。

晓入朱扉启，昏归画角终。不成寻别业，未敢息微躬。

乌鹊愁银汉，驽骀怕锦幪。会希全物色，时放倚梧桐。

杜甫的工作性质可能需要他住在成都城里，待在办公场所。他在幕府期间作的好几首诗都透露出悲观和哀伤的情绪，像"已忍伶俜十年事，强移栖息一枝安"（《宿府》），"晚将末契托年少，当面输心背面笑"（《莫相疑行》[90]）。

按说，杜甫的官职解决了，一家人吃饭问题也不愁，还有严武照顾，那么他不开心的原因到底是什么？我们从杜甫的性格上可以找到一些原因：杜甫的性格偏执，他的诗中就有一些痕迹。史料中也有记载，说杜甫"性偏躁，无器度，恃恩放恣"，"甫旷放不自检，好论天下大事，高而不切"。

文人的智商都低不到哪儿去，在官场里摸爬滚打的时间长了，虽不一定官运亨通，但游刃有余应是没问题的。可是杜甫好像做不到这一点，他收敛不住，好发表意见。其实别人都是看透不说透，揣着明白装糊涂，但杜甫不会这样子。他并非恃才傲物，只是性格决定了他的命运，细节决定了他的成败。

我们在剖析杜甫到底出了什么问题时，正好查询到一段资料，原来杜甫的不愉快，还是因为孙子杜济。万曼的《读杜札记》[①]里有一段话，说"和老杜不能合作的，便是老杜的从孙杜济。"他是根据颜真卿[②]为杜济所作的墓志铭得出的结论："严武再入蜀，便是和杜济一路由长安同来，

坐瘿

---

① 万曼著《万曼文集》，河南大学出版社，2007年版，652。
② 颜真卿（709—784），唐朝名臣、书法家，琅琊（今山东临沂市）人，出生于京兆万年（今西安市）。颜真卿与杜济是连襟，二人的妻子都是韦迪的女儿。

杜济是行军司马，杜甫是节度参谋。所以杜甫从一入武幕，便感到不甚如意。"颜真卿在杜济的墓志铭中写道："（杜济）广德中，检校驾部郎中、上柱国，充严武剑南行军司马。"

764年秋天，杜甫作《遣闷奉呈严公二十韵》[83]，表达了想回浣花溪草堂的意思。严武可能答应了杜甫的要求，让他回草堂休息一段时间。离开之前，严武请杜甫喝了几次酒，杜甫咏了严府阶下的新松和竹，陪严武去摩诃池泛舟，一块逛了成都北面的万岁池，还去幕府公堂观赏了藏画。从拈题分韵来看，他们在一起是聚会喝酒的，这也从侧面反映了两人的关系很密切。

杜甫在诗中提到了"坐痹""头风"两种病症。从妻子和女儿的问询来看，这两种病不是现在患上的，是早就存在的。"坐痹"泛指下肢麻痹，"头风"就是指神经性头痛、偏头痛。

在中医中，当人的肌表经络遭受外邪侵袭后，气血不能畅通，从而引发的筋骨、关节、肌肉等疼痛、酸楚、麻木、屈伸不利一类疾病，统称为痹症。《素问·痹论》曰："风寒湿三气杂至，合而为痹也。其风气胜者为行痹，寒气胜者为痛痹，湿气胜者为着痹也。"这种痹症跟现代医学的痛风、风湿性关节炎、类风湿关节炎、老年退行性骨关节病等相同，主要是侵犯了关节和腱鞘，近侧的指（趾）间关节最常发病，再就是掌指（趾）、腕、肘、膝、踝、肩和髋关节等部位，有时候也累及皮肤、眼睛、血管、心脏等器官。

痹症分类中有行痹、痛痹、着痹、热痹等。行痹也叫风痹，最大的特点是风性善行、流窜不定，痛点游走不定，类似现代的痛风；痛痹则是关节冷痛，疼痛剧烈，痛有固定的地方，最大的特点是遇到暖热则疼痛减轻，类似现代的风湿性关节炎、强直性脊柱炎等；着痹也叫湿痹、肌痹，症状是关节酸痛并伴有麻木、屈伸不利，痛点固定，饮食减少或者感到无味，类似现代的类风湿关节炎；热痹也叫脉痹，表现为关节疼痛，痛处有明显的灼热感，伴有红肿，痛不可触，得冷就能舒服一点，最大的特点是能累及循环系统；热痹也可以说是其他痹症的急性发作期。

杜甫所说的"坐痹"，据猜测可能是"着痹"的音误，或者说唐初以前就叫"坐痹"，后人整理古籍时出现笔误。从杜甫的诗里可以读到，他所描述的症状跟"着痹"是一致的。他在《宗武生日》[72]中说"欹斜坐不成"，就是说身体不能屈伸，不能端坐在椅子上；在《遣闷奉呈严公二十韵》[83]中说"平地专欹倒"，那就是腰和膝关节麻木，不能久坐，张潜注释为"时盖坐痹湿病"；在《正月三日归溪上有作，简院内诸公》[87]中说"书从稚子擎"，看书需要小儿擎着，说明上肢关节也不能伸缩；在《客居》[94]中说"卧愁病脚废，徐步视小园"，说明下肢关节特别脚趾关节也开始疼痛……

《症因脉治》卷三载："湿痹之证，或一处麻痹不仁，或四肢手足不举，或半身不能转侧，或湿变为热，热变为燥，收引拘挛作痛，蜷缩难伸，名曰着痹，此湿痹之证也。"

坐痹

中医在临床上又把痹症分为寒凝痹阻证、风寒痹阻证、寒湿痹阻证、风寒湿痹阻证、痰瘀痹阻证、肝肾阴虚证、肝肾阳虚证七类。仔细分析，杜甫的痹症很难归类，非要归类的话，更符合肝肾阴虚的特征。晚年的杜甫除了形体消瘦外，四肢麻木、筋脉拘急、屈伸不利、腰膝酸软、下肢无力等肢体上的表现明显。另外，其五心烦热、自汗盗汗、头昏耳鸣、视物模糊、失眠多梦、毛发和牙齿脱落等，正是肝肾两虚证的其他表现。

总的来说，中医认为由于精血不足、筋脉失养，一旦有风、寒、湿邪乘虚侵入人体，使气血流行不畅，痹阻关节，就会发为痹症。《济生方》载："皆因体虚，腠理空疏，受风寒湿气而病也。"

有些医家提出治痹症首先要调脾，在祛风除湿、活血化瘀的同时，应该加强脾的运化功能。

《黄帝内经》说："脾主运化，统血，主肌肉四肢。"脾是人的"后天之本"，人的气血、津液的生成和脏腑功能的运转，都有赖于脾的运化功能。脾的功能减弱，必然导致气血运化障碍，气虚推血无力，更进一步加重血液在关节等部位的瘀滞。

李东垣是金元时期著名的医学家，是中医"脾胃学说"的创始人，他十分强调脾胃在人体中的重要作用。因为在五行当中，脾胃属于中央土。他在《脾胃论》中指出："内伤脾胃，百病由生。"现代医学的研究也表明，脾虚会造成细胞免疫、体液免疫、非特异性免疫低下及免疫调节机制紊乱等问题。

但是现在治疗痹症的用药，不管是抗菌的西药还是祛风湿的藤类、虫类中药，都属寒性，长期使用会对脾胃造成损伤，影响气血流通，使炎症不易祛除，这可能是这些药物治疗湿痹效果差的原因之一。

疟痍

还记得 745 年的夏天吗？杜甫去济南看望好朋友李之芳，和北海太守李邕吃过一次饭，后来杜甫又到临邑看望了当主簿的弟弟杜颖。我们猜测，父亲杜闲去世后，杜甫把荫补的机会让给了同父异母的弟弟杜颖。

现在杜颖到齐州任职了，借此机会来成都看望哥哥，杜甫送他回去的时候写了《送舍弟颖赴齐州三首》[84]。诗中说"绝域惟高枕，清风独杖藜"，现在看杜甫行路离不了拐杖，睡觉依然离不开高枕。

这个时期杜甫在诗中密集地用到"高枕"一词。762 年秋，他在梓州作《客夜》[73]："卷帘残月影，高枕远江声。"764 年秋，在成都幕府作《立秋雨院中有作》："解衣开北户，高枕对南楼。"766 年秋，在夔州西阁作《返照》[105]："衰年肺病唯高枕，绝塞愁时早闭门。"767 年秋，在夔州作《戏作俳谐体遣闷二首》[128]："是非何处定，高枕笑浮生。"768 年正月，作《太岁日》[134]："散地逾高枕，生涯脱要津。"768 年夏，在江陵作《水宿遣兴奉呈群公》[136]："高枕翻星月，严城叠鼓鼙。"

杜甫一生中在诗中提到的急性和慢性病症有三十多种。每当发病时或者感觉非常难受时，不管是写景、送别还是论国事，他都会把病症、病因或应对措施写在诗中。肺病和糖尿病是他提及最多的两种病。关于肺病，他用过肺气、患气、肺疾、病肺、瘵、肺痿等名称，更是频繁地提到"高枕"。高枕不是疾病的名称，而是对付呼吸困难的一种手段，睡觉时采取垫高枕头或者半倚半躺的状态，可以使呼吸顺畅一些。

754 年杜甫第一次提到"高枕"（《重过何氏五首·其一》[18]），我们推测杜甫可能由慢性支气管炎并发为肺气肿，进而发展成肺心病。

现在杜甫表现出来一些症状，像咳嗽、咳痰、气促、气短、心悸和乏力，有时候会出现头晕、头痛、烦躁不安等。杜甫后期的诗中还提到食欲下降、腹胀、恶心、呕吐等症状，并且脚和下肢部位也出现了浮肿。随着病情的发展，他也出现了记忆力减退、嗜睡、昏沉，甚至出现了言语增多、幻觉、妄想等精神症状。这些病症，不是单一的疾病造成的，有可能是糖尿病、类风湿、肺心病、甲状旁腺功能亢进症等疾病引发的一系列症状。

但是目前杜甫的肺心病仍处于心肺功能代偿期。他在唐诫赴东都洛阳的时候，顺便给贾至也写了首诗。这一年贾至转礼部侍郎，负责东都的举人推荐。杜甫告诉他，说自己"衰老强高歌""病肺卧江沱"。

送舍弟颖赴齐州三首 [84]

岷岭南蛮北，徐关东海西。此行何日到，送汝万行啼。
绝域惟高枕，清风独杖藜。危时暂相见，衰白意都迷。

别唐十五诫，因寄礼部贾侍郎 [85]

九载一相逢，百年能几何？复为万里别，送子山之阿。
白鹤久同林，潜鱼本同河。未知栖集期，衰老强高歌。

歌罢两凄恻，六龙忽蹉跎。相视发皓白，况难驻羲和。

胡星坠燕地，汉将仍横戈。萧条四海内，人少豺虎多。

少人慎莫投，多虎信所过。饥有易子食，兽犹畏虞罗。

子负经济才，天门郁嵯峨。飘飘适东周，来往若崩波。

南宫吾故人，白马金盘陀。雄笔映千古，见贤心靡他。

念子善师事，岁寒守旧柯。为吾谢贾公，病肺卧江沱。

764 年还有几件事影响着杜甫的情绪，或者说对他打击很大，那就是他的几个老朋友相继辞世。郑虔、苏源明是杜甫的酒友，在这一年先后去世，离他们在一起喝酒玩耍的日子已经过去十年。754 年杜甫曾在《戏简郑广文兼呈苏司业》诗中戏曰："赖有苏司业，时时与酒钱。"

杜甫的邻居斛斯融，就是他在诗中称为"吾酒徒"的酒友，刚被授了个九品小官，也在这一年去世了。妻子改嫁"寄他食"，空空的房子里只有灵帐在风中飘曳。

杜甫没有想到的是，就在郑虔、苏源明去世的第二年，他的两位好朋友也相继去世，那就是严武和高适。

王维去世和李白去世，杜甫是怎么悼念的呢？他在 758 年给王维（701？—761）写过一首《奉赠王中允维》，那时候王维被贼军俘获送到洛阳，被授伪职，王维就吃药拉肚子，说是得了喑疾。安禄山很敬重王维，把他拘在普施寺①。长安收复后，他的弟弟王缙请求削去自己刑部侍郎的职务来赎哥哥的罪过，肃宗宥之，责授太子中允，也是正五品的官阶。那时候杜甫也恢复了左拾遗的职务，尽管两人同朝为官，但在王维眼里，杜甫的八品小官不值一提。再就是王维信佛，行事风格相对低调，所以两人没

---

① 参见《旧唐书·王维传》："维服药取痢，伪称喑病。禄山素怜之，遣人迎置洛阳，拘于普施寺，迫以伪署。"喑病指嗓子哑，不能发声，即失音。

有过深的交往。

761 年王维病亡。那时候王维已经是尚书右丞，杜甫不可能不知道，但一直到 767 年秋天，杜甫在夔州时作《解闷十二首》，其中第八首写到王维，短短的二十八个字表达了他对王维的印象，有点盖棺论定的味道。杜甫还在诗末注说王维的弟弟是现在的相国王缙。在解闷诗中，杜甫遣词幽晦、用心含蓄，这里用的不是"怀"，不是"哭"，也不是"殇"，而是"解闷"。对于杜甫的朋友圈来说，里面有些东西很值得玩味儿。

761 年杜甫在草堂时作《不见》："不见李生久，佯狂真可哀。世人皆欲杀，吾意独怜才。敏捷诗千首，飘零酒一杯。匡山读书处，头白好归来。"题注："近无李白消息。"匡山是李白少年时读书的地方。杜甫当时不知道李白已经遇赦，还在担心李白的安危，盼着李白能在老的时候回归故土。李白于 762 年在当涂病逝。766 年冬天，杜甫在夔州时作《忆昔》《遣怀》两首，就是追忆当年与高适、李白一起登台高歌、意气风发的岁月，这时候距李白去世已经四年整。

有人拿杜甫对朋友去世的凭吊怀念方式，来说明杜甫与李白之间后期肯定产生了重大的隔膜，甚至发生龃龉，有这种可能吗？

763 年八月，房琯在阆州病逝，杜甫前去凭吊并写了祭文。杜甫离开阆州时又去了"别房太尉墓"。后来在云安，适房琯迁葬过此，杜甫作《承闻故房相公灵榇，自阆州启殡归葬东都，有作二首》，在夔江边哭了一场。764 年，郑虔和苏源明几乎同时去世，分别在台州和长安，远在千里之遥的杜甫写《哭台州郑司户苏少监》[86] 和《怀旧》悼念。765 年正月，高适逝于长安，杜甫写《闻高常侍亡》，很是悲伤。同年四月严武死于成都，杜甫写《哭严仆射归榇》，后面在《八哀诗》中对严武、苏源明、郑虔等友人深情相挽。768 年秋，杜甫在江陵漂泊时写《哭李常侍峄》，移居公安时写《哭李尚书》。769 年夏，杜甫在衡阳写《哭韦大夫之晋》……

上面罗列出杜甫晚年悼念过的友人，从诗中看不出杜甫与李白有什么重大隔阂。杜甫其实也是个普通人，他对于朋友有自己的疏近原则。

房琯可以说是把杜甫带进政治仕途的第一人，算是杜甫的恩师，杜甫再怎么悼念他也不为过。严武尽管是高官，但是真心对杜甫，始终把杜甫当成亲密伙伴来对待，能帮上忙时毫不含糊、不讲条件，所以杜甫对他的知遇之恩是发自内心感激的。

郑虔和苏源明在长安时，和杜甫坐在一个酒桌上。三人脾气相投，当时都不如意，没有利益瓜葛，也没有互相利用，有的只是胡侃闲聊，这种友谊是一辈子的情分。

李之芳是杜甫少年时的好友，韦之晋是杜甫弱冠之年游晋时结交的朋友，李峄是杜甫任左拾遗时一块入籍的同事，这三种关系分别像我们现代的发小、战友、一块进单位的同事一样，真正交好的可能没几个，但能相处好了，就是纯真的友情。

高适和李白是杜甫游玩途中结识的朋友，都有文采，但几人性格差异太大：李白恃才放荡，杜甫很羡慕他也尊敬他，但李白像一只鸟儿忽东忽西，也不把杜甫的情谊看得太重。高适在官场上很谨慎，他在不违背原则的情况下，可以照顾朋友；但影响到仕途的事儿，即便是朋友所托，他也不会去做的。

王维只是杜甫的一个老大哥或者前辈，官职比杜甫高得多。他们的交往只是处于官场规则，没有太深厚的情谊。

从杜甫给这些朋友的悼念诗我们可以发现，他在为人或待友上是有自己的原则的。他心里分得很清楚，谁是真正的朋友，谁是过往的烟云。就拿那个梓州的章刺史来说，他对杜甫很好，并且在钱财上对杜甫也有帮助，天天拉杜甫去喝酒，甚至还经常带杜甫出入有歌妓的娱乐场合。但是严武要杀章刺史的时候，杜甫连句求情的话也没替章刺史说，他心里有自己的底线。

哭台州郑司户苏少监 [86]

故旧谁怜我，平生郑与苏。存亡不重见，丧乱独前途。

豪俊何人在？文章扫地无。羁游万里阔，凶问一年俱。

白首中原上，清秋大海隅。夜台当北斗，泉路着东吴。

得罪台州去，时危弃硕儒。移官蓬阁后，谷贵没潜夫。

流恸嗟何及，衔冤有是夫！道消诗兴废，心息酒为徒。

许与才虽薄，追随迹未拘。班扬名甚盛，嵇阮逸相须。

会取君臣合，宁铨品命殊？贤良不必展，廊庙偶然趋。

胜决风尘际，功安造化炉。从容询旧学，惨淡闷阴符。

摆落嫌疑久，哀伤志力输。俗依绵谷异，客对雪山孤。

童稚思诸子，交朋列友于。情乖清酒送，望绝抚坟呼。

疟痢餐巴水，疮痍老蜀都。飘零迷哭处，天地日榛芜。

　　再回到杜甫悼念郑虔和苏源明的诗中。他在诗中说："疟痢餐巴水，疮痍老蜀都。"杜甫于 757 年记述自己患有疟疾，于 759 年说自己患疟疾已经三年。当年好朋友张彪给杜甫介绍了一个治疗方，据推测是《肘后备急方》中的青蒿治疟法。

　　有一些研究者说，杜甫认为自己得疟疾是因为"餐巴水"，并进而推断说"这与今天我们认为这种传染病与感染疟原虫，与某些地区特发的认识是基本一致的"，这样解释有点牵强附会。其实，杜甫诗中表达的意思应该是，自己患上疟疾在绵州、阆州等巴水一带飘零，得了疮痍病将会在成都这儿老去。

　　疮痍一般解释为创伤，也比喻遭受灾祸后凋敝的景象。但杜甫在这里用"疮痍"一词，主要是自述了一种病症。

疮痍最早出自《汉书·淮南厉王刘长传》："高帝蒙霜露，沫风雨，赴矢石，野战攻城，身被疮痍。"疮痍在这里解释为创伤。疮痍也被用作疮疡，南宋洪迈（1123—1202）著的《夷坚丙志·庐州诗》说："张侯及内子，遍体生疮痍。爬搔疼彻骨，脱衣痛粘皮。"清代学者俞樾（1821—1907）在《春在堂随笔·附》中说："见一老僧，头面疮痍，身体脓血。"

杜甫在这里写到的"疮痍"应该是一种急性眼科病，也叫风赤疮痍。风赤疮痍就是眼睑红肿疼痛，有丘疹、水疱、脓疮、溃烂等症状，多为单眼发病，发病急、快，会出现眼皮刺痒或灼痛，有怕光流泪的现象，开始的时候会发热、头痛等，严重的时候会出现高烧、恶心、呕吐，类似眼科病中的眼睑皮肤炎、眼部带状疱疹等病。

有学者通过分析敦煌石室遗书，归纳出唐五代时期威胁人们健康的主要疾病，包括疟疾、天行病、卒病、肿病、赤白病、患腹、血痢、风黄病、水痢、赤眼等[①]。

疮痍

219

杜甫在这里用到"疮痍"一词，并不是指身上流脓血的疮疡，也不是指凋零，而是指跟天行病、赤眼相类似的急性眼病，这与诗的后句"飘零迷哭处"也能相互印证。这种急性眼病，是因为脾胃湿热蕴积，外受风热毒邪，内夹心火，上攻胞睑所致。

① 于赓哲《〈新菩萨经〉〈劝善经〉背后的疾病恐慌——试论唐五代主要疾病种类》，《南开学报（哲学社会科学版）》，2006 年第 5 期。

制
药

  杜甫送走来探望他的弟弟杜颖后，休息了一段时间，应该继续到幕府上班。直到 765 年，他作《正月三日归溪上有作，简院内诸公》[87]，算是向幕府的同僚告别。浦起龙注："自是辞幕府归草堂矣。"诗中说："药许邻人劚，书从稚子擎。"黄鹤曰："种药本以济世，故许邻人劚收；书本以教人，故从稚子擎。公之志趣如此。"

  "书从稚子擎"，是说杜甫的手臂不能屈伸自如，不能端起书卷，只好让孩子擎着。杜甫晚年作"此身飘泊苦西东，右臂偏枯半耳聋"（《清明二首·其二》[143]），也佐证了此时他的上肢出现了问题。

  是杜甫的痹症影响到胳膊的屈伸吗？杜甫应该是于 767 年冬天中风的，768 年的清明，他说自己"右臂偏枯"。偏枯在中医里是指中风，中风的患者上肢部位的活动受到明显的限制，还经常伴有肩关节的疼痛。现在才是765 年的正月，杜甫的手臂功能障碍应该是湿痹症造成的，与偏枯还扯不上关系。那么，痹症与偏瘫到底有没有关系？我们将在后面专门探究。

正月三日归溪上有作，简院内诸公 [87]

野外堂依竹，篱边水向城。蚁浮仍腊味，鸥泛已春声。

药许邻人劚，书从稚子擎。白头趋幕府，深觉负平生。

绝句三首 [88]
其二

水槛温江口，茅堂石笋西。移船先主庙，洗药浣花溪。

整个春天，杜甫都是在草堂度过的。他给严武写过一首诗《弊庐遣兴奉寄严公》，邀请他有时间过来饮酒论诗，严武应该没来。剩下的时间，他除了写诗，就是种药、采药、洗药、喝酒……在江村过着比较悠闲的日子。

俗话说"久病成良医"，用在杜甫身上也是十分恰当的。他不但自己种药，也上山采药。他在《绝句三首·其二》[88]中说"洗药浣花溪"，这里的"洗药"是中药炮制前的一个必要的操作工序。在古代，果实类、草本类药材一般不用清洗，只有去深山里采挖的药，或者地下块茎类的药材才需要清洗干净。

杜甫采药有很长时间了，他在长安时就和好友郑虔一起鉴别从西域来的"戎王子"："万里戎王子，何年别月支？"（《陪郑广文游何将军山林十首》[13]）戎王子就是独活，也叫胡王使者，主治风寒湿痹，药性也很对杜甫的痹症。在集贤院待制时，他写过《奉留赠集贤院崔于二学士》[14]，给他们说"故山多药物，胜概忆桃源"，意思是你们再不给我分配工作，我就要回老家采药去了。

759 年十月，杜甫从华州弃官流寓秦州，后又到同谷。其诗"长镵长镵白木柄，我生托子以为命。黄精无苗山雪盛，短衣数挽不掩胫"（《乾元中寓居同谷县作歌七首》[51]）说，他和儿子穿着不遮体的短衣上山采药，大雪封山，黄精无苗，最后空手而归。杜甫应该是为了充饥才上山采黄精。有学者批注："此处黄精又曰黄独，状如芋子，肉白皮黄，蔓延生，叶似萝摩，梁汉人蒸食之，江东谓之土芋。"蔡梦弼引别注云："黄独，岁饥土人掘以充粮，根惟一颗而色黄，故谓之黄独。"

黄精与黄独是两种植物，在甘肃地区均有生长。黄精属百合科，黄独属薯蓣科。黄精的块茎是圆柱状的，由于结节膨大，节间一头粗一头细，是黄色；而黄独的根茎是球形，并且逐年增大才变成圆柱形，外皮呈棕黑色。黄精的根状茎形状像山芋，山区老百姓常把它当作蔬菜食用；而黄独也可以食用，但服用过量，能引起口、舌、喉等处烧灼痛，会出现恶心、呕吐、腹泻、腹痛、瞳孔缩小等症状，严重的会出现昏迷、呼吸困难，甚至引起心脏停搏致死亡。

从另一个特征来看，黄精的草本在冬天枯萎，被雪覆盖后找不到；而黄独是藤本，冬天顺着长长的枝条能找得到。综合来看，杜甫采的是黄精，而不是黄独。

别人都知道杜甫懂药，也采药，所以在他被贬华州时，就有个杨员外托他往京城捎华山的茯苓。杜甫说"寄语杨员外，山寒少茯苓"，这也说明杨员外要的是杜甫自己采制的茯苓，而不是从药铺里买的干茯苓，长安的药铺里干茯苓什么时候也有卖的。

766 年杜甫在夔州作《写怀二首》[130]："编蓬石城东，采药山北谷。"当时瀼西、东屯都在城东，杜甫经常去山北谷采药，也有可能他在那边也开了一片药圃。杜甫采药一是用来医治自身的疾病；二是通过卖药增加收入，养家糊口。这个时期杜甫可能在筹集出峡的路费。

杜甫在诗中写到病或者药，因为熟知病名病因、药性药理，甚至药材的特殊形状，所以总能融会贯通、信手拈来。不懂中医和中药常识，读诗者便很难体会到杜甫这些诗中的韵味。

"采药吾将老，儿童未遣闻""晒药能无妇，应门幸有儿"（《秦州杂诗二十首》[41]），和贾岛（779—843）写的"松下问童子，言师采药去"几乎是同一个情景。杜甫除了自己采药，还和妻子一起晒药，对药材进行初加工。

杜甫对中药材的炮制方法也十分精通，在秦州时他在给高适、岑参写的诗中说："乌麻蒸续晒，丹橘露应尝……竹斋烧药灶，花屿读书床。"杜甫的药器、药灶一应俱全，并且对制作工艺也了如指掌。孙思邈《千金要方》中记载："乌麻九蒸九晒，研末，枣膏丸，服之。"有些学者在研究论文时说，孙思邈是从杜甫这儿知道的乌麻蒸晒，才总结出黑芝麻的九蒸九晒法。这说法有点离谱。

孙思邈去世大都认定在682年，但出生却有581年、560年、557年、541年、515年五个争议的年份。即便按他死亡的年份算，他也比杜甫出生早三十年。应该说，关于黑芝麻的炮制方法，杜甫是从《千金要方》中得来的。

乌麻就是黑芝麻，具有补肝肾、润五脏、益气力、长肌肉、填脑髓的作用。九蒸九晒的制法简称"九制"，很多古籍都有记载：蒸时为水，晒时为火，九次水火交融后，补而不腻，行而不滞，缓而不峻，交通阴阳，久服弥佳。其实在中药炮制中，不光黑芝麻，首乌、黄精等药材也通行这种制法。关于黑芝麻的"九制"之法，南朝时的陶弘景、东晋时的葛洪等也都记载过。

清洗、晾晒、炮制完的药材，杜甫都要一一写上标签，便于以后辨认和使用，关于这点有诗为证："傍架齐书帙，看题检药囊。"（《西郊》[60]）

在夔州时，杜甫打发童仆天不亮就去采摘苍耳，有诗《驱竖子摘苍耳》[101]为证："卷耳况疗风，童儿且时摘。"回来洗剥干净，"放筐亭午际，洗剥相蒙幂"。有趣的是，由于熟知药性、药理，杜甫还是个食疗高手，"加点瓜薤闲，依稀橘奴迹"。他将洗剥好的苍耳与瓜蒌、薤白一起煮食服用，既可以充饥，又能治疗湿痹症，可谓一举两得。

"瓜"指的是瓜蒌，果实、果皮、果仁、根茎都是上好的中药材，其功能是清热涤痰、宽胸散结、润燥滑肠，主治的正是杜甫患的肺热咳嗽、肺痈等疾病。"薤"指的是薤白，地上的部分很像韭菜，可作菜品；根是白色的，药食同用。李时珍说："其根煮食、糟藏、醋浸皆宜。"薤白治寒痰阻滞、胸阳不振所导致的胸痹症很有效，常与瓜蒌、半夏、枳实等配伍，如瓜蒌薤白白酒汤、瓜蒌薤白半夏汤等（《金匮要略》）；若治痰瘀胸痹，则可与丹参、川芎、瓜蒌皮等同用。元代农学家王祯、医圣张仲景都对薤白大为推崇，用以治疗老年慢性脾胃病"关隔冷"。

杜甫在秦州的时候，记载了阮昉隐士赠送薤的事情，记述了薤的色泽、形状、味性和功效："束比青刍色，圆齐玉箸头。衰年关隔冷，味嫚并无忧。"（《秋日阮隐居致薤三十束》）[45]

汉代的《神农本草经》是中国最早的中药学著作，其中记载薤有"轻身不饥耐老"之功，性温补。可是到了宋代，药物学家苏颂在其所著《本草图经》中说："凡用葱、薤，皆去青留白，云白冷而青热也，故断赤下方取薤白同黄柏煮服之，言其性冷而解毒也。"苏颂说薤白性寒，是冷补。后人在争论孰是孰非时，主温补的一派就引用杜甫诗的最后两句来辩解。李时珍说："薤味辛气温。诸家言其温补，而苏颂《图经》独谓其冷补。按杜甫薤诗云：束比青刍色，圆齐玉箸头。衰年关隔冷，味嫚并无忧。亦言其温补，与经文相合。则冷补之说，盖不然也。"

李时珍在《本草纲目》中还有八九处引用了杜甫的诗，由此可见，杜甫的中药知识不仅丰富，而且蕴含着明确的医理。杜甫对后世中医药学的影响，已经远远超出了我们对他的了解。

杜甫到夔州后，作《催宗文树鸡栅》诗："愈风传乌鸡，秋卵方漫吃。"乌鸡有白毛乌骨、黑毛乌骨、斑毛乌骨、骨肉全乌、肉白骨乌等几类，不知道杜甫养的是哪个品种。乌鸡能补虚劳、强筋骨，对防治骨质疏松、佝偻病、贫血都有明显好处；乌鸡蛋能补气血、滋肝肾，降血脂、血糖、血压，改善骨髓造血功能。杜甫在诗中所说的"风"就是指风湿麻痹，也是杜甫在临终前说的"风疾"。

乌鸡和乌鸡蛋对杜甫的某些疾病有食疗作用，但是杜甫可能不知道，乌鸡多食能生痰助火，有皮肤病和邪气内盛的人不能食用，像他这种肠胃湿热、外感风邪又不戒酒的人应该忌食。

杜甫曾在《贻华阳柳少府》[99]中说"自非晓相访，触热生病根"，质疑自己的消渴是由肠内热引发的。消渴是由肝郁肾虚、脾胃火热引发的，在中医上脾、胃、大肠、小肠、胆、胰腺都是脾胃系统，所以杜甫的说法符合中医对于糖尿病的认识。

制药

齿落

765年四月，严武去世。当时西川行军司马杜济、都知兵马使郭英幹等人奏请郭英幹的哥哥郭英乂担任节度使。西山都知兵马使崔旰曾受严武的器重，他与军众共请大将军王崇俊为节度使。两份奏表都呈上京师，由于宰相元载的推荐，朝廷任命郭英乂担任成都尹，充西川节度使。

杜甫这时候写过一首诗《寄赠王十将军承俊》，说王将军胆识过人，拥护者众。后人认为杜甫指的"王承俊"是王崇俊之讹。杜甫与郭英乂也是旧识，杜甫曾经写过《奉送郭中丞兼太仆卿充陇右节度使三十韵》。但杜甫与郭英乂志不相合，又看不惯他的为人，所以与他没有深交。

杜甫参与这其中的权力争夺了吗？假如把《寄赠王十将军承俊》这首诗系于765年春天，那答案是肯定的。王崇俊和崔旰都是严武的亲信，是严武一手提拔起来的。严武去世后，这一派系想掌控蜀中地盘，他们串联起来奏报朝廷推荐王崇俊，是完全可以理解的。甚至可以推测，这份奏表有可能是杜甫代笔的。

郭英乂上任后不几天，就以莫须有的罪名把王崇俊杀了，然后叫崔旰来成都说道说道。崔旰没敢去，他知道自己去了脑袋就不保了，推辞说要防备吐蕃，不能返回。郭英乂一看崔旰不听调遣，心里更加来气，便下令断绝了崔旰部的军饷。

更叫人想不到的是，郭英乂还把崔旰的家眷劫持到了成都，霸占了他的姬妾。崔旰十分悲愤，只好率部进入深山。这还没完，郭英乂又以帮助崔旰打吐蕃为名，亲自领兵进入西山，准备一举消灭崔旰。郭英乂进入西山后，恰逢大雪，士兵和战马冻死很多。崔旰找准机会出兵反击，郭英乂大败，仅带着几百人狼狈逃回成都。

郭英乂镇成都后无所忌惮，大行不轨之事。成都有座旧宫，是当年玄宗李隆基避难蜀地时建的，里面供奉着玄宗铸金的真容及乘舆侍卫图画。以前的节度使来到这里，都先供拜再处理公务。郭英乂来到后，把里面的真容图画都毁掉，重新装修住了进去。这件事引起不少人的怨怒。郭英乂从来不问政事，也不问百姓疾苦，经常召集女人骑驴踢球，非常骄奢。由于郭英乂实施酷刑，好多人敢怒不敢言。

崔旰就以这个为理由，率领五千多人讨伐郭英乂，最后攻进成都，把郭英乂的家人都杀了。众叛亲离的郭英乂只身逃往普州（今四川安岳县）。最终，崔旰的好友——普州刺史韩澄截杀了郭英乂，把他的首级割下来送给崔旰。

崔旰赶尽杀绝的做法同样引起了众怒。邛州（今四川邛崃市）牙将柏茂琳、泸州（今四川泸州市）牙将杨子琳、剑州（今四川剑阁县）牙将李昌夒分别率军讨伐崔旰。一时间战火纷飞，蜀地大乱。

766年二月，唐代宗命时任宰相杜鸿渐和山南节度使张献诚共同负责平定蜀中战乱。张献诚先与崔旰打了一仗，兵败。杜鸿渐也是靠溜须拍马当上的宰相，其实他在出京城的时候就托人给崔旰送去一封密信，说这次前去平定是不得已而为之，只要你听我的吩咐就不会吃亏。崔旰也是个聪明人，在成都把杜鸿渐侍候得很舒服。杜鸿渐就向代宗奏报，崔旰是不得已才反叛，可以把节度使给崔旰干，把起兵讨伐的柏茂琳、杨子琳、李昌夔几个人分别提拔为各所在州的刺史。

这种和稀泥的做法令代宗皇帝哭笑不得，但是代宗没有更好的办法，只好采纳了杜鸿渐的建议，任命崔旰为成都尹兼西川节度行军司马，第二年又升任西川节度使，还赐他一个名字"崔宁"，从此封疆大吏崔宁就成了蜀中的"土皇帝"。

这次蜀中叛乱的处理办法，给大唐的地方割据势力开了一个不好的头。各地方势力认为只要自身有实力，朝廷也会低头，所以后面纷纷有人效仿。渐渐地，地方武装割据的局面就初现了，也就是我们在历史上学的"藩镇割据"的雏形。

上面列举的大多事情都发生在杜甫离开成都之后。杜甫在《去蜀》中说："五载客蜀郡，一年居梓州。如何关塞阻，转作潇湘游。万事已黄发①，残生随白鸥。安危大臣在，何必泪长流。"

杜甫从759年冬来到蜀中，至765年春夏之交离开，其中四年多时间住在成都，一年在梓州漂泊。他从关中来，原本想回到关中去，但因为战乱阻断了道路，他只好往潇湘方向走。有一个成语叫"黄发垂髫"，黄发就是指老年人的头发由白变黄。杜甫这辈子什么事都经历过了，剩下的日子只能像白鸥一样漂泊在江湖。

诗中的"大臣"有人说指郭子仪，有人说指严武，也有人说指郭英乂。但杜甫在这里应该不是特指某一个大臣，而是一类人，是在说反话。因为他亲身经历了这场变故，各方势力你方唱罢我登场，纷乱不休，杜甫在这里也暗喻了当时得到代宗重用的元载、鱼朝恩等人。他的意思是，

---

① 参见晋陶潜《桃花源诗并记》："男女衣着，悉如外人；黄发垂髫，并怡然自乐。"

既然有这么多"有能力"的人争着替朝廷勇挑重担，自己又何必瞎操心呢。所以杨伦的说法有一定的道理："结用反言见意，语似自宽，正隐讽大臣也。"

《春日江村五首》[89]和《莫相疑行》[90]都是杜甫离开前在成都草堂作的。有人说《莫相疑行》是杜甫针对幕府同僚的妒忌和议论，追昔抚今发出的感慨。但是这时候杜甫离开幕府快半年了，写这些诗的时候，严武可能也去世了，他不会因为这些过节而喋喋不休。他肯定遇到了新麻烦，比如和新上任的节度使郭英乂之间的矛盾。

杜甫同一时期作的《赤霄行》，能明显感觉出是他遭侮后的感叹之作。他应该不是遭同僚少年所侮，而是郭英乂。因为郭英乂任成都尹时才三十出头，郭英乂在杜甫眼里就是个毛娃娃。

春日江村五首 [89]

其三

种竹交加翠，栽桃烂熳红。经心石镜月，到面雪山风。

赤管随王命，银章付老翁。岂知牙齿落①，名玷荐贤中。

其四

扶病垂朱绂，归休步紫苔。郊扉存晚计，幕府愧群材。

燕外晴丝卷，鸥边水叶开。邻家送鱼鳖，问我数能来？

莫相疑行 [90]

男儿生无所成头皓白②，牙齿欲落真可惜。

---

① 牙齿松动，要脱落。下诗《莫相疑行》[90]直接写"牙齿欲落真可惜"，《复阴》[133]诗中说"牙齿半落左耳聋"。

② 皓白，雪白。中医认为发为血之余，又发表于肾，所以说肾其华在发。当心肾不交（失眠、神经衰弱）时，或先天禀赋不足，或思虑过度耗伤精血，或担惊受怕伤肾精时，头发都会变白。

忆献三赋蓬莱宫，自怪一日声辉赫。

集贤学士如堵墙，观我落笔中书堂。

往时文彩动人主，此日饥寒趋路旁。

晚将末契托年少，当面输心背面笑。

寄谢悠悠世上儿，不争好恶莫相疑。

杜甫在两首诗中分别写"岂知牙齿落""牙齿欲落真可惜"，表明他的牙齿松动得厉害，几乎要脱落。

早在759年，杜甫在秦州写《寄赞上人》[42]，说自己"年侵腰脚衰""宿昔齿疾瘳"，说明那个时候杜甫的牙齿开始出现毛病，到底是牙痛，还是牙龈出血，抑或是松动？

大多数牙周病发病缓慢，开始时多为牙龈炎，除偶尔刷牙出血外，并没有多少症状。牙龈炎发展到一定程度后，就成了牙周炎，会出现口腔异味，牙周反复脓肿，牙龈萎缩，牙齿松动，牙缝变大，严重的可造成牙齿脱落。

《黄帝内经》说，肾主骨，齿为骨之余。在中医看来，牙齿软且容易脱落，是肾气虚弱的表现。肾生髓，髓养骨，一般肾精充足的话，骨骼可以得到滋养；如果肾亏肾虚，牙齿自然会酸软，容易脱落。

唾液对牙齿有滋养作用，肾阴虚也使牙齿干燥，容易松动和脱落。其实这说的是一回事，唾液、汗液、精液、骨髓都属于肾精一类，肾阴虚就是说这些物质亏损不足。

牙龈萎缩也能使牙齿松动。脾主肉，脾胃虚弱不能生养肌肉，就会导致全身乏力、牙龈萎缩。

肾虚和脾胃虚是杜甫的老毛病，他的好多疾病其实都源于此。前面提到杜甫患有甲状旁腺功能亢进症，其中症状之一就是牙齿脱落。到767年冬天，杜甫的牙齿就掉了一半，他在《复阴》[133]诗中说"牙齿半落左耳聋"。

说完杜甫的牙齿脱落，我们在这里可以思考一个问题。这个问题一直困扰着历史上的杜甫研究者，即杜甫是在严武去世前离开成都的，还是在严武去世后离开的？

　　如果杜甫是在严武去世前或严武患病前离开成都的，那么他现存的这个时期的一些诗歌，包括《去蜀》里面提到的因为战乱阻塞了回关中的路，是无法解释的。因为严武镇蜀时，打击吐蕃有力，施政也开明，蜀中一直比较稳定。再就是，从杜甫后面的路线看，他是从成都经嘉州（今四川乐山）、戎州（今四川宜宾）、忠州（今重庆忠县）、渝州（今重庆），最后到达夔州（今重庆奉节）的。严武是四月去世的，杜甫到达戎州是六月份，从成都沿长江主干道到戎州三百六十公里，不可能在路上走了一个多月甚至更长才到。有人推测说，中途杜甫因病耽误了行程。这种可能性不大，因为他在这期间创作的诗并没有提到过疾病。

　　假如说杜甫是在严武去世后某个时间离开成都的，诗中提到的一些话题和说法就顺理成章了，大多数文学史家也认同杜甫是五月稍晚一些时候离开成都的。

　　那么新的问题又出现了：为什么杜甫离开成都前的诗中只字未提严武的死？有些学者说这时期杜甫悼念严武的诗稿可能在流传过程中散佚了，把解释不通的一些问题都推给诗稿丢失，真的这么巧合吗？还有的学者说杜甫与严武在后期发生了严重的摩擦，甚至仇恨，所以杜甫没有悼念严武。

　　这根本也说不过去。即便真有矛盾，按杜甫的性格来说，严武算是他的恩人，并且二人都是房琯的门下，他不至于对严武的去世无动于衷。更何况杜甫在秋天到达忠州的时候，还写了一首《哭严仆射归榇》，情真意切。诗中说严武去世使三峡无色，蜀人会永铭他的恩惠。杜甫在766年秋天又作《赠左仆射郑国公严公武》，对严武追思悼念并高度评价："公来雪山重，公去雪山轻。"

那么真相到底是什么？在这里我们可以做一个大胆的推测，供大家辩论参考。因为不解开这个谜，好多问题无法解释。

765 年正月，杜甫从幕府辞职返回草堂，严武在四月病重后很快去世，以崔旰为首的严武派系的人准备推荐大将军王崇俊接任节度使。王崇俊和崔旰都是严武一手提拔起来的，他们可能来找过杜甫，因为他们都是武将，而写奏表杜甫拿手，杜甫答应了他们的请求，这于情于理都讲得过去。杜甫也是有私心的，严武派系掌控蜀中权力总比其他人掌控要好。这时候杜甫写诗称颂王崇俊，也符合常情。

另一派系就是前面所说的，以杜济、郭英乂为首的人力推郭英乂接任节度使。他们可能也来找过杜甫。杜甫看不惯杜济这个孙子，尽管与郭英乂有旧，但与他志趣不投，所以没有答应他们的要求。杜甫应该知道现任宰相元载与郭英乂交好，也明白自己有意无意卷入了一场政治争斗。

《长吟》这首诗写于五月五日后，因为杜甫在成都看到了为纪念屈原而举行的端午节龙舟竞渡。他写的《莫相疑行》[90]和《三韵三篇》诗中的小人也就很好理解了，应该就是杜济、郭英乂之流。杜甫看到了郭英乂的凶残和暴戾，他下决心尽快离开这个地方。从诗中看杜甫在五月份离开成都是明确的，这种情形下他必须离开。

在激烈的权力争斗的过程中，严武去世之后也许并没有马上举行葬礼，所以杜甫当时没有留下悼念的诗篇。杜甫很明白政治斗争的残酷性，所以他讳莫如深，不会在此期间留下明显的记录，只是在某些诗里隐晦地影射了一些东西，这需要我们继续发现新的证据。

关于严武和杜甫的过节，史书中也有记载，不过撰写者都是后来人，肯定是有倾向性的，或者像我们一样做了某些大胆的揣测。

严武是中书侍郎严挺之的儿子，从小就豪气过人，而且举止老成，读书不用心，行事也不按常理出牌。八岁那年，严武干出一件惊世骇俗的事情。

父亲严挺之独宠年轻的姬妾，原配也就是严武的生母裴氏很伤心。严武气不过，就携带铁锥，趁年轻的姬妾熟睡，将她脑袋砸了个稀巴烂。手下人为了减轻严武的罪责，回禀严挺之说："少爷嬉戏，不留神误杀。"严武却冲他爹大喊："天下岂有厚爱姬妾而虐待妻子的大臣？儿子故意杀死她，不是开玩笑！"

《太平广记》还记载了一个"严武盗妾"的故事：严武在京城居住时，邻居家有个"容色艳绝"的女子，于是他花重金买通女子的侍婢，引诱女子非法同居。后来他又雇船，企图带女子到淮河一带藏匿，等女子的父亲察觉后报官，严武被通缉。严武眼看逃不掉，夜间用酒灌醉女子，用琵琶弦将其勒杀，把尸体抛入河中。第二天严武被官府抓获，却因搜不出藏匿的美女而不了了之。这种故事并非史书记载，但也符合严武的性格。

宰相房琯极其看重严武的才能谋略，也看在其父亲的份上，于756年极力推荐他任给事中，是正五品上阶，那时候严武才三十岁。杜甫写《奉赠严八阁老》就是这个时期。再过一年，严武被任命为京兆少尹兼御史中丞，那年他三十一岁。

《新唐书》《旧唐书》记载，杜甫性格偏执浮躁，缺乏气度，倚仗严武的恩宠，经常激怒严武。有时严武去登门拜访，杜甫也不戴冠帽就出迎，被严武手下视为"傲诞"。有一次，杜甫在严武宅内喝醉了，躺在严武的床上，瞪着眼怒斥："严挺之乃有此儿！"当面直呼严武父亲的名讳，是对严武的莫大羞辱。严武碍于情面，表面若无其事，心里却对杜甫起了杀心。

房琯对严武有举荐之恩，后因宫廷斗争被贬。恩人遭难，严武却毫无同情之心，连起码的官场礼节都不顾，一时被传为笑谈。据史书记载，有一次严武打算把杜甫和梓州刺史章彝处死，后来还是严武的母亲裴氏出面，杜甫才保住了性命，而章彝被"杖杀之，由是威震一方"。

保住杜甫性命的这位裴氏，据说经常劝导儿子要鼓励农桑、勤政爱民、减轻赋税，但严武却一意孤行。直到这位年轻的节度使去世，她才松了一口气，说："我再也不用担心自己沦为官婢了。"按照唐律，官员获重罪，家族男性会被处死或流放，女性则被贬为奴婢。

这些记载尽管不可全信，但是严武从二十几岁为官，到死才三十九岁。一个很早就手握重权的年轻人，又有显赫的家世，他的骄横奢侈、不可一世，我们可以想象得到。那个时代对官员的日常行为约束得也少，这些官员很容易成为权力诱惑的牺牲品。

消瘦

　　杜甫离开成都，先是顺岷江进入长江，经过嘉州，到达戎州时应该是夏天，又转至渝州，到忠州时已经是秋天了。

　　忠州刺史是杜甫的一个侄子，看样子在家里请杜甫吃了顿饭，没有实质性的帮助。杜甫在《宴忠州使君侄宅》中没有提及这个侄子的名字，杜甫在所住的龙兴寺的院壁上也题了一首诗，说他这个侄子无情无义。有人说杜甫没提到侄子的姓名，显出他的忠厚。

　　悼念严武的《哭严仆射归榇》、悼念高适的《闻高常侍亡》，都是杜甫在赴忠州期间作的。

　　凋零的草在岸边微微晃动，立着高高桅杆的小船在夜里孤独地停泊着。星星挂在天边，看起来周边更显辽阔，月光随着江水的涌动而交替变换着色彩。我写诗不是为了声名，人老了就应该退出官场的舞台。像我这样漂泊的日子什么时候是头啊，就像天地间飞来飞去的沙鸥无依无靠。杜甫的这首《旅夜书怀》[91]写尽了他老年多病、漂泊无依的心境。

旅夜书怀 [91]

细草微风岸，危樯独夜舟。星垂平野阔，月涌大江流。

名岂文章著，官应老病休。飘飘何所似，天地一沙鸥。

别常徵君 [92]

儿扶犹杖策，卧病一秋强。白发少新洗，寒衣宽总长①。

故人忧见及，此别泪相忘。各逐萍流转，来书细作行。

　　杜甫到达云安（今重庆云阳）已经是九月，这期间他病得挺厉害。《别常徵君》[92] 写在冬季，他在诗中说自己走路即使有儿子扶着还需要拐杖。整个秋天杜甫都在生病，白发稀疏都懒得洗了，拿出去年的冬衣，穿在身上显得又肥又大。

　　有人以柳永的"衣带渐宽终不悔"为例，辩解说："通过这句诗你能说柳永是个瘦子吗？"柳永的诗是宽泛的情感表达，而杜甫是写实的，往年的衣服显宽大与消瘦是有逻辑关系的。

　　我们翻开语文课本，总能看到杜甫那幅瘦骨嶙峋的画像。杜甫"很瘦"，不光是留给我们的印象，更是事实。

　　李白曾作《戏赠杜甫》："借问别来太瘦生，总为从前作诗苦。" 757 年，杜甫说"多病沉年苦无健"（《病后遇王倚饮赠歌》[15]），从那时候开始，健康就离杜甫越来越远。杜甫在《九日寄岑参》中说"所向泥活活，思君令人瘦"，在《又上后园山脚》[114] 中说"骨出热中肠"，在《写怀二首》[130] 中说自己"万古一骸骨"，在《逃难》[148] 中说"疏布缠枯骨，奔走苦不暖"，在《江阁卧病，走笔寄呈崔卢两侍御》[151] 中说"衰年病只瘦"……"骸骨"指尸骨，杜甫到老年不仅仅是消瘦，简直是骨枯髓竭。

---

① 病情已经很严重，消瘦得也厉害。消瘦一般和糖尿病、甲状腺功能异常等内分泌系统疾病有关，与消化系统疾病有关，与结核病等消耗性疾病也有关。头发很少洗，与"疏懒"有关。

杜甫年少时健壮如犊，"庭前八月梨枣熟，一日上树能千回"。（《百忧集行》[65]）我们分析过，在长安，杜甫儿时患过的肺痨复发，造成肺部损伤。肺结核这种疾病能引起持续的低热，也能引起食欲不振，甚至出现消化功能减退；同时持续的低热也会形成慢性消耗，容易引起低蛋白血症等营养不良症状，久了就会造成体内能量的消耗，使人出现消瘦、乏力的症状，这是最初造成杜甫消瘦的重要原因。

营养不良会造成全身消瘦、体重减轻、脂肪少、肌肉张力低下，还会导致血液循环差、四肢冰冷、反应过慢，有的人会出现下肢、两颊、胸腹凹陷性水肿。同时，皮肤会失去弹性和光泽，变得干燥，甚至过度角质化，出现色素沉着；头发也开始变得枯黄、稀少；指甲变得脆而薄、容易断；消化、吸收功能随之变差，食欲越来越差，甚至会发生呕吐、腹胀、腹泻等症状。杜甫在长安十年、在秦州、在同谷，饥寒交迫，连吃饱饭都成问题，更不用说保证营养了，"但使残年饱吃饭"（《病后遇王倚饮赠歌》[15]），是这个时期杜甫最真实、最直接的写照。营养不良是造成杜甫消瘦的第二个原因。

前面我们分析杜甫患有甲状旁腺功能亢进症（以下简称"甲旁亢"），此病不仅使骨钙流失过多，造成骨质疏松、腰背四肢疼痛、四肢畸形、反复出现泌尿系统结石等，还会引起食欲不振、腹胀、反酸，出现腹痛、恶心、呕吐等，这些症状都会使杜甫体重下降或者身材变矮、体形消瘦。

甲亢和甲旁亢是两种疾病，甲亢是高代谢症候，而甲旁亢是钙磷代谢失常。甲状腺方面的疾病在古代统称"瘿瘤"，涵盖了现代医学的甲状腺炎、甲状腺结节、甲状腺肿大、甲状腺囊肿、甲状腺肿瘤、甲状腺功能亢进、甲状腺功能减退等。而甲旁亢确切地说，应该归在"郁症"范畴。用中医解释，就是肝气郁结、瘀血内阻，移热于胃，灼热胃阴则消谷善饥；郁久生热，肝阳上亢；耗伤心阴，心失所养；肝郁疏泄失常，横逆犯脾，脾虚痰湿内生，肝气挟痰上逆，结于颈项。

在我们的印象中，糖尿病人一般是发胖的。可是糖尿病患者大多是因为胰岛素分泌缺陷或者减少，从而造成葡萄糖不能被人体有效吸收而流失，体内机制为了补充人体所需要的必需养分，通常会把脂肪或者蛋白质进行糖类转化，来满足人体所需要的营养。经过这样长期的过程，脂肪大量被消耗，蛋白质逐渐流失，就会使人变得消瘦。但是患 2 型糖尿病的一些病人，由于胰岛素分泌过量，体内葡萄糖转化为脂肪，也有可能会出现肥胖的现象。

我们不能以胖瘦标准来判定一个人是不是患有糖尿病。杜甫患的是"中消"，"中消者脾也，善渴善饥，能食而瘦"。这说明杜甫的糖尿病是由胰岛素分泌缺陷而造成的。胰岛素分泌缺陷时，身体会强制把脂肪和蛋白质转化为葡萄糖所需，所以人也会变得消瘦。

前面我们也根据杜甫的自述，判断他患有"着痹"（坐痹）。卫气不固，外邪侵扰使人的气血不通，痹阻经络关节是痹症的主要病机，而气血不通的根源还是在于脾虚，所以一些有经验的中医在治疗痹症时首先要调理脾胃。

从这里也可以看出，杜甫的营养不良、糖尿病、甲状旁腺功能亢进等疾病，追到老根上，还是脾阳亏虚。脾主消化，脾阳不足，阳虚则生内寒；寒凝气结，气机不畅，消化不力，气血生成不足；脾又主肌肉，肌肉营养不足，所以造成杜甫的消瘦。

生活不规律、过度饮酒、焦虑、失眠、抑郁……杜甫的这些精神因素不直接引起消瘦，但是这些都会损伤他的脾胃和肝肾，影响其代谢系统，造成能量供给出现问题，像胃炎、胃溃疡等各种继发性病变又会导致肠胃的消化吸收功能变差，使杜甫的体重减轻，越来越瘦。

面对自己骨瘦如柴的躯体，杜甫曾自嘲："心微傍鱼鸟，肉瘦怯豺狼。"（《寄彭州高三十五使君适、虢州岑二十七长史参三十韵》）[46]

杜甫的瘦是确定的。1959 年蒋兆和先生画的那幅充满悲愤苍凉的杜甫画像，不是凭空想象出来的，而是有依据的。蒋兆和还在题款中引了两句杜甫的诗："丹青不知老将至，富贵于我如浮云。"（《丹青引赠曹将军霸》）弱冠少年垂垂老矣，一生苦难都凝结成一身的疾病，呈现于世人面前的，是一个瘦硬的背影，一双深锁的眉头。

在成都的杜甫草堂群雕像中，有一尊杜甫铜质雕塑，黢黑，形销骨立，瘦得叫人心疼。大概屈原也是瘦的，他在汨罗江畔披发行吟，茕茕孑立，黯然销魂；范仲淹肯定也是瘦的，他忧完天下忧黎民，无论如何也是胖不起来的；李清照大概率也是瘦的，她的哀愁颇有几分不食人间烟火的感觉；老子应该也是瘦的模样，仙风道骨，骑着青牛飘然西行……

我们若出现消瘦，去医院检查，医生一般会建议做血常规、尿常规（尤其是尿糖定性）、大便常规（包括大便潜血）等检查。怀疑有糖尿病的要做血糖测定，必要时做糖耐量检查；怀疑有结核病或者其他慢性消耗性疾病的，还要做血沉检查；怀疑有肝胆疾病的，要去做肝功能、血清谷氨酰转肽酶、血清蛋白电泳等检查；怀疑有甲状腺功能异常的要做甲状腺功能检查，最好再查一下甲状旁腺功能；怀疑有慢性肾上腺皮质功能减退的，要做血皮质醇检查；怀疑有垂体前叶功能减退的，要做垂体前叶激素及有关靶腺激素检查……

消
瘦

239

戒

酒

从 765 年秋天到 766 年春末，杜甫都在云安度过。他借住在云安县严明府的水阁，水阁前面是江、后面是山，岸高万寻，山木环绕，险峻幽僻。严县令也算够朋友，他可能听闻过杜甫的大名，或者出于敬重，把自己的房子借给杜甫居住。严县令可比杜甫那个担任忠州刺史的侄子好多了，想当初他侄子还惹得他在寺院墙壁上抱怨"空看过客泪，莫觅主人恩"（《题忠州龙兴寺所居院壁》）。在战乱的年代，在世态炎凉的社会，杜甫流落困顿，哪怕是一顿饭、一个借住的房间，对他来说，都是莫大的慰藉。

杜甫在云安逗留的几个月，看了云安的雨，也见了云安的雪，感受了冬天的寒冷，也感知了夏天的炎热。深秋，他写："寒花开已尽，菊蕊独盈枝。"（《云安九日郑十八携酒陪诸公宴》）冬天，他写："今朝腊月春意动，云安县前江可怜。"（《十二月一日三首》[93]）早春，他写："南楚青春异，暄寒早早分。"（《南楚》）夏天，他写："开州入夏知凉冷，不似云安毒热新。"（《别常徵君》[92]）

杜甫在云安的这段时间，就是我们前面提到的郭英乂、崔旰在蜀中混战的时期。杜甫在《长江二首》《将晓》《怀锦水居止》诗中，都写到了军阀混战给人民带来的灾难。

唐帝国由盛及衰是有原因的，在这里要提到仆固怀恩。安史之乱初期，仆固怀恩跟随郭子仪出征，仆固怀恩，骁勇善战，多次荣立战功。为了向回纥借兵，仆固怀恩把两个女儿嫁给回纥可汗。757年率回纥兵收复两京后，他被封丰国（今内蒙古）公；759年任朔方行营节度，率部攻取洛阳，歼史朝义部八万多人，并乘胜追击，不到半年时间平定河北。

叛乱后期，已经穷途末路的史朝义引诱回纥犯境。代宗下诏仆固怀恩去游说，《新唐书》载"可汗大悦，遂请和，助讨朝义"，为平定叛乱起了关键作用。不出仆固怀恩所料，这件事后来成为其被人猜忌诋毁的缘由。

安史之乱后，李唐王室又走上另一个极端，对武将开始有所顾忌，对郭子仪、李光弼明升暗降，剥夺了兵权；对名将仆固怀恩也没有恩封；平乱中的猛将来瑱因得罪宦官被赐死。这个时期，宦官擅权、藩镇割据、朋党争斗，造成唐王朝灭亡的三大因素开始萌芽。

763年，仆固怀恩受宦官监军骆奉先诬告，说他勾结回纥谋反。宰相裴遵庆奉旨来查问，并叫他入朝说明情况。临行时副将劝他说，你没见到李光弼、来瑱的下场吗？仆固怀恩于是放弃了入朝的念头。

接着，代宗又安排颜真卿去召，颜真卿说了这样一段话："当初陛下避狄入陕的时候，我去晓以'春秋'大义，他会来。仆固怀恩没有勤王之名不能来京，退又没法消除猜疑，进退无据，怎么可能会来呢？说他谋反的只有辛云京、骆奉先、李抱玉、鱼朝恩四个人，其他人觉得他是冤枉的。仆固怀恩所率朔方兵士都是郭子仪的旧部，不如派郭子仪去收其部众，消弭兵乱。"可以说，颜真卿这一招是一着妙棋，没费一兵一卒就平息了这个事件，可惜的是没有进一步替仆固怀恩打算，最后逼得他走投无路而造反。

765年九月，也就是杜甫到达云安的时候，仆固怀恩引吐蕃、回纥、吐谷浑、党项等部落总共数十万人进犯。九月八日，仆固怀恩在鸣沙（今宁夏青铜峡）暴死。郭子仪率军平定了吐蕃、回纥进犯。代宗听到消息后，曾遗憾地说过一句话："怀恩不是反贼，我只是被左右所误导了。"可惜为时已晚。

我们了解了历史背景，再回过头来读杜甫的《长江二首》《将晓》《青丝》《三绝句》《遣愤》《客居》[94]《别蔡十四著作》[95]等诗作时，对诗中所暗喻的历史事件和人物就能理解得十分明白。

杜甫在云安住了大半年时间，这期间他肯定经历了一场大病，见"儿扶犹杖策，卧病一秋强"（《别常徵君》[92]）。整个秋冬他很少到户外去，交际应酬也很少，大多时间是躺在床上度过的。杜甫在云安作的三十多首诗歌中，除了忧国家乱，再就是写到自己的衰老和疾病："身病不能拜，泪下如迸泉"（《杜鹃》），"水陆迷畏途，药饵驻修轸"（《赠郑十八贲》），"壮惜身名晚，衰惭应接多"（《将晓二首》），"杖藜妨跃马，不是故离群"（《南楚》），"巴道此相逢，会我病江滨"（《别蔡十四著作》[95]）……那么，这个时期是什么病把杜甫折磨成这个样子呢？

十二月一日三首 [93]

今朝腊月春意动，云安县前江可怜。

一声何处送书雁，百丈谁家上水船。

未将梅蕊惊愁眼，要取椒花媚远天。

明光起草人所美，肺病① 几时朝日边？

---

① 肺病是杜甫的老病，从长安时肺结核复发到现在已经多年。由于自身免疫力低下、抵抗力弱，杜甫没有联合用药治疗，再加上熬夜、失眠、喝酒等不健康的生活方式，这次肺结核复发伴随他一生。

其二

寒轻市上山烟碧，日满楼前江雾黄。

负盐出井此溪女，打鼓发船何郡郎？

新亭举目风景切，茂陵著书消渴①长。

春花不愁不烂熳，楚客唯听棹相将。

其三

即看燕子入山扉，岂有黄鹂历翠微？

短短桃花临水岸，轻轻柳絮点人衣。

春来准拟开怀久，老去亲知见面稀。

他日一杯难强进，重嗟筋力②故山违。

从《十二月一日三首》[93] 和《客居》[94] 诗中看，折磨杜甫的还是四种老毛病：肺疾、糖尿病、湿痹症、甲旁亢，并且很有可能这几种病势都在加重。

"肺病几时朝日边"里面有个典故：后人一般用"日边"代指帝京，肺病都如此厉害了，杜甫还在恋阙——想念昔日做拾遗时在皇帝身边起草文件的情景。杜甫这时候肺的毛病，已经由肺气肿向肺心病发展。在临床中引起肺心病的，大多以慢支并发阻塞性肺气肿最为常见。慢性肺源性心脏病是一种心脏疾病，由于慢性支气管、肺、胸廓或肺动脉血管慢性病变，引起了肺循环阻力增加和肺动脉高压，进而使右心室肥厚、扩大，最终可能引发右心功能衰竭。

杜甫的肺心病当时还在心肺的功能代偿期，或者说缓慢发展期，主要

---

① 自764年春患上消渴症，"消中祇自惜"（《赠王二十四侍御契四十韵》[81]）到永泰元年（765）冬，已经近两年时间了。

②《素问·上古天真论》载："七八，肝气衰，筋不能动。"筋膜病变多与肝有关。筋脉拘挛抽搐，可见于肝风内动。因为喝酒，杜甫的肝损伤很大，难道杜甫意识到了这个问题的症结所在？

表现是咳嗽、咳痰、气急、心悸、呼吸困难、乏力等。所以在这个时期，杜甫稍一活动，就气喘吁吁，甚至喘不上气来，晚上睡觉仍要垫高枕头，严重的时候可能不能下床行走。

杜甫从 764 年春天自述患上糖尿病，到现在已经两年了。他可能没有很好的办法去控制血糖，但肯定一直在用中药调理。他现在的症状应该是多饮、多尿、多食易饥，并且倦怠乏力、精神萎靡，身体也随之虚弱消瘦。

他开始出现糖尿病并发症了吗？不能确定。从其诗句中体现病势的情形来看，应该还没有。有的学者认为这时期杜甫的脚病、眼病、耳聋都是糖尿病并发症，不过这并没有科学的依据和临床上的支持。

研究表明，并不是所有的糖尿病人都会出现并发症。糖尿病发病后十年，大约会有三四成的病人至少发生一种并发症。杜甫自己说"茂陵著书消渴长"，766 年春天时候，他说"我虽消渴甚"（《别蔡十四著作》[95]），紧接着在《客堂》[96]说"栖泊云安县，消中内相毒"。他在离开云安后，又说"病渴三更回白首"（《示獠奴阿段》[97]）……他很明白自己的糖尿病一直在加重，累及全身，所以频繁提及。

"重嗟筋力故山违"，这是杜甫第二次提到筋力。前面我们分析说"筋力"不是指体力，中医所说"筋"的概念相当于肌腱和韧带，筋是联结肌肉、骨和关节的一种坚韧刚劲的组织。《素问·痿论》认为"筋主束骨而利机关也"，只有筋强健有力，才能维持人体肢体关节的屈伸转侧，才能运动自如。

有些女性，表面看起来很柔弱，但实际上筋力也很强韧，是长期锻炼的结果。

《黄帝内经》中有"肝主筋""肝主身之筋膜"的说法。杜甫的气血虚衰，筋失去了肝血的滋养，就容易出现筋力疲怠、屈伸困难的情况，甚至疼痛难忍，这应该是杜甫病卧在床、活动困难的主要原因。他在诗中叹息，回不了老家是因为筋力太弱、无法行走。

　　"筋力弱"只是一种表征，是肝血受到损伤后出现的一种身体症状。杜甫所患的甲旁亢和下面提到的湿痹症才是造成他腿脚病废、不能行走的病源。

　　在接下来的《客居》[94]诗中，杜甫说"卧愁病脚废，徐步视小园"。意思是废的脚已经好多了，可以下床了，还可以在小花园里缓慢走动。在《坐痹》章节里，我们专门分析了杜甫的湿痹症。在《脚衰》章节里我们也探讨过，杜甫的脚病不是风湿性关节炎，也不是痛风性关节炎，应该是现代医学里的类风湿关节炎。

　　现代医学认为类风湿是一种无法根治的疾病，属于自身免疫性疾病，在中医里属于"痹症"范畴。龚廷贤在《寿世保元》中把"脚气之疼痛不仕者，称之为湿痹"，这也就是杜甫所说的"坐痹"。杜甫的肝肾脾虚，是内因；再加上外感风、寒、湿、热等贼风外邪的侵袭，引起身体经络的痹阻不通，导致下肢末端关节疼痛、浮肿，甚至僵硬，不能屈伸。

　　这段时间，杜甫离开成都，一路在江水中颠簸奔走，整个人也笼罩在惊惶和焦虑中，可能出现类风湿的急性发作。杜甫所患的脚病和关节疼痛不是痛风，痛风发作后一般经过三到七天会自行痊愈。杜甫在云安卧床数月，不可能是因痛风引起的。

客居 [94]

　　客居所居堂，前江后山根。下堑万寻岸，苍涛郁飞翻。

　　葱青众木梢，邪竖杂石痕。子规昼夜啼，壮士敛精魂。

　　峡开四千里，水合数百源。人虎相半居，相伤终两存。

　　蜀麻久不来，吴盐拥荆门。西南失大将，商旅自星奔。

　　今又降元戎，已闻动行轩。舟子候利涉，亦凭节制尊。

我在路中央，生理不得论。卧愁病脚废①，徐步视小园。

短畦带碧草，怅望思王孙。凤随其皇去，篱雀暮喧繁。

览物想故国，十年别荒村。日暮归几翼，北林空自昏。

安得覆八溟，为君洗乾坤？稷契易为力，犬戎何足吞？

儒生老无成，臣子忧四番。箧中有旧笔，情至时复援。

我们多次提过，过度饮酒是引起杜甫肝、肺等脏器损伤的根源。那么，杜甫戒过酒吗？好多学者都非常肯定，他们在文章和讲学中都提到《登高》[122]中的最后二句："艰难苦恨繁霜鬓，潦倒新停浊酒杯。"以此考证说杜甫年老多病、穷困潦倒，刚刚戒了酒。就连新课标语文教材本诗中尾联的一条注释也说："杜甫晚年因肺病戒酒，故谓新停。"

陈贻焮先生在《杜甫评传》中对这一点也有过分析：因病断酒，稍愈即开，时开时断，酒终难戒，此于酒人中屡见不鲜……"潦倒"，失意貌。"潦倒新停浊酒杯"，是说新近因病断酒，心情更觉不快。今逢佳节，江畔登高，姑且"从儿具绿樽""独酌杯中酒"，但求一醉消忧，遣恤他！这样解释，又有什么不合呢？

但通读杜甫这段时间写的诗，你会发现一个有趣的问题，也许会对"潦倒新停浊酒杯"有一个重新的认识。

杜甫在《晚晴吴郎见过北舍》中说，"明日重阳酒，相迎自酘醅"。这是 767 年的重阳节，杜甫在前一天见过邻居吴郎，约他过节到家里喝自己酿的酒。"酘醅"是指酿好但还没有过滤的酒。但是吴郎不知道什么原因没有赴约。杜甫在《九日五首》中写道："重阳独酌杯中酒，抱病起登江上台。"他一个人独酌，感到没饮兴，索然寡味，喝了一会儿就拖着病身子出门登台去了，紧接着写了《登高》[122]。

---

① "病脚"应该因于湿痹症，或者甲旁亢引起的骨质脱钙、四肢疼痛和畸形。

应该说，杜甫在重阳节一个人在家喝完寂寞酒，然后去登台，才有了"潦倒新停浊酒杯"。

依照这样的语境来理解，"潦倒新停浊酒杯"是说刚放下手中的浊酒杯，就抱病来登台。刚酿制的米酒都是浑浊不透明的，所以叫"浊酒"。这里的"新停"应该理解为"刚放下""刚喝完"，而不能理解为杜甫戒酒了。

事实上，杜甫一辈子也没戒过酒。767年秋天，杜甫喝醉了酒逞强骑马，不幸坠马受伤。在家养伤时，一帮酒友纷纷携酒来看望。杜甫可能是瘸着腿在床上和他们一起喝酒，有酒有肉，还有丝竹音乐。一伙人大呼小叫，一直闹腾到太阳西下，仿佛回到了"冯陵大叫呼五白，袒跣不肯成枭卢"（《今夕行》）的"聊发少年狂"时代。杜甫这一年五十六岁，作《醉为马坠，诸公携酒相看》记下了这次痛饮的情形。

768年春天，杜甫从白帝城坐船出峡，在江陵遇到李之芳。这一次他们喝到半夜，"今夜文星动，吾侪醉不归"（《宴胡侍御书堂》）。喝完酒后往回走，杜甫半路上又把李尚书叫下马，在月下赋绝句："久判野鹤如霜鬓，遮莫邻鸡下五更。"（《书堂饮既夜复邀李尚书下马月下赋绝句》）《杜诗详注》引周珽语："风月既清，酒兴未阑，饮当垂白，达旦何妨？"

768年秋，杜甫到达公安，有一个县尉请客。杜甫疾病缠身，但为了义气，他喝得酒酣耳热、精神亢奋、手舞足蹈，大声吟诗。一个叫顾八的文人在墙上题写："酒酣耳热忘头白，感君意气无所惜，一为歌行歌主客"（《醉歌行》），简直有点疯狂。

就算到770年的春天，离杜甫去世也就还有几个月光景，全家漂泊在潭州附近的一条小船上，杜甫几乎喝不动酒了，还是勉强喝进一点："佳辰强饮食犹寒。"（《小寒食舟中作》）[146]

杜甫不喝酒或者是喝酒少的日子少之又少。我们记得他给儿子过生日时，肺心病犯了，呼吸困难，湿痹症使他四肢不能屈伸。他歪斜在椅子上，也没有食欲，还勉强喝了一点点酒："涓滴就徐倾。"（《宗武生日》[72]）这次在云安病倒，杜甫几乎没有出去喝酒，他说"他日一杯难强进"（《十二月一日三首》[93]），是不是还对以后喝不动酒心存遗憾？

别蔡十四著作 [95]

贾生恸哭后，寥落无其人。安知蔡夫子，高义迈等伦。

献书谒皇帝，志已清风尘。流涕洒丹极，万乘为酸辛。

天地则创痍，朝廷当正臣。异才复间出，周道日惟新。

使蜀见知己，别颜始一伸。主人薨城府，扶榇归咸秦。

巴道此相逢，会我病江滨。忆念凤翔都，聚散俄十春。

我衰不足道，但愿子意陈。稍令社稷安，自契鱼水亲。

我虽消渴甚，敢忘帝力勤。尚思未朽骨，复睹耕桑民。

积水驾三峡，浮龙倚长津。扬舲洪涛间，仗子济物身。

鞍马下秦塞，王城通北辰。玄甲聚不散，兵久食恐贫。

穷谷无粟帛，使者来相因。若冯南辕使，书札到天垠。

晋代的葛洪曾说，"夫酒酸之近味，生病之毒物。无毫分之细益，有丘山之巨损"。杜甫的包裹里放着《肘后备急方》，时不时要拿出来看。当他看到葛洪的这些话，会有什么感想？那个时代，把大碗喝酒看作是一种豪放、洒脱的态度。白居易曾作《酒功赞》，称"麦曲之英，米泉之精，作合为酒，孕和产灵"，"吾尝终日不食，终夜不寝。以思无益，不如且饮"。据考证，唐人流行喝的是米酒、清酒和黄酒，度数低，原料是糯米，糖度很高，更容易致病。

杜甫在《别蔡十四著作》[95]一诗中说"我虽消渴甚，敢忘帝力勤"，再一次提及糖尿病。这个蔡十四，在凤翔时和杜甫一起共过事，据推测是奉皇帝旨意来给郭英乂下任命书的，可能就留在了郭英乂的幕府中。后来郭英乂与崔旰内斗被杀，蔡十四扶郭英乂的灵榇归京师，在云安与杜甫相遇，杜甫写诗与之赠别。

　　这个时候，杜甫听说岑参出任嘉州刺史。嘉州就是杜甫刚出成都时经过的那个州。于是，杜甫给岑参寄了首诗《寄岑嘉州》，以表达思念之情。

　　从759年冬到766年春末移居夔州，杜甫在两川共度过了七年多时光，除去在梓州和赴夔州，在成都先后居住了近五年。流寓两川时期，杜甫存诗近五百首。

戒酒

遗忘

　　杜甫大概是 766 年暮春时候到达的夔州（今重庆奉节）。夔州是当时荆南节度治下的八个州郡之一，荆南节度使府所在江陵（今湖北荆州）。因为杜甫在夔州两年，几度搬迁，诗中出现了很多陌生的地名，很容易使我们混淆位置。我们在这里简略概述一下。

　　在夔州附近有两条溪谷，中间相隔大约五公里，西边的溪谷叫瀼水，东面的溪谷叫东瀼水，它们都向南流淌、汇入长江。在长江北边和东瀼水西侧的地方有一座白帝城，是东汉初年公孙述建的，白帝城西边就是瀼西。东瀼水的东边是瀼东，再往东就是东屯。在东屯的北侧，杜甫称为北崦。可能是白帝城经过扩建，成了杜甫那个时代的夔州城，它是三峡瞿塘峡的起点，沿长江再往东就是巫峡和西陵峡。

　　从杜甫在这个时期所作的诗看，杜甫刚来到夔州时，没跟任何人接触，也没说住在什么地方，依靠什么生活。从《客堂》[96]的描述来看，这个地方有深山林麓；从《引水》诗看，应该在瀼东一带。因为杜甫提到的月峡，就是现在的明月峡，在县城东四十多公里处。当地没有井，吃水都是用竹筒连接起来，从山上引泉水喝。他还有一个仆人叫阿段，有一天晚上竹筒没水了，阿段就去山上找水源。杜甫因为消渴症口渴得厉害，半夜三更正在着急的时候，突然听到竹筒一声响，泉水流下来了。（《示獠奴阿段》[97]）

杜甫至少去过两次白帝城古城，还登上高楼，写下《武侯庙》《八阵图》《古柏行》等诗。他还曾经陪诸公在白帝城的越公堂吃过饭。杜甫一般到一个地方去，或先或后都寄诗给当地的官僚、朋友，以便得到他们的接济和照料。但在夔州前期相当长的一段时间，没有杜甫和当地官员来往的记录和诗歌，可见当时的夔州刺史王崟并没有给予杜甫实质性的帮助，或者生活上的照顾。

杜甫在767年夏作《奉送王信州崟北归》，诗中也看不出两人有多深的交情。从诗中看，皇帝召归王崟任谏议大夫。据猜测应该是新任夔州刺史柏茂琳为王崟送行，杜甫也应邀参加了。后面我们会讲到柏茂琳对杜甫非常敬重，照顾有加。

既然没有朋友和官府要员的照顾，那杜甫为什么还执意要在夔州留下来？杜甫离开成都主要是躲避战乱，这时藩镇割据、军阀混战不断，吐蕃时不时侵犯边境，杜甫是为了全家的安全才来到夔州的。他离朝廷越来越远，离理想也越来越远，能确保自己及家人的人身安全和生活温饱就成了杜甫最现实的底线。夔州地处偏远，战乱暂时没有波及，物产也相对丰富。这应当是杜甫暂避夔州的主要原因。

客堂 [96]

忆昨离少城，而今异楚蜀。舍舟复深山，窅窕一林麓。

栖泊云安县，消中内相毒^①。旧疾廿载来，衰年得无足^②。

---

① 消中，杜甫患消渴症已经三个年头；"内相毒"，意思是指互相伤害。

② "旧疾"是指杜甫的肺病。"无足"应该是《客居》[94]诗中提到的"卧愁病脚废"。

死为殊方鬼，头白免短促。老马终望云，南雁意在北。

别家长儿女，欲起惭筋力。客堂叙节改，具物对羁束。

石暄蕨芽紫，渚秀芦笋绿。巴莺纷未稀，徽麦早向熟。

悠悠日动江，漠漠春辞木。台郎选才俊，自顾亦已极。

前辈声名人，埋没何所得！居然绾章绂，受性本幽独。

平生憩息地，必种数竿竹。事业只浊醪，营葺但草屋。

上公有记者，累奏资薄禄。主忧岂济时？身远弥旷职。

循文庙算正，献可天衢直。尚想趋朝廷，毫发裨社稷。

形骸今若是，进退委行色。

示獠奴阿段 [97]

山木苍苍落日曛，竹竿袅袅细泉分。

郡人入夜争余沥，竖子寻源独不闻。

病渴三更回白首，传声一注湿青云。

曾惊陶侃胡奴异，怪尔常穿虎豹群。

　　杜甫在这里又两次提到他的糖尿病："消中内相毒"，"病渴三更回白首"。杜甫意识到消渴症来自脏器之间的互相攻讦、不协调。除了先天不足之外，后天损耗过度，如毒邪侵害、损耗阴津也是糖尿病重要的发病原因。这个病关键还在于脏腑之间阴阳关系的失调，最终导致阴损过多，阳必偏盛，阳太盛则成"消"。

　　杜甫在《客堂》[96]中提到"旧疾廿载来，衰年得无足"。历来的解释五花八门。但我们理解，杜甫的"旧疾"应该是指肺病。他从746年到长安，为求仕途，吃饭是饥一顿饱一顿，喝酒无度，居住环境阴暗潮湿，再加上焦虑郁闷，继发肺结核，又患上了慢性支气管炎，到现在已经由肺气肿并发肺心病，算起来已经整整二十个年头。

有人解释"得无足"说：得病这么多年了，到老了还没死，应该知足了。这里的"得无足"应该还是指杜甫的湿痹症，可能是类风湿的急性发作期，足部出现了灼热红肿的症状，有皮下结痂或红斑。杜甫没有想到会得这种病，所以才发出人到老年脚不能活动的叹息。这些都是他对"栖泊云安县"时卧床不起的追忆。

韦夏有是考功郎中。尚书省下辖的吏部，下置四司，都是以郎中主政。考功郎中是从五品上阶的官职，考核百官功过善恶，并加以簿录。这一年夏郎中给杜甫寄信来，杜甫也感谢他，回了一首诗《寄韦有夏郎中》[98]。诗中所说的"书信有柴胡"，我们理解不一定写信寄来柴胡，可能是书信中给杜甫介绍了一种有关柴胡的方剂。柴胡是一种解热、疏肝、化瘀的中药，很对杜甫虚热火盛的病症。《神农本草经》注："柴胡气味苦，主心腹肠胃中结气，饮食积聚，寒热邪气，推陈致新。久服轻身、明目、益精。"柴胡主治感冒发热、疟疾、肝郁气滞、胸胁胀痛等病。

柴胡与其他中药配伍，可以治疗多种疾病。东汉末年张仲景所著的《伤寒杂病论》中有一个"小柴胡汤"（柴胡、黄芩、人参、半夏、甘草、生姜、大枣），对治疗疟疾、慢性肝炎、肝硬化等症有很好的疗效。我们在《疟疾》章节曾猜测杜甫可能用这个方剂来治疗疟疾，本方也可治疗他的脾胃虚热和肝气郁结。

北宋仁宗时，编定《宋本杜工部集》的那位大学士王洙在翰林院书库里翻找出《金匮玉函要略方论》竹简。这其实就是张仲景已经散佚多年的医书，晋人王叔和已经整理完《伤寒论》，后人根据王洙发现的文本重新整理编校，把"论杂病"部分整理成三卷，改名叫《金匮要略方论》。

张仲景还有一个名方就是"大柴胡汤"（柴胡、黄芩、芍药、半夏、生姜、枳实、大枣、大黄），主要用于治疗急性胰腺炎、急性胆囊炎、胆结石、胃及十二指肠溃疡等。

我们猜测韦夏有可能给杜甫介绍的是小柴胡汤方剂。杜甫用这个方剂煎熬饮服后，"饮子频通汗，怀君想报珠"。柴胡有解表散邪的作用，能起到疏肝和胃的功效，所以喝完小柴胡汤以后，身体内的热邪会随着出汗排出体外。杜甫还抱怨说"亲知天畔少，药味峡中无"。

有没有可能韦夏有给杜甫推荐的是大柴胡汤，用来治疗消渴症呢？不能排除这种可能。韦夏有在京师接触面广，也可能得到某些御医的指点，所以千里迢迢给杜甫寄信。

糖尿病属中医"消渴"范畴，它的病机是阴虚燥热，病位以肾为中心，可分为三消：上消治肺、中消治胃、下消治肾。大柴胡汤是表里双解方剂，不少医家运用大柴胡汤加减治疗糖尿病取得成功。

"王国斌教授不拘常法，别辟路径，整体审察，辨证求因，提出肝失疏泄、少阳枢机不利当属消渴病的重要发病机理之一，以疏肝调肝为治疗原则，运用大柴胡汤加减治疗，取得了显著的临床疗效。"[1]

还有不少中医用大柴胡汤加白虎汤和茵陈蒿汤，治疗糖尿病也取得很好的治疗效果。可见，对于一些病因不能确定、西医无法医治的疾病，比如类风湿、糖尿病，用中药治疗未尝不是一种好的选择。

古人称中药汤剂为"饮子"，这是中药古老的剂型之一，煎药、服药时的温度、时间都是非常有讲究的。

煎药时要把药物先用凉开水浸泡三十分钟左右，再用慢火煎，这样容易使药物的有效成分浸润、溶解、浸出，不能用热水直接煎煮。

服药时间也要根据病症调整：一般病在心、肺，宜饭后服；病在膀胱、肠胃，宜饭前服；清热解毒药、润肠泻下药、滋补药最好空腹服；安神、滋补、

① 《中医研究》，2015年第8期。

延缓衰老的药物最好睡前服用。

中医对服药的温度也有讲究，一般疾病都采用温服法。属于理气类的，热则易舒，凉则增滞；活血、补血、凉血、止血类，寒则瘀结，热则沸溢；解毒剂、热性病宜冷服，寒性病宜热服；行血脉通络的宜热服，收涩固精止血的则宜冷服；解表药宜热服，清热药和消暑药宜冷服。

寄韦有夏郎中 [98]

省郎忧病士，书信有柴胡。饮子频通汗，怀君想报珠。

亲知天畔少，药味峡中无①。归楫生衣卧，春鸥洗翅呼。

犹闻上急水，早作取平途。万里皇华使，为僚记腐儒。

杜甫应该很感激这个韦郎中，可是他把韦夏有错写成"韦有夏"了。韦夏有开始在朝城（今山东莘县）做主簿，后累迁户部员外郎，然后做了考功郎中，据考证这个人是杜甫从孙杜济妻子韦氏的兄弟。

杜甫在诗中写错姓名，可能是因为他的选择性遗忘。在精神分析学中，一个人受到外部刺激或者心里有阴影，遗忘了一些自己不愿意记起的事情或者想极力逃避的人或物，这叫选择性遗忘或者选择性失忆。

一个人一生中会经历一些不如意的人和事，有一些很快就淡忘掉，可总有一些在脑海、在心里挥之不去，无论怎么摆脱也摆脱不了，甚至反复折磨着自己脆弱的神经，这种情绪和类似耻辱、愤怒、委屈的复杂情绪纠缠在一起，很容易使人生病。遗忘，有时候是身体自我保护的一种方式。选择性遗忘在心理学上就是自身的一种防御机制，这种遗忘不随人的意志转移，也不能自我控制，是潜意识地忘掉、失忆、记错某个人或者某件事情。

韦夏有是杜济妻子的兄弟。在长安时杜甫去杜济家就食，杜济不热情，

---

① 王洙曰："峡谷信鬼，病则祈祠而不服药，故峡中药饵绝少。"（见《宋本杜工部集》）

可能也没给杜甫好脸色，杜甫心里是生气的，见"所来为宗族，亦不为盘飧"（《示从孙济》[20]）。这句诗的意思是我是因为同族一家才来找你，并不是单纯为这口饭来的。

后来杜济随严武一同从京师返蜀，担任行军司马，杜甫在幕府任节度参谋，两人不和，杜甫在诗中也发了不少牢骚。我们猜测同僚说杜甫坏话的，有可能就是杜济在背后挑唆，或者杜甫心里认为是他暗地里捣鬼。

严武去世后，也是杜济挑头力推郭英乂接任节度使，最后也成功了。在杜甫内心，他对这个宗族孙子是厌恶、不耻和排斥的。韦夏有是杜济的妻舅，所以杜甫在写这首诗时，可能潜意识中对杜济及其相关的人产生了选择性失忆，造成了笔误。

还记得杜甫写给王崇俊将军的诗吗？严武去世后，严武派系推荐的节度使是王崇俊。杜济、郭英幹那派推荐的是郭英乂，两派是水火不相容的。政治权力的斗争是你死我活的游戏，杜甫内心是很明白的，所以杜甫在写给王崇俊的诗里也出现笔误，出现了选择性失忆，将其写成"王承俊"。

这是杜甫诗中不多的笔误，这种心理暗示性因素造成的短暂遗忘，是由于大脑皮层功能临时受到抑制导致的，并没有器质性的损害。

骨痛

杜甫从 766 年暮春来到夔州，到 768 年三月初出峡，近两年时间写了四百三十多首诗，在他现存作品中占四分之一还多。

我们可以把杜甫在夔州的生活分为三个阶段：766 年春到八月，杜甫一家住在瀼东，也就是他诗中所说的月峡附近的丘陵一带；766 年秋到 767 年春天，杜甫大部分时间在夔州西阁度过，家人还住在瀼东；767 年春天到 768 年早春，他在赤甲短暂住了一段时间，等其在瀼西和东屯购置的田园房屋办妥后，他则往返于两地之间。

刚到夔州，杜甫可能主要依靠积蓄补贴生计。他养的乌鸡已经五十多只了，到秋天下了蛋就可以吃了，但这些鸡扑扑腾腾，吵得人不得安生。于是杜甫叫大儿子宗文做了个高一点的围栏，人鸡可以都得清静。

秋分时节，因为天旱，尽管菜农劳苦，园里的蔬菜仍供应不上。杜甫就开始种莴苣，可是两畦莴苣还没发芽，地里却长满野苋。情景跟陶渊明的"种豆南山下，草盛豆苗稀"有异曲同工之妙。于是他大清早驱竖子摘苍耳，中午回来，洗剥干净，放在蒸布上，蒸煮五成熟，然后掺上瓜蒌、薤白，可以当菜吃，苍耳还能治疗风湿痹症。

这是杜甫相对安逸和轻松的一段时光。住在乡下，不用应酬，不用人前说人话、人后说鬼话，内心清净，也不浮躁，心神也不再飘荡不定。他的忧虑减少了，不再长吁短叹，也不再拘谨，时不时还来点冷幽默，更显出达观和洒脱。他的日子虽然过得清贫，但苦中作乐，富有情趣又充实。

夔州是座古城，城西南七里的江滩上至今还留有当年诸葛亮布下的八阵图。清代陈运溶在《荆州图副》中说：阵法布在江滩上，总共有六十四堆，全用小石子垒的，高五尺，周十围，中间相距九尺，有时候有人故意把它搞乱，或者涨潮时候也会被淹没，可是江水一退去，它就恢复成原样了，也真是神奇。

杜甫会经常出去走一走，去白帝城，去武侯庙，去滟滪堆……"功盖三分国，名成八阵图。江流石不转，遗恨失吞吴。"（《八阵图》）

以前杜甫在成都的时候，经常去武侯祠。夔州也有武侯庙，只不过成都的武侯祠是在先主庙里面。诸葛亮死的时候五十四岁，如今杜甫已经五十五岁。他感慨孔明先生能遇到明主，君臣同心，就像八年前他冒死投奔新皇帝，曾经在心里升华出忠臣伴明君的希冀；可惜好景不长，他就被贬出京师，并且离权力中心越来越远。

杜甫挂念皇帝，但他如今的心里是五味杂陈，就像他在《秋兴八首》[102]里写的那样："闻道长安似弈棋，百年世事不胜悲。"

闲适时，杜甫给在云安的朋友李十五秘书写了一首诗《奉寄李十五秘书二首》，说："竹枝歌未好，画舸莫迟回。"竹枝歌是流行在巴渝一带的民歌，杜甫去世两年后出生的刘禹锡（772—842）被贬夔州后将之改造成一种诗体："杨柳青青江水平，闻郎江上唱歌声。东边日出西边雨，道是无晴却有晴。"刘禹锡作的这首《竹枝词》现在已经成为重庆奉节的形象代言。

杜甫还给在成都时认识的华阳柳少府寄了首诗《赠华阳柳少府》[99]，说柳少府有道可尊、前程远大，并以子孙相托。诗中提到"自非晓相访，触热生病根"，意思是说若不是趁早去拜访，天这么热老病就会犯。杜甫这里说的触热，并不单纯指外部天气的炎热，更是指自己心火之热。

杜甫不止一次说自己"肠内热""肝肺热""热中肠""内热""执热"，就像前面我们分析的，人体的心肺是制热系统，而肝肾是制冷系统，就像一部机器，冷热协调才能正常运转，过冷或者过热都会使机器内部受损而引起故障。杜甫的心肺阴虚火旺，肝肾不但克制不了火，反而阴虚生热、两热相加，这体内的火势就过于旺盛。杜甫懂得，他把这种内热，或者说体内脏腑的不协调，归结为自己的病根。

赠华阳柳少府 [99]

系马乔木间，问人野寺门。柳侯披衣笑，见我颜色温。

并坐石下堂，俯视大江奔。火云洗月露，绝壁上朝暾。

自非晓相访，触热生病根。南方六七月，出入异中原。

老少多暍死，汗逾水浆翻。俊才得之子，筋力不辞烦。

指挥当世事，语及戎马存。涕泪溅我裳，悲气排帝阍。

郁陶抱长策，义仗知者论。吾衰卧江汉，但愧识玙璠。

文章一小技，于道未为尊。起予幸斑白，因是托子孙。

俱客古信州，结庐依毁垣。相去四五里，径微山叶繁。

时危挹佳士，况免军旅喧。醉从赵女舞，歌鼓秦人盆。

子壮顾我伤，我欢兼泪痕。余生如过鸟，故里今空村。

现在我们简单回顾一下杜甫的病历，看看杜甫所说的"触热生病根"是不是有一定道理。

杜甫的肺病是因为热邪侵犯肺脏而引发的一系列病症，比如咳嗽、咳痰、胸痛喘促，容易引起情绪烦躁、心神不宁，也容易引起失眠。下诗《热三首》[100]提到"低垂气不苏"，因为天气炎热，更容易造成憋喘、胸闷。

　　杜甫的糖尿病，病机主要在于阴津亏损、燥热偏盛，两者互为因果，阴越虚则燥热越盛，燥热已盛，那么阴就使人更虚弱；病变主要在肺、脾、肝、肾四个脏器，虽然有所偏重，但往往又互相影响。

　　杜甫的湿痹症和疮痍，也是由于脾胃湿热太盛。杜甫经常提到自己的心火、肝热。有的中医学者认定，内热是很多常见病反复发作的根源，即很多疾病反复发作，多是由内热引起的。

热三首 [100]

雷霆空霹雳，云雨竟虚无。炎赫衣流汗，低垂气不苏。
乞为寒水玉，愿作冷秋菰。何似儿童岁，风凉出舞雩。

其二

瘴云终不灭，泸水复西来。闭户人高卧，归林鸟却回。
峡中都似火，江上只空雷。想见阴宫雪，风门飒踏开。

其三

朱李沈不冷，雕胡炊屡新。将衰骨尽痛，被褐味空频。
欻翕炎蒸景，飘飖征戍人。十年可解甲，为尔一沾巾。

驱竖子摘苍耳 [101]

江上秋已分，林中瘴犹剧。畦丁告劳苦，无以供日夕。

蓬莠独不焦，野蔬暗泉石。卷耳况疗风①，童儿且时摘。

侵星驱之去，烂熳任远适。放筐亭午际，洗剥相蒙幂。

登床半生熟②，下箸还小益。加点瓜薤闲，依稀橘奴迹。

乱世诛求急，黎民糠籺窄。饱食复何心，荒哉膏粱客。

富家厨肉臭，战地骸骨白。寄语恶少年，黄金且休掷。

在《热三首》[100]中，杜甫说"将衰骨尽痛，被褐味空频"，提到了"骨痛"这个概念。顾宸曰："热只蒸于皮肤，今云骨尽痛，是热且入骨矣。"这种解释没有问题，我们有时候说天气炎热，会说"都热到骨头里去了"。但你仔细阅读揣摩，会发现杜甫在这里不仅仅说炎热入骨，那这里的"骨痛"到底是什么原因呢？

难道说杜甫在田间劳动时间过长，疾病、劳累造成了骨髓充血、水肿，而引起骨头酸痛？但是杜甫说"骨尽痛"，不是劳累酸痛的症状，而是痛在骨头里面的表述。

还有一种可能，是湿痹症引起的关节疼痛。但是杜甫用字遣词非常慎重，也异常准确，他不会分辨不出骨痛和关节痛的区别。关节痛是那种肿胀的痛，屈伸不利。这个急性发作期应该已经过去了，杜甫在云安时大半年卧病在床，可能就是这个原因。

还有一种可能是股骨头坏死。因为杜甫过度饮酒，极有可能股骨头坏死并出现塌陷，关节腔内有积液，造成骨质增生等。这种疼痛非常明显并

---

① 苍耳根可治疗痈疽、高血压症、痢疾等；苍耳茎用于头风、头晕、湿痹拘挛、目赤目翳、疔疮毒肿、麻风；苍耳子可用于风寒头痛、齿痛、风寒湿痹、四肢挛痛、疥癣、瘙痒等。

② 苍耳，苦辛，微寒，有小毒。现代医学证实，苍耳全株有毒，幼芽和果实的毒性最大，茎叶中含有对神经及肌肉有毒的物质。生食苍耳四至八小时即可中毒发作，苍耳蒸煮后可解毒。

且剧烈，但从杜甫的描述来看，他的骨痛并不是十分剧烈难忍。

甲状腺功能异常有可能引起骨痛。杜甫在秦州和同谷时说自己的关节肌肉疼痛，牙齿松动，我们当时猜测他的甲状腺可能出现问题。后来他在成都时出现疏懒和失眠症，并且愈加消瘦，可能是甲状腺功能异常，脾胃运化不好，会导致骨质疏松。

现代医学证明，甲状腺功能减退可能造成甲旁亢，导致高钙血症。骨钙分解流失过多，就会引起骨痛。再结合前期的一系列症状辩证，杜甫的甲旁亢基本可以确诊了。

去医院诊疗骨痛，需要做哪些检查呢？除了血常规、脑胸 CT 外，医生列出的长长的清单可能还包括骨密度测试、风湿因子、血尿酸、甲状腺功能、肾功能、肝功能、全身骨显像等，或许还有骨髓穿刺……骨密度测试检查是否骨质疏松，风湿因子检查是否类风湿，血尿酸检查是不是痛风，血钙和磷的指标检查是否患有甲旁亢，骨髓穿刺检测是否患有白血病、再障等血液疾病……

杜甫的"骨尽痛"后面，还有一个相关的症状，是"味空频"，就是食之无味、食欲不振。就像他在《王十五前阁会》诗中说的："病身虚俊味，何幸饫儿童。"

结合上面的分析和多次的质疑推断，我们几乎可以判定杜甫患上了甲状旁腺功能亢进症，因为甲旁亢病人除了骨痛之外，会出现厌食、溃疡，还会腹胀、便秘、恶心呕吐等。

心弱

　　吐蕃是一个位于青藏高原的古代王国，由松赞干布创立，一直延续了两百多年。吐蕃和大唐有一段漫长的对峙过程。766 年二月吐蕃遣使者来朝，但九月又攻陷了原州（今宁夏固原），兵甲一直未息。所以杜甫在《诸将五首》和《秋兴八首》[102]、《咏怀古迹五首》中表达了这种忧虑和担心。他是为国家着急，同时也为自身和家人的安全担忧。"孤舟一系故园心"，他一直在考虑是否在夔州继续住下去，是不是要出峡回到故乡。

　　柏茂琳第一次出现在杜甫的诗中，是 766 年秋天杜甫作的《峡口二首》，诗的末句说"疲苶烦新故，诸侯数赐金"。杜甫自注："主人柏中丞，频分月俸。"此后杜甫更是写下了《览柏中丞兼子侄数人除官制词，因述父子兄弟四美，载歌丝纶》《览镜呈柏中丞》等不少诗。仇兆鳌认为这类诗是杜甫"有望于中丞"；当代文学史家朱东润先生则批判说，"这实在不是诗，而是乞丐口中的'莲花落'"，从而认为"诗人堕落成新兴军阀的帮闲"。杜甫与柏茂琳到底是一种什么关系，弄清楚他们之间的交游情形，对读懂杜甫在夔州的作品和了解杜甫的内心变化、病情有帮助，对杜甫最终做出离开夔州的决定也就理解了。

史书中没有柏茂琳的传记，能见到的材料表明他是在郭英乂和崔旰之间的军阀混战中，作为郭英乂的前锋出现的。《新唐书·崔宁传》记载，郭英乂被崔旰所杀，邛州牙将柏茂琳、泸州杨子琳、剑南李昌夔起兵讨伐崔旰，蜀地大乱。后来朝廷派杜鸿渐来平息战乱，杜氏采取"和稀泥"的办法，为各头目求取功名，以此息战。柏茂琳于766年二月被封为邛南防御使，八月升为邛南节度使[①]。柏茂琳应该于二月入夔州，杜甫之前与之没有交往，只是柏茂琳升任邛南节度使后，杜甫才与他有交集的。

两人产生交集的原因其实很简单，柏茂琳是严武旧属，杜甫又是严武幕府的节度参谋，他们即便以前没有交往也肯定相互知道。柏茂琳从武将被擢升为掌握一方的节度使，很需要舞文弄墨的人，自然会找到在夔州境内的杜甫。有人认为杜甫给柏茂琳写的诗都是歌功颂德的"软文"，但你仔细读这些诗文会发现，杜甫并不是仰其鼻息而甘心顺从的人。他在这些诗中一是为柏茂琳出谋划策，二是提醒他要重君臣之道，三是劝诫他为国效力，以赢得朝廷信任。

杜甫为柏茂琳写的第一篇文章就是《为夔府柏都督谢上表》，其实就是替柏茂琳向皇帝表忠心。杜甫写这种文章是"老太太擤鼻涕——手拿把攥"。杜甫在奏表中除替柏茂琳感激涕零外，还表达了施政的责任，借柏茂琳之手写出了自己对时政和地方治理的一些观念，其实也蕴含着对柏茂琳的期望与寄托。

柏茂琳对杜甫照顾极佳，安排他在西阁居住，每月给他俸金，安排了奴仆，经常派人给他送菜送瓜，还在瀼西给他购置了草堂、柑园，在东屯

①《新唐书·代宗本纪》言："壬寅，以茂州刺史崔旰为成都尹、兼御史大夫、剑南西川节度行军司马，邛南防御使、邛州刺史柏茂琳为邛南节度使，从杜鸿渐所请也。"据史料记载，当时的邛南领夔、峡、忠、归、万等州，治所在夔州。

杜甫：诗中的病

264

给他购置了稻田，并把公家的一百顷土地交给杜甫管理……柏茂琳不能说是单纯地利用杜甫，他就是一介武夫，从内心敬重杜甫，并且对杜甫的帮助也是发自真心。但杜甫的内心却是纠结的，他不愿意屈从这种生活状态，也看不惯柏茂琳的行为。

秋兴八首 [102]

玉露凋伤枫树林，巫山巫峡气萧森。

江间波浪兼天涌，塞上风云接地阴。

丛菊两开他日泪，孤舟一系故园心。

寒衣处处催刀尺，白帝城高急暮砧。

其二

夔府孤城落日斜，每依北斗望京华。

听猿实下三声泪，奉使虚随八月查。

画省香炉违伏枕，山楼粉堞隐悲笳。

请看石上藤萝①月，已映洲前芦荻②花。

心弱

265

其四

闻道长安似弈棋，百年世事不胜悲。

王侯第宅皆新主，文武衣冠异昔时。

直北关山金鼓振，征西车马羽书迟。

鱼龙寂寞秋江冷，故国平居有所思。

---

① 藤萝，可解毒、止泻、驱虫。花可提炼芳香油，并有解毒、止吐泻等功效；藤萝的种子有小毒，含有氰化物，可治筋骨疼，还能防止酒腐变质；藤萝皮具有杀虫、止痛、祛风通络等功效，可治筋骨疼、风痹症等。

② 芦荻，一般指芦竹，其根状茎味苦、寒，清热利水。用于热病发狂、虚劳骨蒸、淋证、小便淋痛不利、风火牙痛等。

杜甫在《西阁二首》[103]中也透露出自己的内心世界，他并不想要这种生活，并且也断了回朝廷任职的想法，更不奢求荣华富贵。他只想等儿女结婚出嫁了，自己的身体康复了，就隐居山林或者遁入海岛，求访仙丹，颐养天年。

尽管柏茂琳安排杜甫住在西阁，也给了他钱财，但杜甫的精神状态却不是很好。这段时间他的诗中充斥着悲凉、哀伤、愁闷、忧虑和不安的情绪，这是典型的抑郁症倾向。

杜甫疏懒也不想做事，"懒心似江水"（《西阁二首》[103]）；情绪低落，"萧索倚朱楼"（《西阁二首》[103]）；对生活失去了愉快感，"悲秋宋玉宅"（《奉汉中王手札》）。他悲观绝望，经常莫名地流泪，"忍泪已沾衣"（《九日诸人集于林》）。他反应迟钝，精神恍惚，"恍惚寒山暮"（《西阁夜》）；警觉性也突然增强了，"衰年肺病唯高枕，绝塞愁时早闭门"（《返照》[105]）。他甚至出现了恶心、呕吐、心慌和胸闷的症状，还担心自己死去，孩子没人抚养，"临餐吐更食，常恐违抚孤"（《遣怀》）……

我们已经分析过，杜甫有着分裂的双层人格，有焦虑和抑郁障碍倾向，但是此时他的症状突然明显了，而且整夜整夜睡不着觉。"气衰甘少寐"（《不寐》[104]），既指出他的失眠症，又说明引发失眠的原因。

西阁二首 [103]

巫山小摇落，碧色见松林。百鸟各相命，孤云无自心。

层轩俯江壁，要路亦高深。朱绂犹纱帽，新诗近玉琴。

功名不早立，衰疾谢知音。哀世非王粲，终然学越吟。

其二

懒心似江水，日夜向沧洲。不道含香贱，其如镊白休。

经过凋碧柳，萧索倚朱楼。毕娶何时竟？消中得自由。

豪华看古往，服食寄冥搜[①]。诗尽人间兴，兼须入海求。

现代医学通常认为抑郁症的发病与下丘脑垂体、肾上腺、甲状腺功能异常等因素有关，与自责、悲观的心理因素有关。患有癌症、甲状腺功能低下、糖尿病、心脏病或者慢性疼痛的人更容易患抑郁症。

中医则把抑郁症归于郁症、百合病、梅核气这样的范畴。郁症，一般指情志不舒、气郁不畅，脏腑功能失调，范围非常广；而百合病的特征，就是会出现精神恍惚、悲忧善哭、不能自主，主要是由于肝气郁结、心神失养所致；梅核气的特点，是有选择性遗忘、错乱等症状，是肝气郁结、气郁化火、脾虚生痰、痰郁互结等原因造成的。

其实不管从西医还是中医角度来看，杜甫患有抑郁症并不奇怪，也符合发病机理。

通过对症调理，抑郁症是可缓解甚至治愈的。通过心理暗示、纠正和经络调理，抑郁症患者完全可以走出阴影，使病情缓解，最后恢复健康。

心
弱

267

不寐 [104]

瞿塘夜水黑，城内改更筹。翳翳月沉雾，辉辉星近楼。

气衰甘少寐，心弱[②]恨和愁。多垒满山谷，桃源无处求。

---

① 张溍曰："言看已往豪华皆成逝水，故欲服食求仙。"（《读书堂杜工部诗集注解》卷十五）
② 气血不足而容易出现脉搏弱、无力、快的现象，是心脏机能减退、运血无力的体现，伴有气虚表现。现代医疗中，心肌缺血有发生心肌梗死和猝死的危险。

返照 [105]

楚王宫北正黄昏，白帝城西过雨痕。

返照入江翻石壁，归云拥树失山村。

衰年肺病唯高枕 ①，绝塞愁时早闭门。

不可久留豺虎乱，南方实有未招魂。

杜甫在《不寐》[104] 诗中很明确地提到"气衰甘少寐，心弱恨和愁"。他意识到气衰和心弱是造成他失眠，乃至心理抑郁的症结所在。

不寐，就是我们经常提到的失眠，可以说是重度失眠症。《黄帝内经》称之为"不得卧""目不瞑"。明代学者李中梓（1588—1655），擅长文学、兵法，因屡试不第，加上体弱多病，就弃仕途而学医，在实践中成为一代名医。他提出："不寐之故，大约有五：一曰气虚，一曰阴虚，一曰痰滞，一曰水停，一曰胃不和。"

气与血是人体内的两大基本物质，气对人体有推动调控和温煦凉润的作用，同时有防御和固摄作用；血对人体有滋养、化神作用。气血不足容易出现脉搏弱、无力、快的现象。西医说的气血不足是指心脏功能减退、运血无力，伴有气虚等表现。

中医中，肺主气，司呼吸。也就是说肺除具有呼吸运动的生理作用外，还主全身的气机，包括先天之气和脾胃运化形成的后天之气，涉及气血的运行和津液的输布代谢等。杜甫在诗中提到的"气衰"，即肺疾，不但影响了他的呼吸功能，还使肺的主气能力大大减弱，失去了"相傅"的统摄能力，肺功能向上、向外升宣布散和向下、向内收敛下降的作用也衰退了。

心主身之血脉，就是心气推动和调控体液在经脉中运行，发挥营养和滋润的作用。心是人体的君王，杜甫提到的"心弱"就是说他心气不足，

---

① 顾宸曰："公有肺病，肺病易喘，惟高枕可以安之。"（《辟疆园杜诗注解》）

心已经失去"君临天下"的王者之气，脉道不通利，心脏不能有规律地搏动，脉管也失去有规律的舒缩，就是西医所说的"心力开始衰竭"。

"心藏神、肺藏魄"，简单地讲，神就是本能，魄就是意志。杜甫尽管这段时间没有生活上的压力，但是他的身体和心理疾病却在加重，心肺功能急骤下降，精神压力增大了，可以说是神不守舍、精神萎靡。这是从中医角度解释杜甫诗中提到的"心弱"，其实就包含着心不藏神的精神抑郁和心力开始衰竭双重含义。

紧接着杜甫在《遣怀》诗中说"临餐吐更食"，说明他已经有厌食甚至恶心、呕吐的症状，这是抑郁症后期典型的症状。

心
弱

曝 日

2020 年，英国 BBC 播出了一部纪录片《Du Fu: China's Greatest Poet》(《杜甫：中国最伟大的诗人》）。西方人很难理解或者读懂杜甫的"忧国忧民"情怀，他们津津乐道的，是杜甫那种虽处境艰难仍为他人着想的勇气，以及一个人在成长过程中表现出来的坚持。

这部纪录片是从杜甫的自传体长诗《壮游》[106] 开始的，《指环王》中甘道夫的扮演者伊恩·麦克莱恩用英语朗诵此诗。中国人其实并不是很熟悉这首诗，大家接受的教育中，更多了解的是杜甫的《春望》[26] 和《茅屋为秋风所破歌》[64] 等忧国忧民的诗篇。

英国导演却大胆地用这首很长的诗开篇，历史学家伍德背着双肩包，沿杜甫走过的路线行走，将西方观众带进一个中国诗人的世界。

杜甫所处的那个时代，就是战争、灾害和疾病横生的离乱之世。他是怎么在这种状态下成长、追求并坚持梦想，时时关心着这个世界上其他人的艰难和不易的？这也许是他最能打动西方人的地方。

在《壮游》这首诗中，杜甫追忆了自己的童年和少年，以及前半生的快意与坎坷，包括吴越游历、科举不第、放荡齐赵、困居长安、安史之乱、玄宗避难、肃宗登基、两京收复、弃官漂泊，其中应该也写到了流寓两川的开始，最后感叹"群凶逆未定，侧伫英俊翔"。这里的"群凶"，我们理解应该是安史叛乱，而不是藩镇割据。赵次公曰："公之平生出处，莫详于此篇，而史官为传，当时之人为墓志，后人为集序，皆不能考此以书之，甚可惜也。"

这首《壮游》历来一直被认为作于766年秋天，也就是说，是杜甫在夔州西阁时期写的。

762年四月，玄宗去世，紧接着肃宗李亨病死，代宗李豫继位，改元大历。杜甫在诗中没有提及这些事件，这不是杜甫的风格。而且这首诗中至少有九处冒犯了代宗的名讳，比如鱼、欲、隅、禹、宇、御、郁、羽、渔……《唐律疏议》规定，直呼皇帝名字就是犯了十恶不赦的"大不敬"罪，有时候无意犯讳，也要受到惩罚。甚至不光同字要避讳，发音相同甚至发音近的也要避讳。杜甫不可能不懂得这些禁忌，从这里可以判定，这首诗应该写于762年四月之前，即代宗即位之前。

《壮游》诗中提到了杜甫入蜀的情形，那么，这首诗的写作时间只有760年和761年两个秋天可以选择。诗中的"荣华敌勋业，岁暮有严霜"可能隐喻了张镐被贬[1]和崔光远蒙羞[2]两个事件。761年五月，张镐曾购买岐王李珍的宅邸，受到牵连，被贬为辰州（今湖南怀化市）司户；同年秋天，崔光远因皇帝下诏派监军调查罪状，忧郁而死。这两位都是因在安史之乱

---

[1] 张镐起家左拾遗，安史之乱爆发，扈从唐玄宗逃往蜀郡。奉命投奔唐肃宗，授谏议大夫。至德二年（757），授中书侍郎、同平章事，成为宰相；他救过杜甫和李白。参与平定安史之乱，册封为南阳郡公。上元二年（761），卷入岐王李珍谋逆，贬为辰州司户。唐代宗时授抚州刺史，迁洪州观察使，改封平原郡公，讨伐江淮叛军有功，迁江南西道观察使。广德二年（764），卒于任上。
[2] 安史之乱时，崔光远授西京留守采访使，迁拜御史大夫、京兆尹。安禄山攻入长安，授予京兆少尹，逃向灵武，擢为御史大夫。平定叛乱后，拜礼部尚书、邺国公，出任剑南节度使。讨平段子璋后，失守魏州，不能禁止郭愔士卒摽掠，坐事论罪。上元二年（761），忧郁而卒。

中平贼有功而被提拔到高位的。

从这些分析可以看出，《壮游》写于761年秋天是合理的解释。可能就在秋风吹破茅屋后的一段时间，杜甫因为生活困难，去了成都附近的唐兴县和蜀州。他在唐兴县还为县令王潜写过一篇《唐兴县客馆记》，可能得到一些报酬。他去蜀州，肯定是去找高适的，高适当时是蜀州刺史。不巧，高适因公务去成都出差了，杜甫在蜀州一直待到高适从成都回来。

《壮游》这首诗很有可能是杜甫在蜀州等待高适期间，在游玩某一座山峰时回忆起前半生即兴写下的。当然这只是我们的猜测和推断，没有实质性的证据。

《昔游》和《遣怀》两首诗应该是766年秋冬，杜甫在夔州西阁时期作的，内容都是怀念追记他和高适、李白游宋齐时的往事（那时候还是大唐帝国的盛世）。这两首诗抚昔叹今，可视为《壮游》诗的补记。

或许杜甫在夔州西阁时翻看旧作，当看到761年秋天在蜀州时写的《壮游》，想到高适在刚刚过去的765年去世，而李白早在762年去世，就追记了这两首诗。

壮游 [106]

往者十四五，出游翰墨场。斯文崔魏徒，以我似班扬。

七龄思即壮，开口咏凤凰。九龄书大字，有作成一囊。

性豪业嗜酒，嫉恶怀刚肠。脱略小时辈，结交皆老苍。

饮酣视八极，俗物都茫茫。东下姑苏台，已具浮海航。

到今有遗恨，不得穷扶桑。王谢风流远，阖庐丘墓荒。

剑池石壁仄，长洲荷芰香。嵯峨阊门北，清庙映回塘。

每趋吴太伯，抚事泪浪浪。枕戈忆勾践，渡浙想秦皇。

蒸鱼闻匕首，除道哂要章。越女天下白，鉴湖五月凉。

剡溪蕴秀异，欲罢不能忘。　归帆拂天姥，中岁贡旧乡。

气劘屈贾垒，目短曹刘墙。　忤下考功第，独辞京尹堂。

放荡齐赵间，裘马颇清狂。　春歌丛台上，冬猎青丘旁。

呼鹰皂枥林，逐兽云雪冈。　射飞曾纵鞚，引臂落鹙鸧。

苏侯据鞍喜，忽如携葛强。　快意八九年，西归到咸阳。

许与必词伯，赏游实贤王。　曳裾置醴地，奏赋入明光。

天子废食召，群公会轩裳。　脱身无所爱，痛饮信行藏。

黑貂不免弊，斑鬓兀称觞。　杜曲晚耆旧，四郊多白杨。

坐深乡党敬，日觉死生忙。　朱门任倾夺，赤族迭罹殃。

国马竭粟豆，官鸡输稻粱。　举隅见烦费，引古惜兴亡。

河朔风尘起，岷山行幸长。　两宫各警跸，万里遥相望。

崆峒杀气黑，少海旌旗黄。　禹功亦命子，涿鹿亲戎行。

翠华拥吴岳，螭虎啖豺狼。　爪牙一不中，胡兵更陆梁。

大军载草草，凋瘵满膏肓。　备员窃补衮，忧愤心飞扬。

上感九庙焚，下悯万民疮。　斯时伏青蒲，廷争守御床。

君辱敢爱死，赫怒幸无伤。　圣哲体仁恕，宇县复小康。

哭庙灰烬中，鼻酸朝未央。　小臣议论绝，老病客殊方。

郁郁苦不展，羽翮困低昂。　秋风动哀壑，碧蕙捐微芳。

之推避赏从，渔父濯沧浪。　荣华敌勋业，岁暮有严霜。

吾观鸱夷子，才格出寻常。　群凶逆未定，侧伫英俊翔。

西阁曝日 [107]

凛冽倦玄冬，负暄嗜飞阁。　羲和流德泽，颛顼愧倚薄。

毛发具自和，肌肤潜沃若。　太阳信深仁，衰气欻有托。

欹倾烦注眼，容易收病脚。　流离木杪猿，翩仙山颠鹤。

朋知苦聚散，哀乐日已作。即事会赋诗，人生忽如昨。

古来遭丧乱，贤圣尽萧索。胡为将暮年，忧世心力弱。

你能想象出一个瘦弱的老头，蜷缩在墙根下晒太阳的情形吗？他的怀里还抱着一根拐杖。杜甫在《西阁曝日》[107]中就写出了他蹲墙根晒太阳的惬意，其中还流露出朋友离散、世事丧乱和贤明被弃的叹息。

杜甫在诗中说，晒太阳润泽毛发和肌肤，气促喘急的症状也减轻了，经络也顺畅，病脚也能舒服点……"欻"是形容短促快速的声音，这说明杜甫气喘短促；"欹倾"与"病脚"是说湿痹症和甲旁亢引起身体不能转侧、腰脚部位肿胀疼痛。

冬日暖阳，使气血相通，润泽肌肤。晒太阳是一种古老的养生方法，中医有"采日精"的说法，就是采集阳光以生发清阳之气，驱散体内的湿气和浊气，也就是补阳气。肾藏精，是指肾的封藏作用，包括肾阳和肾阴。打个比方，肾阴或者肾精就是钱财，肾阳或者肾气就是支付系统。光有本钱，支付系统不通畅，肾精同样不能对人体各脏腑组织的功能起到推动、温煦的作用。

杜甫的脾胃虚弱、肝气郁结、心肺虚衰等方面的疾病都与其肾阴不足、肾阳衰弱有直接关系。

现代医学证明，晒太阳的养生原理主要在于可获取维生素 D，帮助人体摄取和吸收钙、磷等物质，能预防软骨病、佝偻病，对骨质疏松、类风湿关节炎的治疗有很大帮助；晒太阳还能增强人体免疫功能、增加吞噬细胞活力，促进人体的血液循环，调节中枢神经，增加新陈代谢的能力，防止贫血，调整人体生命节律等。

杜甫在整个人生过程中，记录的不光是现实的碎片，还有历史的光影；记录的不仅有百姓的多舛命运，还有对整个人类命运的思考；记录的不仅是自己的艰难困苦，更有整个大唐帝国的衰败演进。忧患意识强烈的杜甫，面对动荡不安的天下，心有余而力不足，所以才发出了"胡为将暮年，忧世心力弱"的叹息。

这里的"心力"应该包含了精神和身体的双层因素，就像平常我们说的"竭尽全力""心力交瘁"一样。心理学上有一种心理社会能力，简称"心力"，简单地说，就是一个人处理个体内心和应对外界挑战的能力，包括情绪管理能力、人际沟通能力、自我认知能力和社会适应能力。杜甫经历的磨难和坎坷，以及对整个社会与时局的忧心，大大超出了他自身的承受能力，所以他才变得焦虑、抑郁，也使自己的情志和身体一天天垮了下来。

杜甫在《西阁曝日》最后感叹："朋友有聚有散，天天有乐有哀。人生匆匆，既然如此，我只需要即事赋诗，又何必为聚散烦忧？自古以来，社会丧乱无常，连圣贤都会'萧索'。我一个暮年之人，又何必整天忧国忧民，使心力衰竭呢？还是安心晒太阳吧。"

西医所说的心力衰竭，是由于心肌病变或心脏负荷过重，使心肌收缩功能减低，心腔血液不能顺畅排出导致的。三年后的冬天，杜甫与世长辞。据推测，他可能死于心力衰竭。中医把这类疾病归于喘息心悸、不能平卧、咳吐痰涎、水肿少尿等为主要表现的"脱病"。

老病

　　杜甫在《解闷十二首》中曾经这样描述："为问淮南米贵贱，老夫乘兴欲东流。"当时淮南大乱，有饥荒，杜甫咨询了去扬州的商贾。他极有可能把稻米卖给了这些客商，筹措路费准备归乡。

　　在柏茂琳的照顾下，杜甫在夔州的生活可以说是衣食无忧的，应该还有不错的收入。我们大体核算一下，杜甫的收入大概包括以下几项：一是柏茂琳每月给的薪俸，二是东屯种植的稻米售卖入账，三是瀼西柑橘售卖入账，四是在瀼西的"山北"杜甫可能开了一片药圃，五是其他官僚友人偶尔的接济。

　　有人以这些为证据，说杜甫依附柏茂琳，沦为割据军阀的"帮闲"。事实并非如此。杜甫一开始与柏茂琳交往，对他是有期望的。杜甫期望柏茂琳能把蜀地治理好，以报答朝廷的恩情。柏茂琳也有意把杜甫招纳进幕府，杜甫却说"镜中衰谢色，万一故人怜"（《览镜呈柏中丞》）。杜甫婉拒了这种邀请，可见他并非是单纯为给柏茂琳唱颂歌而与之交往的。

杜甫与柏茂琳交往的诗文，有一些是被曲解了。仔细研读这些诗作，你会看出，随着杜甫与柏茂琳的交游，杜甫对他开始有了比较清醒的认识。柏茂琳不是严武，杜甫与他没有深厚的交情，所以只能在一些诗中隐匿题旨，加以劝诫，并逐渐与他疏远。

杜甫在《暇日小园散病，将种秋菜，督勒耕牛，兼书触目》说："不爱入州府，畏人嫌我真。"此诗最后用受伤的鹤作喻，表示不愿意再介入世事纷争，实际上也写出了杜甫内心是想着放弃与柏茂琳交往的。杜甫在《雨》[116]中也暗示"新知渐成故"。在《戏作俳谐体遣闷二首》[128]中，他更是直接点出两人的疏离："旧识难为态，新知已暗疏。"

柏茂琳最后一次出现在杜甫的诗中，是在767年八月作的《送田四弟将军》。柏茂琳安排田将军去江陵看望荆南节度使卫伯玉，送行时杜甫也参加了。从此以后，杜甫的诗中再未出现柏茂琳的信息，这时候距离杜甫离开夔州，至少还有六七个月时间。

从杜甫的诗中可以看出，杜甫与柏茂琳的交往经历了期望、失望和疏离的过程。尽管杜甫为生计所困，但是他没有完全依附于军阀，成为随波逐流的帮闲文人，他是有自己的道德底线的。

老病 [108]

老病巫山里，稽留楚客中。药残他日裹，花发去年丛。
夜足沾沙雨，春多逆水风。合分双赐笔，犹作一飘蓬。

入宅三首 [109]

其二

乱后居难定，春归客未还。水生鱼复浦，云暖麝香山。
半顶梳头白，过眉拄杖班。相看多使者，一一问函关。

暮春题瀼西新赁草屋五首 [110]

其四

壮年学书剑，他日委泥沙。事主非无禄，浮生即有涯。

高斋依药饵，绝域改春华。丧乱丹心破，王臣未一家。

其五

欲陈济世策，已老尚书郎。未息豺虎斗，空惭鸳鹭行。

时危人事急，风逆羽毛伤。落日悲江汉，中宵泪满床。

杜甫在 767 年春天从西阁移居赤甲，晚春时候，可能租赁好瀼西的草屋，就全家搬了过去。他在《入宅三首·其二》[109] 中说"半顶梳头白"，我们知道杜甫很早就开始白头、脱发，他现在说半顶，难道脱发已经很严重了？

因为杜甫的肺损伤得很厉害，肝肾阴虚，气血不足，很可能会引起脱发。从杜甫的诗中我们也能看出来，杜甫的脱发大概率是从头顶开始的。他在诗中说"白头搔更短，浑欲不胜簪"。那是十年前 757 年的春天，杜甫开始白头、脱发，连发簪都挽不起来了。

唐代人的发髻是很单一的，特别是男子的发髻，就是简单地把长发高高地束扎起来，然后盘起来，插上簪子一类的装饰品就行了。杜甫的头发没法束扎，说明他的脱发不是发际线后退，而是从头顶开始的"地中海秃"。

杜甫有不同程度的精神压抑、焦虑、失眠等症状，加上分泌系统功能障碍像甲状旁腺功能亢进、糖尿病，以及一些慢性病像肺结核、肝硬化、肠胃病，都有可能造成脱发加重。到最后，杜甫根本用不着束扎，一直披头散发，《秋峡》[125] 诗说"衣裳垂素发"；或者发簪根本扎不住头发，"耳聋须画字，发短不胜簪"（《水宿遣兴奉呈群公》[136]）；有时候干脆随意用葛巾一扎，"随意簪葛巾"（《早发》）。

要想弄明白杜甫说的"药残他日裹，花发去年丛"（《老病》[108]）的意思，我们需要先弄明白"裹药"的意思。翻阅《黄帝内经》等古籍，其中有对"裹药"疗法的记载。医家把对症的中药粉碎后，用绢绫、棉布制作锦囊或者腰带，佩在内衣里面或者系在腰间，用于温热穴位、治疗疾病。该法由于操作方法简单，疗效也好，所以在古代很流行。就像我们现在通常说的"服药"，"服"本义是指贴身穿的内衣，就是因为药囊或者裹药贴身佩戴在内衣里面，这才成了"服药"，并且沿用至今。"服"只有和药联在一起，才有吃和喝的意思。

杜甫在这里表达的是，因为时间久了，裹药的效力才渐渐失去，但是老病却像花木一样，每年还是从根上萌发出来。

2021 年有一个公开数据：我国心血管病人超过三亿人，每年有六十万人猝死，其中四成以上的人在四十岁以下；糖尿病患者有一亿四千万人；高血压患者超过二亿七千万人；脂肪肝患者超过二亿人；慢性肾脏病人有一亿三千万人；痛风患者将会超过一亿七千万人；有睡眠障碍的超过三亿人；颈椎病患者超过一亿五千万人；皮肤病患者有一亿五千万人；精神疾病患者超过一亿人，患妇科疾病的女性超过二亿八千万人……

以上所罗列的大多是慢性病，也就是杜甫诗中说的"老病"。我们普通人其实跟杜甫有一样的疑问，为什么老病难以治愈，就像花丛的老根一样，年年萌发？

我们通常所说的病与症，其实是两件事。病是病因，就是器官或者功能受损，是疾病的源头；而症是指身体感觉或者检查指标，是病因的外在表现。比如胃黏膜受损，这是病因；而胃疼，则是病症。比如肝肾阴虚，这是病因；嘌呤高是指标，关节疼痛是病症，而痛风只是病的名称而已。

现在大多数人对于疾病治疗的思维，仅限于外在病症的控制和消除，而不考虑祛除疾病的根源；只考虑病症的缓解和指标正常，而不考虑疾病的治愈和长久健康。病因不明晰或者不从根源上治疗，往往就是无效的、重复花钱的治疗。比喻有些痛风患者，大量使用别嘌醇、丙磺舒、苯溴马隆、秋水仙碱等，只是具有阻止尿酸形成、增加尿酸排泄、消炎止痛等作用，而没有触及根本。

在生活中我们经常会遇到这样的问题，家附近有一堆恶臭的垃圾，会吸引来老鼠、蟑螂、蚊子和苍蝇。你用杀虫剂或者毒鼠灵把这些害虫消灭后，过一段时间还会有，那怎么办？我们治疗疾病的过程，其实就像杀灭害虫。如果感冒发烧了，不去诊断是病毒性的，还是细菌性的感染，大概率会同时用上抗菌药、抗病毒的药，有时候会加上激素类和维生素类的药，因为这样简单，杀病毒、杀细菌和消炎一块完成了。但是随着这种过程循环往复，害虫的生存能力在变强，我们的用药也一再升级，从前用过的包括抗生素在内的抗菌药效果也没有以前那么好了，所以就会用上更高级的抗菌药。

每个人身体的环境不一样，所以造成了患病的概率也不同。我们大多数人在治病的时候，没有去尝试从源头上去解决，所以老病反复发作，就像杜甫所说的"花发去年丛"。

《金匮要略·脏腑经络先后病脉证》提出："夫病痼疾，加以卒病，当先治其卒病，后乃治其痼疾也。"痼疾就是杜甫所说的老病，卒病在这里指新病。意思是说，有老病加新病的情况，应该先把新的病治愈，再想办法祛除老根。

杜甫在《暮春题瀼西新赁草屋五首》[110]中说："落日悲江汉，中宵泪满床。"我们不要总把杜甫当成一个钢铁战士，他是个人，"忧世心力弱"。他的身体已经撑不起他的情怀了，他想叶落归根。关键是他除了身体上的病患，还有心理上的障碍，就像前面我们说的，他患上了抑郁症。"落日悲江汉，中宵泪满床"，他时不时会莫名地悲愁，半夜里忍不住泪流满床。

"抱疾漂萍老""无梦有归魂"（《东屯月夜》[129]），也许这就是杜甫的宿命吧。

昼梦

杜甫这个时期写过一首《昼梦》[112]。昼梦就是白日梦，在心理学上通常被当作一种心理疾病。用教科书上的话说，白日梦是指清醒时脑子所产生的幻想和图画影像像流动的画面一样呈现，通常是开心的念头、对未来的希望和憧憬，或者是过去的回忆。

抑郁症患者会表现出懒散的行为，比如不洗脸、不梳头、不洗衣服，不注重外在形象；在思维方面，感觉自己经常被洞悉、被控制，有时候会感觉被监视，有人在背后说自己的坏话；在情感方面没有安全感，非常冷漠，进取心和责任感丧失，对人情世事充耳不闻、视而不见；容易胡思乱想，大部分是脱离实际的，有时候显得幼稚可笑，对现实世界反应冷淡，就像跟自己没有关系一样。

心理上的胡思乱想有时候就表现成白日梦。有研究者说白日梦是抑郁症患者自身的一种心理防御机制，是在情绪困扰下潜意识调动身体或者心理的一系列动作，来缓解焦虑和抑郁，这是身体的一种自我防御机制。

杜甫这段时间抑郁倾向明显加重，我们可以这样解释：他的白日梦就是用来对抗抑郁症所产生的悲观、绝望情绪，幻想中掺杂着大量的虚构内容，其实也是杜甫暂时逃避现实的身体防御措施。

杜甫所说的昼梦，可以理解成这是他自身防御抑郁和焦虑的一种自我保护机制。现在我们可以结合杜甫近期的生活和日常，来看一下他的几个白日梦及成因。

熟食日示宗文宗武 [111]

消渴游江汉，羁栖尚甲兵。几年逢熟食，万里逼清明。

松柏邛山路，风花白帝城。汝曹催我老，回首泪纵横。

昼梦 [112]

二月饶睡昏昏然，不独夜短昼分眠。

桃花气暖眼自醉，春渚日落梦相牵。

故乡门巷荆棘底，中原君臣豺虎边。

安得务农息战斗，普天无吏横索钱。

杜甫在夔州的生活相对单调：在柏茂琳的帮助下，没有生计上的困扰，收入也不错，平常也没有什么事可干。恰恰是这种单调、枯燥的生活节奏，让他不适应。杜甫不是一个安于现状的人，富足安逸的"小地主"生活不是他想要的。理想几乎破灭，现实很骨感，他是不甘心的。

杜甫对柏茂琳有清醒的认识，对他的所作所为心里明白，他不是一个替朝廷分忧、为民众做事的贤官，只是一个争夺地盘、打打杀杀的地方军阀。这段时间外部发生的军阀混战也刺激了杜甫的神经，他担心这种近似依附的状态会有损他的人格。这种忧虑和纠结是很关键的一点。

杜甫的朋友相继离世，包括李白、郑虔、苏源明、严武、高适等。在彭州刺史任上离世的王抡也是杜甫在当左拾遗时认识的朋友。杜甫刚到成都时，王抡曾带着酒去草堂看望过他，并邀请高适同来饮酒。（《王十七侍御抡许携酒至草堂》）

　　现在的杜甫是孤独、清冷和寂寞的，他从这些已亡人身上隐约看到了自身的结局。杜甫对这个社会现实是失望、不满甚至愤慨的，但他无能为力，只有内心的纠结和挣扎。这些因素综合起来，应该是杜甫患上精神抑郁、焦虑和白日梦症的心理原因。

　　《素问》说："心藏神、肺藏魄、肝藏魂、脾藏意、肾藏志。"意思是说：心是神志活动的发源地，是指先天；魄和魂是神志的两种形态，魄是人体的本能反应，而智慧和智力存在于魂里；意指后天的想法；志就是指记忆。人体的精神、意识、思维活动，虽然与五脏都有关系，但主要归属于心的生理功能。

　　从中医角度看，心阳损耗过大，心的气血不足，必然会影响到心神，表现为失眠、多梦、健忘、神志不宁。如果血中有热，扰动心神，则表现为烦躁、谵语，甚至昏迷、不省人事等；如果痰火扰动心神，神志昏乱，就会表现出狂躁不安、哭笑无常的症状。

　　杜甫的肺部疾病已经从肺气肿发展成肺源性心脏病，这类病尽管发展缓慢，但是逐渐会出现心肺功能衰竭的迹象。

　　杜甫的湿痹症，前面我们分析出可能是类风湿关节炎，这是一种以侵蚀关节为表现的自身免疫性疾病，除了关节受累以外，还可能影响到神经和心、肺、肾等多个器官。

　　杜甫的糖尿病也会引发心脏疾病（包括冠状动脉粥样硬化、糖尿病性心肌病、微血管病变）及植物神经功能紊乱所导致的心律失常等。杜甫在《熟食日示宗文宗武》[111]中提到"消渴游江汉"，说明这段时间糖尿病一直在折磨着他。

杜甫一再说自己的心力弱，这也从侧面说明他的心脏开始出现问题。心有病变，才有了神志异常的表现。这是从生理方面来分析杜甫白日梦的成因。

心力弱造成心不藏神，再加上心理上的焦虑和纠结，杜甫渐渐患上抑郁，白日梦则是身体对抗抑郁而形成的一种自我防御机制。

其实每个人都会做白日梦，平时走神发呆、胡思乱想，甚至也会产生脱离现实的幻想。科学家曾做过实验，让志愿者在阅读小说时，发现分心就报告，并且要说明胡思乱想到了什么。实验结果表明，志愿者在阅读小说时分心走神的时间达到百分之二十，这说明人在日常生活中进入白日梦状态的次数十分频繁。也就是说，人们的大脑经常会在现实和白日梦之间频繁切换。

还有一项研究表明，能够用灵活思维解决问题的人，往往不是记忆力强、控制力较强的人，而是一些容易思绪飘离的人。这也从侧面证明了做白日梦是有益处的。因为做白日梦，有可能打破呆板、僵硬的控制力对大脑的限制，有助于创造性思维的产生。

心理学家说，白日梦是创造性思维的源泉。从事艺术创作、科学研究的人，都有可能在白日梦中获得灵感。

杜甫难道是在白日梦中获得了创作的灵感吗？

我们在生命过程中和白日梦相处，是可以把思维的幻想作为偶尔逃离世界的秘密小游戏，作为认识自己内心深处的小手段，作为帮助自己获取更多创造力的小助手。但千万不要让它绑架了你，如果它绑架了你的灵魂，就等于吞没了你的整个世界。

767 年的春天，杜甫收到弟弟杜观的一封信，作《得舍弟观书，自中都已达江陵。今兹暮春月末，行李合到夔州，悲喜相兼，团圆可待，赋试即事，情见乎词》，紧接着又写了《喜观即到，复题短篇二首》。大约在夏天，杜观来到夔州，他要到蓝田（今陕西蓝田）迎娶新娘，也顺便过来看望哥哥。杜甫和他约定好了，等秋天时候，不必再到夔州，要在江陵相聚。这说明杜甫已经决定要离开夔州到江陵了。

初秋时候，杜甫作《第五弟丰独在江左，近三四载寂无消息，觅使寄此二首》，他不确定杜丰是在杭州还是越州，也不知道明年春天出峡是否能和弟弟相见。杜甫有三个同父异母的弟弟：杜颖、杜观和杜丰。杜颖去齐州赴任时，到成都草堂看望过杜甫。

这年冬天，杜观从蓝田把家眷带回江陵，杜甫作《舍弟观赴蓝田取妻子到江陵喜寄三首》。768 年正月初一，杜甫作《远怀舍弟颖观等》和《续得观书，迎就当阳居止，正月中旬定出三峡》。在诗中他和弟弟约定，寒食节在江陵相聚，有机会一起北归长安。从此以后，杜甫的字里行间，也没了弟弟们的音信。

吐药

杜甫在瀼西购置四十亩柑园，并租赁草堂定居，留下不少千古名句："此邦千树橘，不见比封君"（《暮春题瀼西新赁草堂五首·其二》），"舍舟越西冈，入林解我衣"（《甘林》），"岑寂双甘树，婆娑一院香"（《树间》）……可以说杜甫成就了瀼西山水。

杜甫去世后，他在诗歌史上的地位不断提升，宋人及以后文人对杜甫的推崇和认可甚至超过了王维、李白。杜甫曾经居住过的浣花溪草堂、瀼西草堂都成为文人墨客的凭吊之地，他们来三峡、过夔州，都要到这里窥柑林之景，抒怀古之情。

陆游（1125—1210）对杜甫很崇拜，他从镇江到南昌，再由南昌到夔州的人生经历也与杜甫极为相似。在陆游的《入蜀记》中，关于杜甫的记载有九处。陆游缅怀诗圣、钩沉史实、考察遗址、辨识名物、考证诗句，可能也想在杜甫身上找到精神的寄托。"少陵先生晚游夔州，爱其山川，不忍去。三徙居皆名高斋。"杜甫在夔州经历过五个居处，除刚入夔州的临时住所和赤甲不可考外，在杜甫去世四百二十年后，陆游去西阁、瀼西、东屯这三个地方寻访过杜甫的"高斋"。

陆游先去了位于白帝城的西阁，白帝城已经荒废了；以前的城郭庙寺，当地人都不知道具体位置，所以杜甫的高斋更是无从寻找。瀼西已经是夔州治所地，房屋鳞次栉比，"裂为坊市"，杜甫的高斋哪里还有踪影？1171年正月，陆游寻访瀼西后，作《瀼西》感慨："千载瀼西路，今年著脚行。匆匆衰已具，渺渺恨难平。绝壁猿啼雨，深枝鹊报晴。亦知忧吏责，未忍废诗情。"

陆游还在《焚香昼睡比觉香犹未散戏作二首》说："燕梁寂寂篆烟残，偷得劳生数刻闲。三叠秋屏护琴枕，卧游忽到瀼西山。"可见陆游对杜甫、对瀼西一往情深。

1171年大寒时节，陆游寻访东屯杜甫旧居，留下"不为山川多感慨，岁穷游子自消魂"（《大寒出江陵西门》）的诗句。

沈周（1427—1509）是明代著名的书画家，与文徵明、唐寅、仇英并称"明四家"。他的《瀼西草堂图》描绘的就是瀼西草堂附近的景致。沈周在图中题诗："堂在瀼西黄草茨，吴乡莫把蜀乡疑。地从杜甫名全借，图为卢鸿我不辞。衣桁夕阳迷翡翠，竹坪春水下鸬鹚。百壶自醉苏司业，未解求人为酒资。"

在明代崇祯年间，曾有刊刻的一本《天下名山胜概记》，列出当时人"海选"认定的五十五处名胜古迹，瀼西就是其中之一。从当时的附图看，瀼西山间林木郁郁葱葱，应该是柑树。

曾参与编撰《永乐大典》的王景，任职期间勤政爱民、革清吏弊，却因触犯权贵被贬至云南临安，虽然生活困顿、箪瓢屡空，但他并不介意，每天读经史自娱自乐。他曾写《谒工部瀼西草堂》："问讯瀼西水，千年旧草堂。"

一直到清代，瀼西在文人当中仍然有着很大的吸引力。

寄薛三郎中 [113]

人生无贤愚，飘飘若埃尘。自非得神仙，谁免危其身？

与子俱白头，役役常苦辛。虽为尚书郎，不及村野人。

忆昔村野人，其乐难具陈。蔼蔼桑麻交，公侯为等伦。

天未厌戎马，我辈本常贫。子尚客荆州，我亦滞江滨。

峡中一卧病，疟疠终冬春。春复加肺气，此病盖有因。

早岁与苏郑，痛饮情相亲。二公化为土，嗜酒不失真。

余今委修短，岂得恨命屯。闻子心甚壮，所过信席珍。

上马不用扶，每扶必怒嗔。赋诗宾客间，挥洒动八垠。

乃知盖代手，才力老益神。青草洞庭湖，东浮沧海漘。

君山可避暑，况是采白苹。子岂无扁舟，往复江汉津。

我未下瞿塘，空念禹功勤。听说松门峡，吐药揽衣中。

高秋却束带，鼓枻视青旻。凤池日澄碧，济济多士新。

余病不能起，健者勿逡巡。上有明哲君，下有行化臣。

752 年的秋天，杜甫曾与薛据、高适、岑参、储光羲登西安大雁塔。安史之乱爆发后，两京沦陷，薛据为叛军所获。长安收复后，薛据复遭谗妒，未能复职。薛据一直到 759 年才迁司议郎，后官至水部郎中。杜甫在夔州写《寄薛三郎中》[113] 时，薛据应该旅居荆州，将北归京师，杜甫后来到荆州时还经常与之相聚喝酒。

杜甫在诗中说："峡中一卧病，疟疠终冬春。"杜甫在 757 年患上疟疾（《病后遇王倚饮赠歌》[15]），到目前应该整整十年。从诗中看，杜甫的疟疾又发作了，并且经历了一个冬春，这说明他体内的疟原虫没有从根本上消除。

春季早晚温差大，温度起伏也比较大，不少肺虚哮喘的患者更容易反复发作，因肺病死亡的比例也会提升。杜甫说"春复加肺气，此病盖有因"，看来他知道自身肺病这么缠绵的原因了。

又上后园山脚 [114]

昔我游山东，忆戏东岳阳。穷秋立日观，矫首望八荒。

朱崖著毫发，碧海吹衣裳。蒸收困用事，玄冥蔚强梁。

逝水自朝宗，镇名各其方。平原独憔悴，农力废耕桑。

非关风露凋，曾是戍役伤。于时国用富，足以守边疆。

朝廷任猛将，远夺戎虏场。到今事反覆，故老泪万行。

龟蒙不复见，况乃怀旧乡。肺萎属久战，骨出[①] 热中肠。

忧来杖匣剑，更上林北冈。瘴毒猿鸟落，峡干南日黄。

秋风亦已起，江汉始如汤。登高欲有往，荡析川无梁。

哀彼远征人，去家死路旁。不及父祖茔，累累家相当。

杜甫在《又上后园山脚》[114]中又说："肺萎属久战，骨出热中肠"，意思是说与这种疾病作斗争已经很久了。"肺萎"是一种病症，也称作"肺痿"。这个名称最早出现在孙思邈的《千金要方·肺痿门》。孙思邈认为"肺痿虽有寒热之分，从无实热之例"。唐代医家王焘在《外台秘要·咳嗽门》中指出，痨嗽久嗽，痨热熏肺，伤阴大伤可进一步发展成肺痿。

"骨出"是中医名词，是骨伤病的特有临床表现。一个人遭受外伤、慢性劳损、风寒湿邪侵袭等，出现骨出，影响正常的气血运行，气血运行不畅则导致局部肿胀、疼痛或活动不利。人体的阳火主要有两种，一种是上焦的心之火，一种是下焦的肾与小肠之火。肝阳上亢不是肝、肾阳过旺

---

① 骨出，历来认为是骨瘦露出，指瘦损。中医认为"筋骨和合"，"骨出"应该是说"骨错缝、筋出槽"，是骨伤病的特有临床表现。

而产生的实证，而是肾水不足产生的虚证。肾水不足无法压制下焦之火，导致下焦之火上窜，窜入上焦而出现相关症状。前面我们已经分析过杜甫患有甲旁亢，甲旁亢容易发生病理性骨折和畸形，这种病的病理在于肝阳上亢、气血瘀结。杜甫说"骨出热中肠"，明显地指出甲旁亢引发的腰背和四肢畸形，是由于小肠和肾水下焦之火引发的。

文学评论家通常把《宗武生日》[72]这首诗系在762年秋天，认为它是杜甫独自在梓州漂泊时作的；洪业先生则把它系在768年的秋天，说是与杜甫一家在江陵居住的几个月情形吻合。根据杜甫的病情分析，这首诗应该置于767年秋天夔州诗内，与《又上后园山脚》诗同时期所作。这是杜甫为次子宗武生日办的宴席，是当面给儿子写的诗，而不是遥寄之作。假如笔者推算没错的话，宗武在这个秋天，应该是十四岁的小伙子了。

杜甫在《宗武生日》里用到"瘵"这个字。在唐代，瘵、瘵鬼、瘵疾就是指痨病。上诗[114]中杜甫用"肺萎"，也就是说，在767年秋天，杜甫非常确定自己所患的肺病就是肺痨。从疾病认识这方面分析，《宗武生日》系在767年的秋天，更符合常理。杜甫在同年春天作的《寄薛三郎中》[113]诗中说："春复加肺气，此病盖有因。"也许他已经清楚自己患过的肺痨，乃是肺病反反复复的真正根源。

"听说松门峡，吐药揽衣巾。"这一句怎么解释？我们的理解是，杜甫在病中听说松门峡的风景好，即便刚把吃完的药吐了，也要整理衣巾出游。杜甫在《反照》中，更是这样形容松门："荻岸如秋水，松门似画图。"

松门峡在哪个地方？从杜甫的诗中看，松门峡应该在三峡中，但具体位置不清楚。后来欧阳修（1007—1072）在《松门》诗中说："岛屿松门数里长……行尽荆江见蜀江。"我们可推知，松门峡应该在西陵峡峡口，是一个数里长的江中岛屿，现在应该已经成了葛洲坝的坝址。

读这句诗，我们更应关注到，杜甫其实出现了一个可怕的症状，就是服药后反胃呕吐，把药都吐出来了。他在 766 年秋天所作的《遣怀》中也曾提到"临餐吐更食"。

在中医里，"吐药""吐食"是由脾胃虚弱、胃气上逆引起的。肝硬化晚期、充血性心力衰竭、眼耳等疾病有可能造成反射性呕吐；偏头痛、脑梗、糖尿病酮症、甲旁亢等疾病也有可能引发中枢性呕吐。杜甫的心力衰竭、肝硬化和糖尿病酮症应该还没严重到这个程度，但偏头痛（头风）、甲旁亢差不多。

767 年秋至 768 年春在夔州期间，杜甫极有可能发生过一次脑梗。糖尿病发展到后期，会对血管造成损伤，无论是大血管，还是微血管；对眼睛、肾脏、脑、心脏也会造成损伤。糖尿病患者的血液本身就处于高凝状态，比较容易形成血栓；如果血糖控制不好，炎症因子对内皮造成损伤，也容易引发脑梗。当年的杜甫肯定控制不了血糖，也根本没有抗血小板治疗，所以说发生脑梗是非常有可能的。

此后不久，杜甫在《雨》[116]中提到"消中日伏枕，卧久尘及屦"。他说自己因糖尿病发作每天都躺在床上，时间久了，鞋子上都蒙上了一层灰尘。为什么卧床这么长时间？糖尿病并发了脑梗，卧床很久，这在时间上是经得起推敲的。

假如说，我们推断杜甫在这期间发生过一次脑梗，那么这段时间和随后他诗中出现的一系列病症就能得到合理的解释了。

这个时期，杜甫的右臂屈伸不力，患上了偏瘫，"作诗呻吟内，墨淡字欹倾"（《同元使君春陵行》[118]），"此身飘泊苦西东，右臂偏枯半耳聋"（《清明二首·其二》[143]）。他的眼睛出现飞蚊症，并且出现复视和混浊，"转使飞蛾密"（《写怀二首》[130]），"老年花似雾中看"（《小寒食舟中作》[146]）。他的牙齿脱落，视力下降，左耳失聪，"眼复几时暗，耳从前月聋"（《耳聋》[123]），"牙齿半落左耳聋"（《复阴》[133]），"耳聋须画字"（《水宿遣兴奉呈群公》[136]）。他还出现了幻视等视觉障碍，"夜半归来冲虎过"（《夜归》[132]）。他出现了吞咽困难，吃饭也成了问题，"佳辰强饮食犹寒"（《小寒食舟中作》[146]），"强饭蓴添滑"（《回棹》[150]）。杜甫还出现了肢体和语言障碍，"我病书不成，成字读亦误"（《送高司直寻封阆州》[131]）。吐药、吐食也是脑梗引发的……

　　杜甫的这次脑梗有可能是间歇性的血管痉挛，会出现暂时性的脑缺血，后续可能出现了偏瘫、视力下降、耳聋等后遗症，并且伴有眩晕、恶心、呕吐、复视，以及吞咽困难、视觉障碍、语言障碍等症状。

食疗

　　杜甫是在黄河流域出生、长大的。他青年时期游历吴越、齐赵等地，特别是华州弃官后，流寓两川、夔州和荆湘。他一生漂泊，大多时候都混迹于上流社会。在长安时，他曾频繁出入达官贵人的宅第；任左拾遗时期，他也见识过宫廷筵宴；漂泊期间，他都是跟当地的地方长官交游，在宴会基本都是座上宾，各种美味吃到不少。从杜甫的诗里看，他既能吃山珍海味，也能享受粗茶淡饭。

　　杜甫在瀼西时吃过"槐叶冷淘"，对此赞不绝口，还想献给皇帝尝尝。

　　"槐叶冷淘"是中国古代一种传统的地方小吃，就是用槐叶汁和面，切成条、丝等形状，煮熟后，用凉水拔过后，拌上佐料食用，类似现在北京的芝麻酱凉面、四川的鸡丝凉面、济南的麻汁凉面等，只不过加了"槐叶汁和面"这一道工序。

　　据《唐六典》记载："太官令夏供槐叶冷淘。凡朝会燕飨，九品以上并供其膳食。"从这里看，"槐叶冷淘"还是唐朝官方的夏季指定用面，只不过杜甫倾情"代言"了一下。宋代诗人王禹，山东巨野人，也曾在诗中记述过"甘菊冷淘"的制作过程。

槐叶具有清肝明目、凉血止血、燥湿解毒的功效，对目赤肿痛、视物模糊、眼睛干涩、青光眼、白内障、湿疹等有一定的治疗作用。用槐叶汁做凉面，就像现在我们做蒲公英窝头、山药薏米饼、苦菜茶一样，都是典型的食疗方法。

槐叶冷淘 [115]

青青高槐叶，采掇付中厨。新面来近市，汁滓宛相俱。

入鼎资过熟，加餐愁欲无。碧鲜俱照箸，香饭兼苞芦。

经齿冷于雪，劝人投比珠。愿随金骕袅，走置锦屠苏。

路远思恐泥，兴深终不渝。献芹则小小，荐藻明区区。

万里露寒殿，开冰清玉壶。君王纳凉晚，此味亦时须。

《黄帝内经》分《灵枢》《素问》两部分，是中国最早的医学典籍。《素问·五常政大论》主张"谷肉果菜，食养尽之"，第一次提出了食疗养生的作用。

东汉名医张仲景治疗外感病主用桂枝汤，他曾提醒要"啜热稀粥一升余，以助药力"。在服药期还要忌生冷、油腻、辛辣的食物。这时候的古人就开始重视饮食养生及其辅助治疗作用。

隋唐时期有很多食疗专著问世。如孙思邈的《千金要方》卷二十四专论食治，他主张"为医者，当晓病源，知其所犯，以食治治之，食疗不愈，然后命药"。初唐时期著名的医药学家孟诜（621—713），是河南汝州人。孟诜开创了中医食疗养生学，著有世界上现存最早的中医食疗学专著《食疗本草》，孟诜被誉为世界食疗学的鼻祖，与孙思邈、王冰、王焘并称为唐代四大名医。

宋代的《圣济总录》专设了"食治"一门，介绍各种疾病的食疗方法。宋代陈直著的《养老奉亲书》，专门论述饮食对老人保健的重要作用。元代膳食太医忽思慧编撰的《饮膳正要》，结合饮食、养生和医疗，对健康人的日常饮食做了系列论述，堪称我国第一部营养学著作。明代李时珍的《本草纲目》收录了谷物、蔬菜、水果类药物三百多种，动物类药物四百多种，都可以作食疗辅助品。

现在，人们尤其是老年人重视养生保健。一些不良商家正是抓住老年人这种心理，大肆忽悠诱骗。好些人花了冤枉钱，不但没有达到养生的目的，反而损害了身体。

有些人觉得自己身体虚亏，就经常使用补益药，如鹿茸人参酒、参芪精之类的营养品，以为大有补益。实际上，阴虚的人服用了这类补益药，反而消耗阴津，使身体更加亏空。

即便对症，也要讲求补和益的关系。中医说的"补"，是补锅底的漏洞，只有把漏洞补上了，才能兜住进益的营养。"亡羊补牢"的故事里，因为围栏有缺口，即使放进再多的羊，也会跑掉。真正的好办法是，先把围栏修补好，再往里面放羊圈养。

有些人出现潮热盗汗、手足心热等肺阴虚症状，就选用红参来进补，认为红参火大、劲足、功效强，往往使病情加重，其实应该用西洋参或者沙参来养阴清热才对症。

进补过量也是老年人食补经常出现的问题。有些老年人脾胃虚弱、消化不好，就大量用龙眼、熟地、阿胶之类的滋补品，反而使脾胃消化能力更弱，饭量减少，还可能出现腹胀、腹泻等不良症状。

有些人想当然地认为维生素多吃也无害，就长时间定期服用，其实人体正常饮食摄取的维生素已能满足生理需要，只有出现一些疾病或者维生素缺乏时，才能根据病症适当补充。有时候盲目进补维生素，容易造成中毒：长期服用维生素 D，容易发生低热、烦躁、厌食、肝肾损害等；超量服用维生素 C，容易形成肾结石、输尿管结石和膀胱结石；盲目使用维生素 B1，容易导致头痛、烦躁、心律失常和神经衰弱等副作用。

就像杜甫吃的"槐叶冷淘"，尽管对肝脏和眼睛有好处，但是槐叶汁能增加饱腹感，多了容易刺激胃黏膜，引发胃痛、胃胀等不良症状。

杜甫刚来夔州时，大清早打发童仆去采摘苍耳，中午回来洗剥干净，放在蒸布上蒸五成熟，然后加点瓜蒌、薤白煮菜吃。苍耳子可治疗风寒头痛、齿痛、风寒湿痹、四肢挛痛等病，而瓜蒌有解热止渴、利尿、镇咳祛痰的作用，薤白有通阳散结、行气导滞的功效。《金匮要略》中知名的方剂"瓜蒌薤白半夏汤"，就是用薤白与瓜蒌、半夏、枳实等配伍治疗痰湿阻滞、胸阳不振所致的心绞痛的良方。

杜甫把这三种食材配伍，既可以当菜吃，又能治疗头风、湿痹和肺部疾病，可以说是一举多得。但是杜甫没有考虑到，他气虚胃弱，薤白有很强的散气作用，不一定适宜他的身体。

杜甫在秦州时，有个隐士阮昉送他三十捆薤白，说能治他的关鬲冷。这还引起了后世医家对于薤白到底是冷补还是温补的争论。李时珍引用杜诗"衰年关鬲冷，味煖并无忧"来证明薤白是用来温补的。

假如你读杜甫的诗时没深入进去，对于里面提到的一些美食或者食疗的菜谱，可能没留下一点印象。杜甫在诗中提到的绿葵、香芹、薯蓣、崖蜜、冬笋……其实都是一些药食同源的食材，既能充饥，对身体也有滋养、保健作用。

他和郑虔出去游玩，中午吃饭时，他在诗中留下两道菜谱："鲜鲫银丝脍，香芹碧涧羹。"（《陪郑广文游何将军山林十首》[13]）脍，就是现在说的生鱼片；碧涧羹，就是用芹菜、芝麻、茴香等制作的羹。宋代林洪在

《山家清供》中详细介绍了这种做法："荻芹取根，赤芹取叶与茎，俱可食。二月三月作羹时采之。洗净，入汤焯过，取出，以苦酒研芝麻，入盐少许，与茴香渍之，可作菹。惟瀹而羹之者，既清而馨，犹碧涧然。"

杜甫大病初愈，到王倚家串门，受到热情款待。他在《病后遇王倚饮赠歌》[15]中提到："长安冬菹酸且绿，金城土酥静如练。""冬菹"就是酸菜，"土酥"就是白萝卜条，这是长安的两种地方特色小菜。

杜甫从华州到洛阳出差，看望儿时的朋友卫八。二十年没见，正说话间，卫八的孩子就好奇地围过来问："这是哪里来的伯伯？"杜甫还没回应，卫八就呵斥着孩子赶紧去拿酒。卫八吩咐老伴去炒菜："夜雨剪春韭，新炊间黄粱。"（《赠卫八处士》[37]）韭菜是头茬韭，高粱饼子也是新炸的，冒着热乎气就端上来了。每当读到这里，会有一股热流涌上心头，这是一种朋友间的温情。

在漂泊的路途中，杜甫只能以路边的野果充饥："山果多琐细，罗生杂橡栗。"（《北征》[30]）苦中作乐，竟也撑过了一路艰辛。

在夔州时，杜甫日子过得还不错，但他天天吃荞麦、麸皮做的粗粮，"糠籺对童孺"（《雨》[116]）。这些粗粮含有丰富的膳食纤维，能改善便秘，还有降血糖、降胆固醇、降血压的作用，对糖尿病和动脉硬化有一定的好处，也能预防糖尿病性脑血栓形成。

杜甫，珍馐百味也过，粗糠淡饭也吃过。在他看来，哪怕是朴实平淡的一蔬一饭，都是平凡生活里的一份诗意。

有个历史传说，杜甫五十六岁时抱病离开夔州，到了湖北公安，当地人做了一种菜给心力交瘁的杜甫食用。这种菜用茼蒿、菠菜、腊肉、糯米粉等制成，杜甫食用后赞不绝口，后人便把这道菜称为"杜甫菜"。

茼蒿中含有特殊香味的挥发油，有助于宽中理气，消食开胃，增加食欲。茼蒿是一种粗纤维蔬菜，有助于肠道蠕动，促进排便。茼蒿内含丰富的维生素、胡萝卜素和多种氨基酸，有润肺化痰、养心安神的功效。荆州坊间传说，沙市小吃"豆腐圆子"就是因杜甫而出名，起初名为"杜甫圆子"。实际上这种小吃的原料是大米，跟豆腐不沾边儿。

我们每个人都把吃饭当成再平常不过的事儿，但是文人却偏偏能在平常之中，吃出许多故事来。在生活里，杜甫并不总是苦兮兮的悲惨形象。他半生漂泊，常常只能粗茶淡饭，甚至食不果腹，但他是一个很有情调的美食家，也是一个会享受生活的诗人。无论是游走于仕途富贵之中，还是沦落漂泊，他心中有爱、有希望，内心有着诗意的底色。这是一种能把人从不幸或者庸俗中逃离开，带到一种不一样空间的最重要的能力或心境。

读杜甫，你能真切地感受到，只要心中对生活有情有意，哪怕再难，工作再不顺心，也终会苦中作乐，把日子过得有滋有味。

雨 [116]

山雨不作泥，江云薄为雾。晴飞半岭鹤，风乱平沙树。

明灭洲景微，隐见岩姿露。拘闷出门游，旷绝经目趣。

消中日伏枕，卧久尘及屦。岂无平肩舆，莫辨望乡路。

兵戈浩未息，蛇虺反相顾。悠悠边月破，郁郁流年度。

针灸阻朋曹，糠籺对童孺。一命须屈色，新知渐成故。

穷荒益自卑，飘泊欲谁诉。尪羸愁应接，俄顷恐违迕。

浮俗何万端，幽人有独步。庞公竟独往，尚子终罕遇。

宿留洞庭秋，天寒潇湘素。杖策可入舟，送此齿发暮。

别苏徯 [117]

故人有游子，弃掷傍天隅。他日怜才命，居然屈壮图。

十年犹塌翼，绝倒为惊吁。消渴今如在，提携愧老夫。

岂知台阁旧，先拂凤凰雏。得实翻苍竹，栖枝把翠梧。

北辰当宇宙，南岳据江湖。国带风尘色，兵张虎豹符。

数论封内事，挥发府中趋。赠尔秦人策，莫鞭辕下驹。

同元使君春陵行 [118]

遭乱发尽白，转衰病相婴。沉绵盗贼际，狼狈江汉行。

叹时药力薄，为客赢瘰成。吾人诗家秀，博采世上名。

粲粲元道州，前圣畏后生。观乎春陵作，欻见俊哲情。

复览贼退篇，结也实国桢。贾谊昔流恸，匡衡常引经。

道州忧黎庶，词气浩纵横。两章对秋月，一字偕华星。

致君唐虞际，纯朴忆大庭。何时降玺书，用尔为丹青？

狱讼永衰息，岂唯偃甲兵！凄恻念诛求，薄敛近休明。

乃知正人意，不苟飞长缨。凉飙振南岳，之子宠若惊。

色阻金印大，兴含沧溟清。我多长卿病，日夕思朝廷。

肺枯渴太甚，漂泊公孙城。呼儿具纸笔，隐几临轩楹。

作诗呻吟内，墨淡字欹倾。感彼危苦词，庶几知者听。

秋日夔府咏怀奉寄郑监李宾客一百韵（节选）[119]

绝塞乌蛮北，孤城白帝边。飘零仍百里，消渴已三年。

雄剑鸣开匣，群书满系船。乱离心不展，衰谢日萧然。

筋力妻孥问，菁华岁月迁。登临多物色，陶冶赖诗篇。

……

顾凯丹青列，头陀琬琰镌。众香深黯黯，几地肃芊芊。

勇猛为心极，清赢任体屝。金篦空刮眼，镜象未离铨。

西晋陆机作《平复帖》，是现存年代最早的西晋名家法帖，现收藏于北京故宫博物院。此帖首句"彦先羸瘵"，这里的"羸"应该解释为"被缠绕、困住"的意思。① 我们已经知道，"瘵"在魏晋时代是指肺痨。《同元使君春陵行》[118]中说："叹时药力薄，为客羸瘵成。""羸瘵"也应该解释为"被肺痨等病所缠绕"，而不能简单理解为瘦弱多病。

在767年的秋天，杜甫又多次提到自己的糖尿病："消中日伏枕，卧久尘及屦"（《雨》[116]），"消渴今如在，提携愧老夫"（《别苏徯》[117]），"我多长卿病，日夕思朝廷。……肺枯渴太甚，漂泊公孙城"（《同元使君春陵行》[118]），"飘零仍百里，消渴已三年"（《秋日夔府咏怀奉寄郑监李宾客一百韵》[119]）……

诗的里面有几个信息很重要：一是杜甫患糖尿病到今年正好三年了；二是杜甫卧床时间久了，鞋子上都有了一层灰尘，说明杜甫这次病得很重，病期较长；三是杜甫的糖尿病可能出现了并发症。

糖尿病真正的危险不是糖尿病本身，而是糖尿病并发症带来的困扰和折磨。糖尿病并发症分为两大类：一类是微血管病并发症，即通常所说的糖尿病肾病、糖尿病视网膜病变和糖尿病周围神经病变；第二类就是糖尿病大血管病变，主要是引发颈部动脉和下肢动脉狭窄或者闭塞，最终导致患者出现心梗、脑梗，甚至糖尿病足坏疽。

杜甫这段时间可能发生过一次脑梗。从《雨》《别苏徯》这几首诗看，杜甫因病卧床很长时间，床边的鞋子都蒙上了灰尘。病愈后，杜甫可以拄拐杖慢慢行走；写字时用不上力，墨迹很淡、不均匀，字也歪歪扭扭；眼睛视物不清，这些都可以作为佐证。

---

① 《易·大壮》："羝羊触藩，羸其角。"宋朱熹注：羸，困也。

孤独

　　杜甫在瀼西很忙。他比以前更关注农事生产，指挥农夫仆人伐木、修补栅栏，耕地、播种、除草、灌溉、收获，频繁往来于瀼西和东屯之间。陈贻焮的《杜甫评传》①认为，柏茂琳还委派杜甫管理了一部分官方的田庄。有时候杜甫也去夔州城参加一些社交应酬，从诗中看不出有朋友的真实情意。

　　但是我们从一些诗中看到杜甫的内心很孤独。《孤雁》[120]中描写了一只怎样的大雁呢？它不吃不喝，只是一个劲儿地飞，嘶鸣着寻找同伴。它迷惘、着急、无助，恍惚中看见同伴就在前面，好像还听到了它们的召唤。一群野鸦顾及不到这只失群雁的焦虑，还不停地鼓噪。这只孤雁听到野鸦自得其乐的喧嚣，心里的孤苦加重了。这其实是杜甫内心最真实的写照。这只执着、失群的大雁，写出了杜甫的无奈、凄苦和惆怅。短短四十个字，悲凉到极致，写出了孤独的最高境界。

---

① 陈贻焮著《杜甫评传》上中下三卷，北京大学出版社，2003年版。

孤雁 [120]

孤雁不饮啄，飞鸣声念群。谁怜一片影，相失万重云。

望尽似犹见，哀多如更闻。野鸦无意绪，鸣噪自纷纷。

杜甫的孤独不是从现在才有的，可以说杜甫的人生就像漂泊着的一叶小舟，摇摇晃晃地驶向生命的终点，孤独几乎伴随了他的一生。

心理学上，孤独是指人没有获得足够的、令自己满意的社会联结，而导致的不舒服的情绪体验。那么，凄凉、沉寂的孤独感的存在，就是提示了自我某个层面的失联状态，大概可以分为人际孤独、心理孤离和存在孤独。

杜甫的朋友先后离他而去，包括能给他实际帮助、真心拿他当朋友的严武，在才情上惺惺相惜的李白、高适，可以一起玩耍调侃的郑虔、苏源明……

杜甫的疾病越来越多，身体的疲惫在加重，和人交流、倾诉却得不到回应，与柏茂琳也产生了隔阂……夜深人静或者触景生情的时候，内心的创痛感就会被无限放大。"飘飘何所似，天地一沙鸥"（《旅夜书怀》[91]），"亲朋无一字，老病有孤舟"（《登岳阳楼》[140]），记述的就是这样一种人际失联状态。

人如果过多地压抑了自我的情感，把"应该"或者"必须"当成自己的目标，这种心理状态可以被称为"心理孤离"。杜甫在夔州时的生活，重复、单调且机械，没有创造性。他也许会经常问自己，这样做的意义何在？这是自己一生追求的理想和目标吗？我们可以断定，杜甫所谓的忙碌，离他内心的需要和深层次的追求越来越远。也许他很排斥那时的自己，"卧龙跃马终黄土，人事依依漫寂寥"（《阁夜》）。这种冲突纠结，是杜甫的心理孤离。

此时的杜甫，在政治上可以说是被边缘化了，他自己也知道再也不会被朝廷起用。"我多长卿病，日夕思朝廷"（《同元使君春陵行》[118]），"肺肝若稍愈，亦上赤霄行"（《送覃二判官》[138]），我们不能将这些诗句理解成杜甫还有着为朝廷效命的想法，这只是无声的呻吟和无奈的排解而已。杜甫到了人生的最后，才真正明白了"恋阙劳肝肺"（《楼上》[145]）、"劳生系一物"（《回棹》[150]）。这所谓的追求和梦想只不过是镜中花、水中月，这是无法抗拒的孤独，是最强烈的存在疏离感。

有些人看到杜甫返回京师无望，身边有权势的朋友也一个个去世，便显露出小人嘴脸。杜甫在宴席上不再受到尊重或者奉承，更不用说被资助了，所以杜甫和一个不太熟悉的人喝了场酒，才说"清谈见滋味，尔辈可忘年"（《九月一日过孟十二仓曹十四主簿兄弟》[121]）。一个没有深交的人给了他一点温暖，杜甫就感动得不得了。大家仔细体会一下，这不仅是人际的孤独，更是存在的孤独。大家再想想杜甫在江陵时受到冷落的一幕，由此可以理解杜甫此时与这个社会的疏离感是多么的强烈。史铁生在《命若琴弦》中说："人生来只能注定是自己，人生来注定是在无数他人中间，并且无法与他人彻底沟通。这就意味着孤独。"汪灏对《水宿遣兴奉呈群公》[136]这首诗评注说："穷途资之，客中复客，乃人情冷淡，空囊而回，直述其事，以告江陵知己，谓此设虚行也。美其词曰：'水宿遣兴'。"

九月一日过孟十二仓曹十四主簿兄弟 [121]

藜杖侵寒露，蓬门启曙烟。力稀经树歇，老困拨书眠。

秋觉追随尽，来因孝友偏。清谈见滋味，尔辈可忘年。

登高 [122]

风急天高猿啸哀，渚清沙白鸟飞回。

无边落木萧萧下，不尽长江滚滚来。

万里悲秋常作客，百年多病独登台。

艰难苦恨繁霜鬓，潦倒新停浊酒杯。

　　人的一辈子，无论是达官显贵，还是普通百姓，都愿意寻求人际关系的融洽和温暖、自我内心的满足和实现、与这个世界和社会的合理联系。也许在杜甫的内心中，他一生的收获，只有心中的愁苦和身边的一叶孤舟。

　　怎样去理解杜甫的孤独感？这需要一定的人生阅历，或者说经历过一定挫败和苦难。少年时，我们知道的杜甫是忧国忧民、落魄流浪的诗圣；到中年，我们也许会读懂杜甫内心的苦闷，开始明白那一行行诗间的孤独；而上了年纪，你会蓦然发现，读杜甫，其实读的就是我们自己。

　　读杜甫的《登高》[122] 诗，在滚滚江水、猿鸟悲哀、秋叶萧条的文字中，你会感觉到孤独就像一团慢慢抽剥出来的丝线，密密麻麻地缠绕过来，从头到脚包裹得你严严实实，透不过气来。"万里悲秋常作客，百年多病独登台"，这是何等的悲怆、凄凉和孤独啊。

　　德国哲学家叔本华说："孤独是痛苦的，也是美丽的。"可在这高台之上，面对无奈的处境和冷漠的世界，我们看不到美丽，只是看到杜甫茕茕孑立的身影。他在思考悲壮鼓角声中被屠戮的生命，还是在悼念战火烟尘中哀号的百姓？他在悲伤自己一生的仕途失意，还是在回眸大唐帝国这一路走来的兴衰盛亡？

　　杜甫在生命的最后一个春天，写下《燕子来舟中作》。不必读诗，只看标题，孤舟漂泊，唯有燕来，这种孤苦已让人肝肠寸断。

　　有学者说："人越是明白，越是有追求，就越孤独。"大概意思是，人在年轻时候，内心世界还不够丰富，自信需要靠外界支撑，他就会害怕孤独；而随着人的成长，精神越富有，外在的孤独就不可怕了。孤独来源于我们害怕被群体抛弃的原始本能，这种孤独感会迫使个人向群体靠拢，当没有群体愿意接纳时，孤独就会变得无望、无助，很有可能会带来某种心理压抑和精神疾病。

如果断章取义，拆开理解，这句话前半段就成了赞美孤独，或者说越优秀的人就会越孤独。从心理学上讲，孤独是指一种孤单寂寞的心态。有这种心态的人不排斥与别人交往，也不厌烦他人，更不会对他人产生戒备的心理，但他却在慢慢关闭与外界、与他人交流沟通的大门。

安史之乱平定后，杜甫在门下省当左拾遗，曾经写下一首《春宿左省》："花隐掖垣暮，啾啾栖鸟过。星临万户动，月傍九霄多。不寝听金钥，因风想玉珂。明朝有封事，数问夜如何。"

那一夜，天空出奇的好，满天星斗，杜甫可以看见万仞的宫墙、层叠的殿门，肃穆的宫闱里依稀听见微弱的鸟鸣。杜甫在苦苦思索，直到他听见紧闭的宫门悄然被打开的吱呀声，也听到了来上朝官员马铃摇动的响声。那一夜，杜甫守了一夜的班，他在思考觐见皇帝的奏折上该写些什么。

杜甫与太上皇、新皇帝、太子、后党和其他官员想的一样吗？肯定是不一样的。就在当年的五月，杜甫被排挤出政治中心，被贬出京城。

其实从那一夜起，杜甫就注定了是孤独的。

好多人把孤独症与自闭症混为一谈。医学和教育界已经认定自闭症是一种先天性的精神疾病。孤独症其实和自闭症是完全不同的两个概念，我们所说的孤独症是因为孤独而产生的心理综合征。

《百年孤独》的作者马尔克斯说过，孤独是一种爱的能力的缺失。可以这么理解，这里的爱包括关心、理解、尊重和责任感，这种爱会让人在生活中去克服寂寞感和孤独感。

国外有大学研究发现，一个人长期孤独，会对免疫系统造成破坏。研究人员跟踪了两百位接受过乳腺癌治疗的女性，还有一百三十四位肥胖但没有重大疾病的成年人，通过研究这群人血液里 EB 病毒和巨细胞病毒的抗体后，发现越孤单的人，体内潜伏的疱疹病毒越容易被活化，由此产生与发炎相关的蛋白质；发炎时间久了，容易出现冠心病、2 型糖尿病、关节炎及阿尔茨海默症。

我们是不是可以这么理解：孤独就是一种慢性毒药，它会让人体的免疫系统逐渐失控。

耳聋

767 年初秋，杜甫从瀼西搬到东屯居住，估计是因为稻田要收割，他过去方便监工。

一位出生在东屯的老人周祚政退休后写了一篇《诗圣杜甫夔州东屯住所初探》，他通过村里老人的讲述和杜甫的《自瀼西荆扉且移居东屯茅屋四首》，以及《奉节县志》的记载，考证出杜甫在东屯的草堂大体在重庆市奉节县白帝镇八阵村，旧称草堂河上坝。

陆游曾来到杜甫在夔州的最后一个居住地——东屯。东屯有一户李姓人家，在此居住了数代，"上距少陵，财三易主，大历中故券犹在。而高斋负山带谿，气象良是"。陆游找到了杜甫在东屯的高斋。《陆游年谱》说："访寻杜甫故居，四月，为《东屯高斋记》以志景仰，兼有自况之意。"

《奉节县志》记载："庆元三年（1197）市而归诸官，增修杜公故址，从此，东屯遂为夔州胜迹。"

据周祚政老人家回忆，20 世纪 50 年代初，他就读的白帝小学就建在东屯杜公祠旁边。他依稀记得当时的杜公祠已被改造成草堂供销社的门市，但在陈旧的外墙上还能见到残缺脱落的壁画。到 20 世纪 60 年代末期，杜公祠就被完全拆除了。

陆游在《东屯高斋记》写道："比至夔，客于柏中丞、严明府之间，如九尺丈夫，俯首居小屋下，思一吐气而不可。予读其诗，至'小臣议论绝，老病客殊方'之句，未尝不流涕也。嗟夫，辞之悲乃至是乎？"

杜甫在此期间作的《耳聋》[123] 和《独坐二首》[124]，明确提到自己的耳朵聋了。

医学解释，听觉系统中传音、感音及其听觉传导通路中的听神经和各级中枢发生病变，引起的听功能障碍，统称为耳聋。目前除了先天性畸形和衰老原因外，造成耳聋的原因十分繁杂，至少有一百多种，比如中耳化脓、肿瘤引起的传导性聋，外伤、免疫系统病变引起的感音神经性聋，传音和感音结构同时有病变造成的混合性聋，因为脑部病变引起的中枢性耳聋等。

耳聋 [123]

生年鹖冠子，叹世鹿皮翁①。眼复几时暗，耳从前月聋。
猿鸣秋泪缺，雀噪晚愁空。黄落惊山树，呼儿问朔风②。

独坐二首 [124]

竟日雨冥冥，双崖洗更青。水花寒落岸，山鸟暮过庭。
暖老须燕玉，充饥忆楚萍。胡笳在楼上，哀怨不堪听。

---

① 鹖冠子、鹿皮翁都是隐世高人。吴见思曰："二句若与耳聋不切，其实是耳聋之病根也。"（参见《杜诗论文》）
② 汪瑗曰："忽见落叶，始疑其风。"（《杜律五言补注》）

其二

白狗斜临北，黄牛更在东。峡云常照夜，江月会兼风。

晒药安垂老，应门试小童。亦知行不逮，苦恨耳多聋。

当年没有作协、文联，更没有诗歌学会。诗不是一种商品，可以炒作，可以赢利，诗只是一种遣情的形式。杜甫的诗虽然简短，却往往扑朔迷离。其实杜甫当年明白很多事，他故意不说出来，或者限于诗歌的体裁说不清楚，这才让后人去猜想，引起诸多的悬念。

那么杜甫的耳聋是怎么引起的呢？有的人推测他是骑马摔下来，把耳朵摔聋了。大家还记得杜甫喝了酒逞能，拖了杆戟，骑马从山坡急驰而下，摔下马来。在家养伤期间，大家还带着酒去看望他，一伙人吆天呼地地喝到太阳西下。

摔伤造成耳膜损害，是会引起耳聋的；如果摔伤了脑部，影响到听神经的牵拉、压挤和撕裂，也会造成耳聋。但是从杜甫的伤势很快就恢复来看，这次坠马事故并没有造成他太大的外伤和脑部受伤，所以说因坠马摔成耳聋基本上可以排除。

还有一种可能，就是杜甫的糖尿病并发症。很多人知道糖尿病会引起视力下降、心脏受损等，但极少人知道糖尿病也会导致听力下降。糖尿病患者控制不好血糖，久而久之会导致血管病变和神经病变，血管病变又容易使动脉发生阻塞，影响到内耳的血液循环；神经病变也会影响到听力，使听力慢慢受损。很多糖尿病患者听力受损，并不是一下子就感觉到的，而是逐步发展，甚至最终完全丧失听力。目前来说，糖尿病耳聋在治疗上非常困难。

有科研人员研究，糖尿病新陈代谢的某些产物对内耳和听神经也会产生毒性作用，有可能引起耳聋。他们跟踪了一组糖尿病患者，耳聋发生率在百分之三十五到百分之五十，并且有视网膜病变的耳聋发生率是没有视网膜病变的两倍。

科研人员从长期的跟踪中得出结论，糖尿病耳聋多为双侧同时发生，并且发展缓慢。杜甫是突发性耳聋，而且只是左耳聋，这与糖尿病耳聋的研究结果不是很相符。

我们推测杜甫在这一年秋天可能经历过一次脑梗。他耳聋的原因及前段日子让他在床上躺了好久的病，应该是糖尿病脑梗。

好多人可能知道脑部的一些疾病，比如脑梗、脑血栓、脑出血，但是搞不清楚它们之间的区别。

脑部的某一区域供血突然减少甚至停止，该区域的脑组织就会因为缺氧而坏死，引发脑梗。脑血栓是在脑动脉硬化的基础上形成的，血液流动缓慢，血压较低，血液黏稠度高，或者血小板聚集性强，就会在动脉内膜上形成血栓，导致血管闭合、供血中断。脑出血也叫脑溢血，是指脑血管自发破裂而引起的出血，容易在用力或者情绪激动时诱发。我们通常所说的"中风"，是中医中一种笼统的概念，一般包括缺血性中风和出血性中风。

脑梗的临床症状多种多样，如果语言中枢受损，会出现吐字不清、发音含糊；如果运动中枢受损，会出现半身不遂；如果听力神经受损，就会出现耳鸣、听力下降、耳聋。综合来看，脑梗不但会引起头晕、头痛、语言障碍、运动障碍、记忆力下降等症状，而且还有可能造成耳鸣、耳聋。

杜甫的糖尿病引发的这次脑梗，可能不是很严重。他在床上躺了一段时间，尽管通过中药治疗，还是留下了不少的后遗症。

这些后遗症状，我们从杜甫近期的诗里能找到蛛丝马迹。"右臂偏枯半耳聋"（《清明二首·其二》[143]），可能是大脑左侧出现梗塞，所以影响了杜甫的右肢体和左耳，包括后面我们要探讨的视力模糊，也是脑梗影响到他的视网膜血管出现栓堵才出现的。他还出现了眩晕，"方冬合沓玄阴塞"

（《复阴》[133]）；并且有认知障碍和语言障碍，"我病书不成，成字读亦误"
（《送高司直寻封阆州》[131]）……

中医是怎样解释耳聋的呢？中医称耳聋为耳瘅，也称为"耳胀""风聋""重听""邪闭"等。从中医角度看，耳鸣、耳聋与肾有关系，与肺、肝胆、脾也都有关系，这些脏器功能失调就会引起听力下降和耳鸣耳聋。

第一种情况是外感风热或风寒，影响肺的功能，肺失宣降，邪气侵入耳窍；第二种情况是肝气郁结，导致气血瘀滞，肝郁化火，肝火上扰耳窍，肝胆互为表里，胆经循行于耳，也会引起耳聋；第三种情况就是痰火瘀结，脾失运化，生湿生痰，痰瘀化火，造成听力下降；第四种情况，肾阴虚和肾阳虚都会引起耳鸣和耳聋，《灵枢·脉度》说："肾气通于耳，肾和则耳能闻五音矣。"

从中医分析，杜甫肺气虚衰，肝肾两虚，阴虚化火，痰火瘀结，上扰清窍，他出现耳聋是必然的，只是时间早晚的问题。特别是肝气郁结和肝火上扰，应该是引发他突发性耳聋的主要原因。

药饵

　　杜甫在《秋峡》[125] 和《秋清》[126] 诗中分别提到"肺气久衰翁""高秋苏病气"，说的都是他的肺疾。我们已经分析出他的肺病开始影响心脏，并且睡觉只能"高枕"。

　　杜甫在《秋清》[126] 中说"药饵憎加减，门庭闷扫除"，在《大雨》[71] 也曾说过"沉疴聚药饵，顿忘所进劳"。杜诗研究者大都这样理解：杜甫的病反反复复，并且老病不去，又添新疾，服药既需要对症，又要根据四季变化和病情轻重加减药量，弄得他不胜其烦。

　　大多数人在这里忽略了"药饵"这个概念。古代医学中，膏、丹、丸、散、汤剂都属于药的范畴，需要对症下药，但不可以为常，就是说应当使用某种药有针对性地治疗某种病，病好了就要适可而止，不能再服用。"饵"则是指"食医"，大概包括膏露、清蒸、红烩、粉蒸、烤炸、熘炒、腌熏、焖炖等制法；按照材料分类，可分为血肉、草木、菜蔬、灵芝、香料、金玉六大类，同时还分为荤腥门和素净门。

"食医"集营养学、烹饪学、中药学于一体，是一门古老的学问，颇多失传。一些权贵官僚、暴发户、大小地主大吃大喝，讲究食谱，把"食医"弄得不伦不类。有些人不仅不能医养补益，反而"肥甘所积"，造成一些"富贵病"。

　　杜甫在这里所说的"饵"，除了食疗之外，更重要的是指"食医"的灵芝类、香料类和金玉类，通俗一点讲就是"炼丹"。

秋峡 [125]

　　江涛万古峡，肺气久衰翁。不寐防巴虎，全生狎楚童。

　　衣裳垂素发，门巷落丹枫。常怪商山老，兼存翊赞功。

秋清 [126]

　　高秋苏病气①，白发自能梳。药饵憎加减，门庭闷扫除。

　　杖藜还客拜，爱竹遣儿书。十月江平稳，轻舟进所如。

雨四首 [127]

其三

　　物色岁将晏，天隅人未归。朔风鸣渐渐，寒雨下霏霏。

　　多病久加饭②，衰容新授衣。时危觉凋丧，故旧短书稀。

　　道教是由先秦的道家、阴阳家和神仙家思想演化来的，再往上追溯，商周的巫文化又是这些家的源头。"巫"的一项重要职责，除了人与天地

---

① 《黄帝内经·素问》："秋三月，此谓容平……收敛神气，使秋气平，无外其志，使肺气清，此秋气之应，养收之道也。逆之则伤肺……"

② 有些学者说收成好了，杜甫吃得多。这是不懂医学的曲解。《暂往白帝复还东屯》诗中说："加餐可扶老，仓庾慰飘蓬。"糖尿病患者少吃多餐，可以减轻胃肠道负担，利于餐后血糖的控制，减少餐后血糖的波动，以延缓糖尿病慢性并发症的发生。这是杜甫应对糖尿病的养生之道。

神的沟通外，就是劾鬼疗病，可以说中医与它们同源。

杜甫天天研究的《肘后备急方》，就是晋代医学家、道家学者葛洪所著。《抱朴子·内篇》说："古之初为道者，莫不兼修医术，以救近祸焉。""肘后符应验，囊中药未陈"（《寄张十二山人彪三十韵》[47]），这说明杜甫除了用药医病，还相信"符"的作用。他在《寄刘峡州伯华使君四十韵》诗中说："药囊亲道士，灰劫问胡僧。"杜甫与道家学者、道教人士亲近、结交，可能也有着现实的目的，就是治疗自己的疾病，以求长寿。

杜甫每到一处，除了游历人文、自然景观，也常去佛庙寺院。杜甫一生造访的道观只有两座，一是阆州的玉台观，二是射洪县的金华山道观。金华山道观与都江堰青城山道观、大邑鹤鸣山道观、三台云台观并称四川四大名观。

记载中，杜甫真正交往的道士也不多，有名有姓的只有三位，一位是找他赏画并央他题诗的李尊师（《题李尊师松树障子歌》）；还有一位姓萧的道士，可能是在避难时认识的，杜甫入蜀后得知萧尊师去世的消息，作《奉汉中王手札报韦侍御萧尊师亡》；还有一位是在衡阳结识的董姓道士，他在《忆昔行》中说"更讨衡阳董炼师，南浮早鼓潇湘柁"。

从杜甫造访的道观和交游结识的道士来看，他对道教其实没有多大的情怀和向往。再往前看，他其实还是对道术中的不老术感兴趣。他在《赠李白》[4]中说"岂无青精饭，使我颜色好"。唐代道士卢道全留传的"青精方"，说"每日服一匙饭……则肠化为筋，风寒不能伤，须鬓如青丝，颜如冰玉"。杜甫说"扫除白发黄精在"（《丈人山》），"三春湿黄精，一食生毛羽"（《太平寺泉眼》[43]）。这都是受孙思邈《千金要方》的影响："黄精一石……蒸令好熟，压得汁，日二服，旧皮脱，颜色变光，花色有异，鬓发理改……不饥渴，长生不老。"

人有生老病死，儒家持"死生有命"的态度，而道家则非常积极，葛洪的"我命在我不在天"是最有代表性的思想。

人健康的时候通常对身体不太爱惜，一旦得病了，才对生命、对健康有了极大的关切与渴求。杜甫也是这样，年轻时胡吃海喝、天天求醉，到头来弄得一身病；病重了，求生欲望又开始强烈。他在《寄薛三郎中》[113]诗中说："自非得神仙，谁免危其身？"特别是到了晚年，他更加热衷于问仙求道："蓬莱如可到，衰白问群仙"（《游子》），"起晚堪从事，行迟更学仙"（《览镜呈柏中丞》）。

杜甫应该是有过炼丹的经历，并且可能伴随了他大半生。他在《忆昔行》中说"巾拂香馀捣药尘，阶除灰死烧丹火"，在《昔游》中也说"妻子亦何人，丹砂负前诺"，在《解闷十二首》中又说"不熟丹宫满玉壶"……听说严武再次镇成都，杜甫在《将赴成都草堂途中有作，先寄严郑公五首》[80]中说，"生理只凭黄阁老，衰颜欲付紫金丹"。意思是说，我的生计就全靠您了，我的疾病治疗还需要继续托付给炼丹术。

戏作俳谐体遣闷二首 [128]

异俗可吁怪，斯人难并居。家家养乌鬼，顿顿食黄鱼。

旧识难为态，新知已暗疏。治生且耕凿，只有不关渠。

其二

西历青羌坂，南留白帝城。於菟侵客恨，粔籹作人情。

瓦卜传神语，畬田费火耕。是非何处定，高枕笑浮生。

东屯月夜 [129]

抱疾漂萍老，防边旧谷屯。春农亲异俗，岁月在衡门。

青女霜枫重，黄牛峡水喧。泥留虎斗迹，月挂客愁村。

乔木澄稀影，轻云倚细根。数惊闻雀噪，暂睡想猿蹲。

日转东方白，风来北斗昏。天寒不成寝，无梦有归魂。

杜甫是从什么时候开始炼丹的呢？从诗中推测，应该是认识李白之后。李白对炼丹术很痴迷，两人交往时，李白向杜甫"推销"炼丹术也很正常。

杜甫在《赠李白》[4]中说"苦乏大药资，山林迹如扫"。这里的"大药"，其实就是葛洪所说的金丹大药。炼丹药需要购买丹砂等原料，而那些东西又很贵重。他在《赠李白》[6]诗里说"未就丹砂愧葛洪"，后来又在《冬日有怀李白》说"短褐风霜人，还丹日月迟。未因乘兴去，空有鹿门期"。从《冬日有怀李白》诗的末二句看，李白可能和杜甫有过"鹿门"（隐居炼丹）之约，只是因为当时杜甫志不在此，而使约定成空。另一位道家中人郑虔也对杜甫的道家道教理念有着深刻的影响。

杜甫对炼丹术一往情深。他在《奉寄河南韦尹丈人》说"浊酒寻陶令，丹砂访葛洪"，在《送重表侄王砅评事使南海》中说"我欲就丹砂，跋涉觉身劳"，在《送段功曹归广州》中说"交趾丹砂重，韶州白葛轻"，他在《咏怀二首·其二》[144]中说"葛洪及许靖，避世常此路"……

唐朝时，包括皇帝、权贵和文人总想着服食仙药，以求延年益寿，殊不知这些丹药都含有汞、铅、砷等重金属，对身体十分有害。有学者以柳宗元为例，通过对他文本书信的剖析，认为柳宗元患脚气病的真正原因应该是服食药石导致的慢性中毒[①]。卢照邻因服用一颗朱砂药丸，病情突然加重，让他想起了父亲的死，痛哭流涕[②]。有学者研究，"不老仙丹"正是杀死韩愈和元稹的元凶[③]。

---

① 杨志贤《柳宗元"脚气病"考》，《云南中医学院学报》，2006年第2期。
② 参见元代辛文房《唐才子传》，中州古籍出版社，1987年。
③ 参见白居易《思旧》："退之服硫黄，一病讫不痊。微之炼秋石，未老身溘然。……"韩愈长期服用硫黄，导致中毒卧床；元稹服用炼制的秋石（一种童子尿液中萃取提炼的丹药），暴病而亡。整首诗对当时士大夫流行的服食丹药之害进行了痛切的反省。

道教有一个类别叫"上清派"，他们讲究以精、气、神为药物，呼吸为风，意念为火，以精气神的凝合体为"还丹"。他们尊魏夫人，后世尊南岳夫人为第一代宗师。这一派与葛洪提倡的神仙方术，包括"守一、行气、导引"并不矛盾，但他们更加专注于精神内守的内功修炼。杜甫在《空囊》中说，"翠柏苦犹食，晨霞高可餐"。其中的"餐霞法"就是练内功的功夫。杜甫晚年流落到南岳脚下，写《望岳》："恭闻魏夫人，群仙夹翱翔。"这说明杜甫对道教的内功修炼也是了解的，但是这种内炼术需要静心息虑，抛却杂事俗物，这与杜甫当时的心境不契合。

杜甫这个人，无论穷达都想要去兼济天下，不会去独善其身，用他自己的话说"恋阙劳肝肺"（《楼上》[145]）。

我们对杜甫与道家、道教的交集做一个简单的梳理，是为说明杜甫对实用的、治病的"药"和有操作性的炼丹"饵"钟情，而对需要精神内守的内炼术却不感兴趣，这与内外兼修的李白决然不同。

杜甫热衷的炼丹术是不是对他的身体有伤害呢？我们没有确切证据。丹药的重金属成分确实能引发多发性周围神经炎，它属于中医痿症、痹症范畴，会引起肢体远端运动、植物神经功能紊乱等疾病。也许因为杜甫穷，他"苦乏大药资"（《赠李白》[4]），只能服食一些植物类如黄精炼的丹药，他的脏器损伤也许并不严重。

幻觉

767 年的秋天和冬天，杜甫在瀼西和东屯过着乡绅般的日子，但身体却完全垮了下来。有可能类风湿和甲旁亢等疾病在侵袭着他的腰脚，肺疾也一直折磨着他，糖尿病也更加严重了，可能还引发了一次糖尿病脑梗；脑梗导致了偏瘫，出现了耳聋、臂枯、认知障碍和语言障碍等症状，并伴有反复呕吐。

杜甫的眼睛也慢慢变坏，他患上了飞蚊症，"君看灯烛张，转使飞蛾密"。他整夜睡不着觉，"夜深坐南轩，明月照我膝"。人变得消瘦不堪，"万古一骸骨，邻家递歌哭"（《写怀二首》[130]）。杜甫的精神状态越来越萎靡，内心愁闷不可排解，诗中透出的凄凉和孤独，让我们读来倍感悲凉。他可能患上了抑郁症，甚至出现了些许的精神分裂倾向。

杜甫更加思念故乡和亲人。他在夔州认识的一个好兄弟孟仓曹要去洛阳参加东选，杜甫嘱托他回去看看土娄旧庄（《凭孟仓曹将书觅土娄旧庄》）。土娄庄即今天河南省偃师西的杜楼村，在首阳山山麓。杜甫的先祖墓及父母的坟墓都在首阳山下，他曾在741年写过《祭远祖当阳君文》："小子筑室，首阳之下，不敢忘本，不敢违仁。"他在《奉寄河南韦尹丈人》的诗注说，"甫故庐在偃师"。

我们从哪些地方能看出杜甫的精神似乎出现了问题呢？他在《独坐二首》[124]中说"煖老须燕玉，充饥忆楚萍。胡笳在楼上，哀怨不堪听。"王嗣奭评论说："煖老、充饥语，无聊妄想，盖戏言也"，"胡笳本在楼上，于人何预？而声之哀怨殊不堪听，不知哀怨从吾心生，非关笳也"。

王嗣奭（1566—1648），明代文学史家。他从四十三岁开始研究杜甫诗，到八十岁，才撰成《杜臆》，对于杜诗意旨颇有阐发。用燕玉暖老，用楚萍充饥，王嗣奭说这是一种妄想，可能是杜甫的戏言。文学史上不少人感觉这几句诗不可理喻、无法解释，认为"人到无可奈何时偏多妄想，自叹自笑"，或者说杜甫"犹望梅止渴、画饼充饥"。

胡笳是一种类似笛子的乐器。东汉末年，天下大乱，诸侯割据，农民起义，连年烽火，蔡琰（即蔡文姬）在逃难途中被匈奴掳获，流落塞外，后来与左贤王结成夫妻，生下两个儿女。她在塞外度过了十二个春秋，时时刻刻都在思念着故乡。曹操统一北方后，派周近用重金赎回了文姬。她曾写下著名长诗《胡笳十八拍》，叙述了自己一生不幸的遭遇。那现在杜甫的胡笳本在楼上，却发出哀怨之声。王嗣奭认为，这哀怨是杜甫心中所生，跟胡笳没有关系。

精神分析理论认为，妄想症跟偏执症属同一种病，只不过妄想比偏执要轻一些，也是一种精神障碍。妄想症是在没有事实依据的情形下，自认为自己的想法是真实的，不能被别人束缚，不能被别人理解，有的人是夸大妄想，有的人是被害妄想，还有的时不时认为周围的人都在议论自己或者想控制自己。

杜甫在《写怀二首》[130]中说："达士如弦直，小人似钩曲。"《后汉书》

幻觉

319

载，顺帝末，京都童谣曰"直如弦，死道边；曲如钩，反封侯"。杜甫已经远离了官场，与柏茂琳也已经疏离，那这里的"小人"指的是谁？是他心中臆想的人吗？他在《冬至》诗中说："杖藜雪后临丹壑，鸣玉朝来散紫宸。""我拄着拐杖在山谷走，正是百官朝散之时"，这是追忆，更是虚妄之想。《后苦寒行二首》诗曰："玄猿口噤不能啸，白鹄翅垂眼流血，安得春泥补地裂。"这句诗的意思是，黑猩猩闭嘴不能呼叫，白天鹅翅膀折了、眼睛流血。我们要想对此句做出贴切的解释，只能说，这是一种以幻觉来表达内心闷苦和压抑的表述。

写怀二首 [130]

劳生共乾坤，何处异风俗？舟舟自趋竞，行行见羁束。

无贵贱不悲，无富贫亦足。万古一骸骨，邻家递歌哭。

鄙夫到巫峡，三岁如转烛。全命甘留滞，忘情任荣辱。

朝班及暮齿，日给还脱粟。编蓬石城东，采药山北谷。

用心霜雪间，不必条蔓绿。非关故安排，曾是顺幽独。

达士如弦直，小人似钩曲。曲直我不知，负暄候樵牧。

其二

夜深坐南轩，明月照我膝。惊风翻河汉，梁栋已出日。

群生各一宿，飞动自侪匹。吾亦驱其儿，营营为私实。

天寒行旅稀，岁暮日月疾。荣名忽中人，世乱如蚁虱。

古者三皇前，满腹志愿毕。胡为有结绳，陷此胶与漆？

祸首燧人氏，厉阶董狐笔。君看灯烛张，转使飞蛾密。

放神八极外，俯仰俱萧瑟。终契如往还，得匪合仙术。

杜甫真的病了。"我病书不成，成字读亦误"（《送高司直寻封阆州》[131]），他的手臂可能因为脑梗而导致偏瘫，不能自由屈伸，连写字都非常困难，即便写出来，也能读错，这是医学上的语言障碍，也是心理学上的误读或记忆失误。可以肯定，杜甫出现了轻度的认知障碍和语言障碍。弗洛伊德在他的《精神分析引论》①中把遗忘、口误、笔误、遗失等过失归结于潜意识的心理作用。

医学上认为认知障碍是由大脑皮层功能和结构异常导致的。比如说感知障碍，像感觉过敏或迟钝、感觉剥夺、病理性错觉、幻觉等；比如说记忆障碍，像记忆过强、记忆缺损、记忆错误等；又比如思维障碍，像联想过程障碍、思维逻辑障碍、妄想等。

大家都知道，认知障碍的原因是多种多样的，除了器质性脑病之外，大多是精神疾病，如神经衰弱、癔症、疑症、更年期综合征、抑郁症、强迫症、躁狂症、躁郁症、老年性痴呆、精神分裂症、反应性精神病、偏执型精神病等。

杜甫在《夜归》[132]中描述"夜半归来冲虎过"，汪灏曰："未必有虎也，而夜行人心中耳中目中，刻刻有之。"诗句说明，杜甫产生了幻视，在夜半归家的时候，看见一只老虎从眼前冲过。

杜甫在《山馆》诗中说："山鬼吹灯灭，厨人语夜阑。"他感觉是山鬼把烛火吹灭，半夜侧耳谛听，还听见厨人在窃窃私语。这是"鬼吹灯"啊；看来杜甫出现了妄想和幻听的症状。杜甫还在一首诗中说自己身上总有一种吃奶婴儿的馊腥味，这是很少见的幻嗅症状。

杜甫的警觉性也莫名地增加了。他在《秋峡》[125]诗说"不寐防巴虎"，整夜睡不着觉，就是为了提防巴地的老虎。

我们能根据杜甫的幻听、幻视、幻嗅等，来判定他患有精神分裂症吗？不能。只能说杜甫患有神经官能症，一度出现妄想倾向。同时，杜甫的糖

---

①[奥]弗洛伊德著，彭舜译，彭运石校，车文博审《精神分析引论》，陕西人民出版社，2006年版。

尿病脑梗和肺源性心脏病，也会引发一些器质性病变，而这些器质性病变和精神紊乱，有时候会导致精神层面的症状出现。

还有一种可能，就是他喝酒骤减。杜甫在东屯忙于劳作，还要去瀼西草堂与家人相聚，朋友少，酒场几乎没有了。长期酗酒突然停止或者减少的情况下，人也有可能出现言语性幻听和焦虑、坐卧不安等症状。这种酒精中毒性幻觉，只不过转瞬即逝，并且结构混乱，这方面的判断可以结合《夜归》[132]去仔细品味。

送高司直寻封阆州 [131]

丹雀衔书来，暮栖何乡树？骅骝事天子，辛苦在道路。
司直非冗官，荒山甚无趣。借问泛舟人，胡为入云雾？
与子姻娅间，既亲亦有故。万里长江边，邂逅一相遇。
长卿消渴再，公幹沉绵屡。清谈慰老夫，开卷得佳句。
时见文章士，欣然淡情素。伏枕闻别离，畴能忍漂寓。
良会苦短促，溪行水奔注。熊罴咆空林，游子慎驰骛。
西谒巴中侯，艰险如跬步。主人不世才，先帝常特顾。
拔为天军佐，崇大王法度。淮海生清风，南翁尚思慕。
公宫造广厦，木石乃无数。初闻伐松柏，犹卧天一柱。
我病书不成，成字读亦误。为我问故人，劳心练征戍。

夜归 [132]

夜来归来冲虎过，山黑家中已眠卧。

傍见北斗向江低，仰看明星当空大。

庭前把烛嗔两炬，峡口惊猿闻一个。

白头老罢舞复歌，杖藜不睡谁能那！

杜甫在夔州时，他日日牵挂的朝廷又发生了哪些事情呢？767 年七月，鱼朝恩以替代宗母亲章敬太后冥福为名上奏，大造章敬寺，市场上的建筑材料最后不够用，鱼朝恩又上奏把曲江池和华清宫馆拆了，将建筑材料转移过来用，花费上万亿。

代宗一开始喜好道教祠祀，对佛教不是很感兴趣，但元载、王缙、杜鸿渐这几个宰相都崇信佛教，特别是王维的弟弟王缙都到了不食荤血的地步。代宗有一次问："佛教所说因果报应，果有其事否？"元载这伙人就上奏说："国家运祚灵长……如果福业已定，虽有小灾难，也不能为害。所以安、史叛乱，终被儿子杀死；仆固怀恩反，出门病死；回纥、吐蕃入寇，不战而退。此皆非人力所及，怎么说是没有因果报应呢。"代宗竟然信了，从此也开始深信佛教，还在五台山造金阁寺，铸铜涂金为瓦，耗资巨大。看看这帮家伙，唐王朝不衰败才怪呢。

幻
觉

323

767 年九月，吐蕃围灵州（今宁夏吴忠市），一部分骑兵到了潘原（今甘肃平凉西）、宜禄（今陕西长武）一带，京城再次戒严。郭子仪亲自率领河中兵三万人镇守泾阳（今陕西泾阳县），九月中旬后又移镇奉天。十月初，朔方节度使路嗣恭在灵州城下大败吐蕃，杀了二千多人，吐蕃最后退兵。这些历史事件在杜甫的诗中（如《奉送韦中丞之晋赴湖南》），都有隐喻和体现。

玄阴

　　杜甫即将在 768 年正月携家人离开夔州，前往江陵。杜甫在夔州生活了接近两年时间，在柏茂琳的照顾下衣食无忧，还得到不菲的田产收入。

　　前章我们已经谈到，杜甫与柏茂琳貌合神离，他看不惯柏茂琳的行事方式。柏茂琳也只是利用杜甫的文笔给朝廷写写奏表，更热衷于争夺地盘，而不是为当地百姓谋福祉。

　　柏茂琳争强好斗的性格和乱世枭雄的举止，也引发杜甫内心的恐惧和不安。保证家人的生活安定和人身安全，已经成为杜甫最大的需求，这是杜甫要尽快离开夔州的主要原因。

　　杜甫的弟弟杜观在江陵，多次写信盼杜甫能到江陵团聚。杜甫也打算经江陵到襄阳再返回中原，了却叶落归根的夙愿。这一些杜甫都写在了《续得观书，迎就当阳居止，正月中旬定出三峡》诗中。

　　除了以上两条，杜甫对自己在夔州的生活状态其实是厌烦和不满的。以前看到过一些文章说杜甫在夔州的生活幸福，其实对杜甫在夔州时期的诗歌有很多的曲解。简单梳理一下杜甫对夔州的人居、民俗和文化环境的感悟，我们可以领悟到杜甫从心底里想离开夔州的原因。

杜甫有一首诗《课伐木》，写雇人进深山伐木以建造房屋之事。他在诗序中说："……山有虎，知禁，若恃爪牙之利，必昏黑撑突。夔人屋壁，列树白菊，镘为墙，实以竹，示式遏。为与虎近，混沦乎无良。宾客忧害马之徒苟活为幸，可嘿息已。"

杜甫在这里表达的是：夔地有虎，经常天黑后下山吃畜害人；更有一些无良之徒欺侮百姓，外乡人面对歹人欺凌，只能委曲求全，以求性命无忧。

杜甫在《秋峡》[125]说："不寐防巴虎，全生狎楚童。"这里的"楚童"，应该是指诗序里所说的"无良"，也就是地痞。

杜甫在诗中多次提到"瘴"，在隋唐文献中，瘴病、瘴气不仅是致病原因，也是对南方的一种偏见和印象。北人有恐惧感，这种恐慌不仅反映在对疾病的困扰和死亡的无助中，也投射在个体被遗弃和疏远的内心困境①。

杜甫多次在诗中抱怨夔州人居环境的混乱不堪。

杜甫对夔州的民俗风情也很难适应，他在《览物》中称夔州"形胜有余风土恶"。首先在饮食方面，杜甫不是很习惯，他来自中原内陆，对鱼腥气可能承受不了。他在《奉酬薛十二丈判官见赠》里说"苦厌食鱼腥"，但是夔地"家家养乌鬼，顿顿食黄鱼"（《戏作俳谐体遣闷二首》[128]）。这种饮食习惯的不同可能使他倍受煎熬。

夔人可能是为了防潮，也为了防猛兽，"殊俗状巢居，曾台俯风渚"（《雨二首》），夔人就是依托大树筑巢而居。杜甫在《赠李十五丈别》也说："峡人鸟兽居，其室附层颠。"这种居住形态，隔离了邻里之间的亲情和交往，杜甫也不适应。他在《戏作俳谐体遣闷二首》[128]诗中叹息："异俗可吁怪，

① 张蜀蕙《驯化与观看——唐宋文人南方经验中的疾病经验与国族论述》，《东华人文学报》，2005 年第 7 期。

玄阴

斯人难并居。"

杜甫对夔人好巫的做法深恶痛绝。"乌鬼"和"瓦卜"都是当地祭祀和巫术的形式，杜甫对这种做法不以为然。他在《寄韦有夏郎中》[98]诗里抱怨"药味峡中无"，为什么找不到药材？因为这里好巫信神，根本用不着药物治病。

特别是刚来到夔地时，他见识了一场声势浩大的祈雨活动，巫师率领民众"舞雩"，雨没下，然后"暴巫"，就是巫师在毒日下暴晒，还没下雨，就击鼓焚山……这场大火整整烧了一个多月。他在《七月三日亭午已后较热退晚加小凉稳睡有诗因论壮年乐事戏呈元二十一曹长》诗中说："前贤慎焚巫，武王亲救暍。"杜甫用前贤劝阻焚巫救暍的故事，来说明这些迷信活动并不能救民于水火，也以此警示施政者，只有以仁治国、体恤百姓，才能使国泰民安。

杜甫对夔地重商轻儒的传统文化更不认同。杜甫崇尚"奉儒守官"，而夔人却重商轻文。他在《最能行》里写道："小儿学问止《论语》，大儿结束随商旅。"这儿的人年纪轻轻就放下书本，加入挣钱的行列，这与杜甫的人生观和价值观格格不入。杜甫用儒家的价值标准审视夔地文化，认为夔人崇商轻儒不可理喻；而夔人则用商业的标准来衡量杜甫，对杜甫的崇儒轻商、重义轻利的价值取向也感到莫名其妙。杜甫对这种文化是抵制的、不兼容的，所以才感叹"此乡之人气量窄，惧竞南风疏北客"。

从以上几点可以得出结论，杜甫只能是夔州的过客，这儿不是他的长居之地。所以说，杜甫离开夔州，只是早晚的事情。

复阴 [133]

方冬合沓玄阴塞，昨日晚晴今日黑。

万里飞蓬映天过，孤城树羽扬风直。

江涛簸岸黄沙走，云雪埋山苍兕吼。

君不见夔子之国杜陵翁，牙齿半落左耳聋。

太岁日 [134]

楚岸行将老，巫山坐复春。病多犹是客，谋拙竟何人？

阊阖开黄道，衣冠拜紫宸。荣光悬日月，赐与出金银。

愁寂鸳行断，参差虎穴邻。西江元下蜀，北斗故临秦。

散地逾高枕，生涯脱要津。天边野柳树，相见几回新。

杜甫在《复阴》[133] 中提到"牙齿半落左耳聋"。我们在《齿落》章节已经详细分析杜甫牙齿脱落的可能性原因：肾阴虚造成了杜甫的牙齿松软，很容易松动脱落；脾胃虚弱不能生养肌肉，也容易使人全身乏力、牙龈萎缩，这是导致他牙齿脱落的主要原因。

杜甫在诗中还提到"玄阴"这个名词，大多数人解释为"冬气""阴气"。

古中医中有"玄阴症"的说法，就是指老年人头痛眩晕的毛病，主要是头晕，还伴随轻度头痛。医学古籍中有一些病症名称，经过几千年的演变、发展，延续到现在，有一些已经被弃用，或者用新的名称所替代，甚至一些中医也不甚了解。

玄阴症的三大特征就是天旋地转、头重脚轻、眼前一黑。用现代医学来说，可能是耳内神经异常等因素导致的。或者说，杜甫的玄阴症，就是由于耳内神经异常等因素而导致的美尼尔氏综合征。他在这里既写冬来阴气盛，也指代了自己的病症。

在《耳聋》章节，我们分析杜甫由于糖尿病脑梗死引发了耳聋，梗塞的部位正好压在听神经的位置。杜甫是左耳聋，现代的医案中，脑梗引发的单侧耳聋也多是左耳聋。这种耳聋治疗起来比较困难，大多数是神经废用性失听。中医的建议是采用针灸治疗，针灸对于耳部神经的刺激有一定效果，可以配合活血化瘀药进行治疗。

杜甫在《太岁日》[134]诗中说"病多犹是客"，后面还写了一首《多病执热奉怀李尚书》[135]。杜甫"病多"，你还能记得他患过的疾病吗？

杜甫小时候患过"时疫"肺痨，在长安时继发了慢性气管炎，后期引发肺气肿和肺心病，他多次提到的肺疾、患气、瘵疾、肺萎都是指他的肺部疾病；杜甫患过疟疾并多次复发；杜甫患有糖尿病，他所说的消渴、消中就是这种病，并且并发了糖尿病脑梗和视网膜病变，引起偏瘫和神经性耳聋、视物模糊等。

因为长期酗酒造成肝硬化，使他经常呕吐和食欲不振；杜甫患上甲状旁腺功能亢进症；他还患有湿痹症，并引起了下肢屈伸不利；杜甫患有头风和风疾，就是现代的偏头痛或者神经性头痛；杜甫患有眼部带状疱疹等病；杜甫还患有抑郁症，并且有幻听、幻视和妄想等幻觉障碍……

癔病

　　杜甫去意已决，他把瀼西四十亩柑橘园送给朋友（《将别巫峡，赠南卿兄瀼西果园四十亩》）。这个南卿兄到底是什么人，杜甫为什么这么慷慨地把四十亩果园送给他？他的名字在其他地方并未提到，有人猜测他是杜甫的邻居。杜甫在瀼西和东屯的其他产业是怎么处理的？也许是卖掉了，也许是放弃了，杜甫在诗文中都没提到。

　　一般认为杜甫是 768 年正月出峡，三月到达江陵。这个时间理解起来会有偏差，因为从夔州顺长江而下，到江陵四百七十五公里，船再慢也不可能走上一个多月。北魏时期地理学家郦道元（约 470—527）在《三峡》中说："自三峡七百里中……有时朝发白帝，暮到江陵，其间千二百里，虽乘奔御风，不以疾也。" 李白说："朝辞白帝彩云间，千里江陵一日还。"这就有点太快了。

　　768 年三月，杜甫在巫山县（今重庆下辖县）与唐使君宴别，诸公携酒乐相送，他在《敬寄族弟唐十八使君》中说："归朝跼病肺，叙旧思重陈。"

当船行到峡州（今湖北宜昌）后，他受到地方官员的热情款待。田侍御在下牢溪畔的津亭为杜甫摆宴洗尘。一伙人饮酒作诗，一直闹腾到启明星都升起来了，杜甫作《春夜峡州田侍御长史津亭留宴》记下此事："白发烦多酒，明星惜此筵。"

从这些诗中看，杜甫出峡后走走停停，拜访朋友，中途又在巫山、津亭、松滋停留，大概在三月中旬到达江陵。

到达江陵时天正下着雨，杜甫携家人找到族弟杜位的家，写下《乘雨入行军六弟宅》。当时杜位在荆南节度使卫伯玉幕府当行军司马。杜甫在长安时，曾经有一年除夕在杜位家守岁（《杜位宅守岁》[9]）。

洪业先生猜测他在江陵有一座房舍，一是根据《登舟将适汉阳》诗中说的"春宅弃汝去，秋帆催客归"。他可能把这首诗系错年份了，这首诗应该是 769 年秋天在潭州时作，汉阳在湖北，由潭州、岳州上襄阳北归，必须经过这里。这首诗与《回棹》[150]诗同旨，都是行未果。

《沙市志略》记载沙市城（今湖北荆州沙市区）"杜工部巷在三府街，旧名杜甫巷。"沙市是江陵的旧称，这条记载说明杜甫曾经在这个巷子住过数月。

当阳现在是湖北宜昌的一个下辖市，当年是江陵的属邑，两地距离八十公里。杜甫的弟弟杜观就在这里安家，杜甫的家也有可能暂时安置在这里，因为出峡前兄弟有约。

当阳对于杜甫来说，有着不同一般的象征意义，因为这里是杜甫尊崇的远祖杜预建功立业的封侯之地。杜甫三十岁时曾写过一篇《祭远祖当阳君文》，文章开头就说"十三叶孙甫，谨以寒食之奠，敢昭告于先祖晋驸马都尉镇南大将军当阳成侯之灵。"他还在首阳山下建筑土屋，以示"不敢忘本，不敢违仁"。

从某种意义上讲，杜预是打破三国鼎立局面的人。当年杜预任镇南大将军，三国并没有真正归晋，孙吴政权仍然控制着长江中下游以南地区。当时有两个荆州，杜预驻守的襄阳为北荆州，孙吴掌控的江陵为南荆州。在杜预的反复劝说之下，一直优柔寡断的晋武帝司马炎最终下定了决心，于279年十一月发起了灭吴之战。

在这次战争中，杜预指挥的夺取荆州之战，在整个战局起到了四两拨千斤的作用。当时杜预驻守在当阳的部队发动了夺取南荆州战役，一战成功后，杜预率军东进，迅速占领了长江中游南部地区；紧接着，杜预分兵南下，一举攻占了交州和广州地区，也就是今天的两广和越南中北部一带。

可以这么说，这一场战争彻底结束了三国时代，使中国重新走向大一统。在南北荆州合二为一后，杜预继续镇守荆州。在任期间，杜预在当地兴修水利、造福百姓，荆州百姓称其为"杜父"。

按说杜甫的当阳之行，是探访亲人、祭拜先祖的温情之旅。但是奇怪的是，杜甫并没有留下单独的诗篇记载此事。杜甫到过当阳，当他站在仲宣楼之上，极目远眺，穿越时空，似乎看到了屈原、贾谊、王粲等先贤们远去的孤独的背影。杜甫知道这里只曾有过远祖的荣耀，但并没有属于他的舞台。

杜甫一生中有十二首诗提到王粲。王粲是山东微山县人，"建安七子"之首，字仲宣。他为躲避长安战乱，曾逃亡荆州，依附荆州牧刘表，但未得到刘表的重用，后归曹操，深得曹氏父子信赖。这与杜甫的仕途和漂泊经历十分相似，他在《一室》中首次提到王粲："应同王粲宅，留井岘山前。"杜甫认为自己应该像王粲那样在荆州建宅留居。

杜甫受王粲、汉末女诗人蔡琰的影响比较大，常以悲惨的现实和遭遇入诗。不同的是，王粲、蔡琰写的是个人在乱世的境遇，而杜甫则是把整个国家和民众的不幸融入创作。

站在荆州的土地上，杜甫肯定会想到这位和他有类似身世经历的古人，

癔病

同是躲避战乱，同样远离了政治中心而无法实现抱负，同样在去国途中看见满目疮痍，同样在飘零中一次次送客北归。

杜甫感时伤怀，他哀伤于自己的漂泊无助，难以抑制内心的思乡思亲之情，也哀伤国乱不堪和难得重用。杜甫在提到王粲和贾谊的诗中，表达了与古人相似的境遇："去国哀王粲，伤时哭贾生。"（《久客》）

杜甫与荆南节度使卫伯玉有过几次来往。郡王派人入京进奉端午御衣，郡王新修的府邸竣工，这两次盛会卫伯玉大宴宾客，杜甫都受到邀请，也跟着作些诗。从一些迹象上看，卫伯玉对杜甫也没有给予特别的照顾。

多病执热①奉怀李尚书 [135]

衰年正苦病侵凌，首夏何须气郁蒸。

大水淼茫炎海接，奇峰硉兀火云升。

思沾道暍黄梅雨，敢望宫恩玉井冰。

不是尚书期不顾，山阴野雪兴难乘。

水宿遣兴奉呈群公 [136]

鲁钝仍多病，逢迎远复迷。耳聋须画字，发短不胜篦。

泽国虽勤雨，炎天竟浅泥。小江还积浪，弱缆且长堤。

归路非关北，行舟却向西。暮年漂泊恨，今夕乱离啼。

童稚频书札，盘餐诳糁藜。我行何到此？物理直难齐。

高枕翻星月，严城叠鼓鞞。风号闻虎豹，水宿伴凫鹥。

异县惊虚往，同人惜解携②。蹉跎长泛鹢，展转屡鸣鸡。

①杜甫多次用到"执热"，如"执热烦何有"（《大云寺赞公房四首·其四》）、"执热互相望"（《夏夜叹》）、"执热乃沸鼎"（《大雨》[71]）、"执热露白头"（《毒热寄简崔评事十六弟》）、"尔曹轻执热"（《课伐木》）、"执热沉沉在"（《北风》[142]）……意思是指内心燥热，肺病怯暑。

②汪灏曰："穷途资之，客中复窘，乃人情冷淡，空囊而回，直述其事，以告江陵知己，谓此设虚行也。美其词曰：'水宿遣兴。'"（《知本堂读杜》）

巍巍瑚琏器，阴阴桃李蹊。余波期救润，费日苦轻赍。

支策门阑邃，肩舆羽翮低。自伤甘贱役，谁愍强幽栖。

巨海能无钓，浮云亦有梯。勋庸思树立，语默可端倪。

赠粟囷应指，登桥柱必题。丹心老未折，时访武陵溪。

杜甫在江陵有兄弟，也认识比较多的达官贵人，但这些人似乎对他都没有实质性的帮助，极有可能还受到过讥笑和冷落。他的耳朵聋了，与人交谈时还需要别人把要说的话写到纸上（"耳聋须画字，发短不胜篦"，《水宿遣兴奉呈群公》[136]）；右臂也偏枯了，写信求援还得儿子代书（"杖藜还客拜，爱竹遣儿书"，《秋清》[126]）。他不得不坐船去较远的县去讨救济，但这些所谓的朋友都不愿意借钱给他。他挂着拐杖步行入府，看门人却不给通报，坐了轿子的人反倒进去了；晚上宿在船上，无法入眠，看星月从东翻到西，他感叹人情太薄："异县惊虚往，同人惜解携。"（《水宿遣兴奉呈群公》[136]）

杜甫在此期间写过一首《画鹘行》。这只病鹘，张着嘴直喘气，样子显得特别丑。它每夜都在江边的老柳树上歇宿，病得歪歪斜斜，连身子也站不直。过往的大雁和乌鸦怯生生地绕开它，还不时回头看看。这种头昏脑涨的模样早没了往昔的风采，羽毛也掉得几乎没有了。论能力它以前可比苍鹰厉害，而现在却病得叫不出声，伤口也一直在流血……这哪里是写病鹘，简直就是杜甫的现实和内心。

癔病

333

独坐 [137]

悲愁回白首，倚杖背孤城。江敛洲渚出，天虚风物清。

沧溟服衰谢，朱绂负平生。仰羡黄昏鸟，投林羽翮轻。

送覃二判官 [138]

先帝弓剑远，小臣余此生。蹉跎病江汉，不复谒承明。

饯尔白头日，永怀丹凤城。迟迟恋屈宋，渺渺卧荆衡。

魂断航舸失，天寒沙水清。肺肝若稍愈，亦上赤霄行。

  杜甫在离开江陵前作《秋日荆南述怀》，诗中说"苦摇求食尾，常曝报恩腮。结舌防谗柄，探肠有祸胎。苍茫步兵哭，展转仲宣哀。饥藉家家米，愁征处处杯。休为贫士叹，任受众人咍。""咍"，是楚地方言，是嘲笑的意思。杜甫在《久客》诗中也说"衰颜聊自哂，小吏最相轻"。

  杜甫觉得自己沦落到"摇尾求食"的悲惨境地，他感觉别人都在嘲笑他，背后也在议论他。这可能是杜甫的真实处境，但也有可能被他自己放大了。

  我们分析，杜甫可能患有轻度的精神分裂倾向。他出现了幻觉、妄想和认知障碍，属于癔病范畴。这种病最大的一个特点，就是病人会凭空产生一些不切实际甚至荒诞无稽的想法，本人却深信不疑；再一点就是疑心特别重，老是感觉周围的人在背后说自己的坏话，有时候会显得烦躁不安、坐卧不宁，甚至惶惶不可终日。杜甫晚年很少与人交往，总是疑心别人讥笑他，甚至对他不利。在这里重提一下杜甫的甲状旁腺功能亢进症，因为这种病除了消化系统溃疡、急性胰腺炎外，还能出现乏力、倦怠、软弱、冷漠、肌无力、骨压痛、泌尿系统结石等症状，后期也会出现四肢萎缩、步态不稳、语言和听力障碍、视力障碍、定向力丧失及精神行为异常等。

  杜甫在《多病执热奉怀李尚书》[135]中说"衰年正苦病侵凌"，人欺侮他，病也欺负他。卢元昌评注曰："衰年而病，有似侵凌，病亦侮老也。"①

  杜甫在《送覃二判官》[138]中说"肺肝若稍愈，亦上赤霄行"。有人评价说，

---

① 参见卢元昌《杜诗阐》卷三十。

杜甫还抱有归长安而见君之意，表达了怀君恋阙之诚。其实，我们也可以从心理疾病的角度来解读这两句诗。

历来学者认定杜甫写病的诗有一百三十多处，这只是带"病"字或者明显提到病名的（像疟疾、消渴、肺疾、坐痹、头风、风疾等），其他隐藏在诗句的病症并没有统计在内。比如，"飘蓬逾三年，回首肝肺热"（《铁堂峡》[50]），其中的"肝肺热"是指肝肺热盛证；"患气经时久，临江卜宅新"（《宾至》[55]），其中的"患气"是指气促、气短，喘息困难；"卷帘残月影，高枕远江声"（《客夜》[73]）中的"高枕"是指肺气肿、肺心病人睡觉要垫高枕头；"疟疠餐巴水，疮痍老蜀都"（《哭台州郑司户苏少监》[86]）中的"疮痍"是指眼部带状疱疹；"将衰骨尽痛，被褐味空频"（《热三首》[100]）就是指杜甫所患的甲旁亢造成骨钙流失严重，而引起骨痛和食欲不振；"天地空搔首，频抽白玉簪"（《楼上》[145]），这里可能是指糖尿病脑梗使局部血栓形成，头皮发麻、发痒……

767 年杜甫在夔州时作《别李义》："莫怪执杯迟，我衰涕唾烦。"文学史评家把"涕唾"解释为鄙薄、轻视的意思。中医上，"汗泪涎涕唾"分别对应指代心肝脾肺肾之液。涎和唾都是口腔之液，"涎"指的是较为清亮的部分，而"唾"则是指黏稠的部分。杜甫在这里用肺肾功能的外在表现"涕、唾"，来指代自己津液失调、口咽干燥、内有实热、烦躁不安，其实是肺肾阴虚。这样解读，前后两句理解起来也就顺畅多了。读杜甫的"病诗"，以医者的视角去读，才能读出其中的玄机。

偏枯

　　杜甫其实在江陵仅仅住了不到六个月，就义无反顾地离开了。从《舟中出江陵南浦，奉寄郑少尹》诗看，他走的时候大约是秋天。走之前杜甫听闻李峄去世，写下《哭李常侍峄》，李峄是他当左拾遗时同籍入仕的朋友。到达公安县（今属湖北荆州市）后，他年少时认识的朋友李之芳也去世了，前段日子两人在江陵时还经常一块喝酒，没想到这次分别竟是永别，于是作诗："漳滨与蒿里，逝水竟同年。"（《哭李尚书》）

　　杜甫在公安县客居了数月，一家人应该在县城租赁了房屋。在公安的日子，杜甫还是温暖的。

　　颜少府对杜甫很尊重，也很热情，见《醉歌行赠公安颜少府请顾八题壁》："酒酣耳热忘头白，感君意气无所惜，一为歌行歌主客。"杜甫喝得小辫朝前，聊发少年狂态。

　　还有一个叫卫钧的卫大郎对杜甫很仰慕，有人猜测可能是卫伯玉之子，但是没有证据。这个人对杜甫应该是有接济的，杜甫写了《移居公安敬赠卫大郎》这首诗给他。诗题中既有"敬"又有"赠",这种情况在杜甫的诗中很少,其中说:"交态遭轻薄,今朝豁所思。"《史记》说:"一贫一富,乃知交态。"汪灏曰:"人多慢我之时,卫独重我若此。"

这年冬天,杜甫在这里还遇到了李晋肃,就是诗人李贺的父亲(《公安送李二十九弟晋肃入蜀,余下沔鄂》)。杜甫送他入蜀,告诉他自己要下沔鄂。

历史上有四个地方曾被置为沔州,西魏置沔州,在今湖北汉川市东南;隋置沔州,即今湖北仙桃市;唐置沔州,即今湖北武汉市汉阳区;南宋时置沔州,即今陕西汉中市略阳县。杜甫说的"沔"应该指今天的武汉市汉阳区,鄂州是指今天的武汉市武昌区。

看杜甫的想法,是想从沔鄂东下,但是什么原因让他改变了行程,转向岳州呢?他在与李晋肃告别后,带着药饵和诗书离开公安,"药饵扶吾随所之"(《晓发公安》[139])。

晓发公安 [139]

北城击柝复欲罢,东方明星亦不迟。

邻鸡野哭如昨日,物色生态能几时。

舟楫眇然自此去,江湖远适无前期。

出门转眄已陈迹,药饵扶吾随所之。

768年的秋天,吐蕃以十万兵入寇灵武,吐蕃尚赞摩帅二万兵入寇邠州,京师戒严。杜甫是不是因为这个原因而改变了行程呢?杜甫的心在北边,脚步却一直在向南走。

传记作家冯至认为:杜甫意欲往南投靠在郴州(今湖南郴州市)的舅父崔伟,当时崔伟在郴州任录事参军。

我们在诗中再次见到杜甫的足迹，他已经在岳州（今湖南岳阳市）了。768年冬天，岳州下了很大的雪。

"戎马关山北，凭轩涕泗流。"（《登岳阳楼》[140]）杜甫站在岳阳楼上，登楼一哭，千古传音。

就像当年崔颢（？—754）在黄鹤楼题诗，李白读后感觉再没有人超过他了，于是感叹道："眼前有景道不得，崔颢题诗在上头。"千百年来，岳阳楼上，再没有人比杜甫站得更高，看得更远，哭得更伤悲……他为自己的失意流泪，也为自己晚年的窘困流泪，更是为混乱不堪的时局和多灾多难的国家痛哭。

登岳阳楼 [140]

昔闻洞庭水，今上岳阳楼。吴楚东南坼，乾坤日夜浮。

亲朋无一字，老病有孤舟。戎马关山北，凭轩涕泗流。

过南岳入洞庭湖 [141]

洪波忽争道，岸转异江湖。鄂渚分云树，衡山引舳舻。

翠牙穿裛蒋，碧节吐寒蒲。病渴身何去？春生力更无。

壤童犁雨雪，渔屋架泥涂。欹侧风帆满，微冥水驿孤。

悠悠回赤壁，浩浩略苍梧。帝子留遗恨，曹公屈壮图。

圣朝光御极，残孽驻艰虞。才淑随厮养，名贤隐锻炉。

邵平元入汉，张翰后归吴。莫怪啼痕数，危樯逐夜乌。

768年的除夕，杜甫可能是在岳州的船上度过的，应该说这个年过得很不如意。第二年春天，杜甫发船从岳州南行，驶向潭州（今湖南长沙）。

杜甫在《过南岳入洞庭湖》[141]诗中说："病渴身何去？春生力更无。"

大概算来，杜甫从764年患糖尿病，到现在已有六个年头。767年杜甫得过一次糖尿病脑梗，之后，糖尿病及其并发症都侵扰着他。

杜甫在这里说"春生力更无"，由于春季湿气较重，他的阳气不足，容易受到湿邪侵犯。脾脏因湿困而导致运化失职，容易出现困顿嗜睡、疲倦乏力等症状，在中医上也叫"湿困""春困"。

春困反过来会影响肝的疏泄，一旦肝失疏泄、气机郁滞，也容易使人情绪异常或低落。

杜甫患有抑郁症、糖尿病、甲旁亢等疾病，这些病也容易导致嗜睡、疲乏无力等。

杜甫的肺病应该已经引起了心脏部位的病变，这时候他应该出现胸闷、气短的症状，表现出困倦和乏力。这是早春，荆湘再热也不至于"执热沉沉在"（《北风》[142]）。这也再次证明，杜甫诗中出现的"执热"特指自身的"内热"，他内火太盛、燥热难忍。

北风 [142]

春生南国瘴，气待北风苏。向晚霾残日，初宵鼓大炉。

爽携卑湿地，声拔洞庭湖。万里鱼龙伏，三更鸟兽呼。

涤除贪破浪，愁绝付摧枯。执热沉沉在，凌寒往往须。

且知宽疾肺[①]，不敢恨危途。再宿烦舟子，衰容问仆夫。

今晨非盛怒，便道即长驱。隐几看帆席，云山涌坐隅。

清明二首 [143]

其二

此身飘泊苦西东，右臂偏枯半耳聋。

寂寂系舟双下泪，悠悠伏枕左书空。

[①] 王嗣奭曰："病肺，最畏湿热，当执热沉沉之际，往往须寒解之，故得宽肺疾。"（《杜臆》卷十）

十年蹴踘将雏远，万里秋千习俗同。
旅雁上云归紫塞，家人钻火用青枫。
秦城楼阁烟花里，汉主山河锦锈中。
风水春来洞庭阔，白蘋愁杀白头翁。

咏怀二首 [144]

其二

邦危坏法则，圣远益愁慕。飘飖桂水游，怅望苍梧暮。
潜鱼不衔钩，走鹿无反顾。皦皦幽旷心，拳拳异平素。
衣食相拘阂，朋知限流寓。风涛上春沙，千里侵江树。
逆行少吉日，时节空复度。井灶任尘埃，舟航烦数具。
牵缠加老病，琐细隘俗务。万古一死生，胡为足名数。
多忧污桃源，拙计泥铜柱。未辞炎瘴毒，摆落跋涉惧。
虎狼窥中原，焉得所历住。葛洪及许靖，避世常此路。
贤愚诚等差，自爱各驰骛。羸瘠且如何？魄夺针灸屡[①]。
拥滞僮仆慵，稽留篙师怒。终当挂帆席，天意难告诉。
南为祝融客，勉强亲杖屦。结托老人星，罗浮展衰步。

杜甫由岳州赴潭州，沿湘江逆流而上。他在潭州可能只住了一个晚上，就起赴衡州（今湖南衡阳），在衡州待了很短时间，他又携家人折返潭州。

杜甫这番折腾，很大一种可能，开始是想去投奔老朋友韦之晋。我们知道，韦之晋是杜甫在二十岁那年游山西时认识的朋友。769 年初，韦之晋在衡州担任刺史兼湖南都团练观察使，当杜甫从潭州赶到衡州时，韦之晋却调任潭州刺史。杜甫急忙又赶回潭州，等杜甫再返回时，却得到韦之晋

① 周篆曰：“因羸瘠而数数针灸，痛楚夺魄也。”（《杜工部诗集集解》）

已经去世的消息。杜甫悲恸不已，写下《哭韦大夫之晋》。

有时候命运很会捉弄人，或者说杜甫的运气太背，就连寻找旧友也是阴差阳错，最后竹篮打水一场空。

《清明二首》[143] 就作于潭州。杜甫在诗中说"右臂偏枯半耳聋"，我们知道杜甫的左耳朵聋，现在他的右臂也瘫了。

偏枯，不应该仅仅理解为偏瘫。张仲景的《金匮要略》首次提出"中风"的概念，但在隋代《诸病源候论》和唐代孙思邈的《千金要方》里是用"偏枯"指代中风这类病。我们知道，张仲景医书散佚后，《伤寒论》部分由西晋王叔和搜集编次，而杂病部分《金匮要略》则是在宋代才整理成书的。所以杜甫那个时代，偏枯就指代中风。我们推断杜甫在767年秋天患过脑梗，这也是一个证据。我们知道，右侧大脑半球通过运动中枢管理着左侧肢体运动；而左侧大脑半球通过运动神经管理着右侧肢体运动。任何一侧发生病变，都会导致对侧偏瘫。而脑半球中最容易发生病变的部位是内囊，内囊容易破裂出血。如果血压下降、血流缓慢，也容易发生血栓或者梗塞。

糖尿病与中风关系最为密切，有30% ~ 40%的中风患者都有糖尿病史。杜甫前期发生过一次糖尿病脑梗，这可能是引发他偏瘫的主要原因，"半耳聋"也与这次脑梗有直接关系。

杜甫在《咏怀二首》[144] 中提到"魄夺针灸屡"，他可能在尝试着用针灸治疗偏瘫，这是很危险的。如果下针不得法，甚至会危及生命。

眼
疾

　　杜甫在潭州住了一年时间，栖居小舟，病卧江阁，日子过得自然清苦。我们不知道他的生活来源是什么。杜甫在渔商市卖过草药，"药物楚老渔商市"（《暮秋枉裴道州手札，率尔遣兴，寄近呈苏涣侍御》）；再就是靠奉赋赠诗增加一点收入，不过真正掏出钱来帮助他的不多。他曾悲伤地表达过，朋友书信虽多，但寒暄之问，不能解决实际问题，"虚名但蒙寒温问，泛爱不救沟壑辱"。

　　杜甫还偶遇了四十年前游晋时结识的寇锡。寇锡进任监察御史，当时正巡按岭南，与杜甫相遇。

　　在潭州，杜甫多亏有文友唱和来往，倒也不觉得过于孤单无趣。特别是他在长沙城边偶遇了当年的宫廷乐师李龟年，真正有了他乡遇故知之感，"正是江南好风景，落花时节又逢君"（《江南逢李龟年》）。据唐代范摅撰写的《云溪友议》记载，年老的李龟年确实漂泊在潭州一带。

　　可是，老天就连这样的清苦日子也不愿多给杜甫。

770 年四月，湖南兵马使臧玠带领一伙兵卒制造混乱，肆虐潭州，杀死潭州刺史崔瓘，演出了一场"兵变"闹剧。据史料记载，崔瓘"政在简肃，恭守礼法"，做人正派，为官清廉，可以算得上是唐代中期的贤吏。

这一年湖南府库发放粮储，兵马使臧玠与崔瓘手下的崔判官达奚觏发生了争执，矛盾激化到不可调和。判官是级别并不高的处理日常事务的文官，达奚觏面对凶神恶煞的臧玠，心里忐忑不安，就说"但愿今日无事"。臧玠却怒气未消，指着他厉声喝道："有事何逃？"然后扬长而去。

当天夜里，臧玠以杀达奚觏为名，率领手下人发动兵变，杀了达奚觏。崔瓘还没来得及逃走，也被乱兵杀死。一时间潭州城内火光冲天，百姓纷纷惊惶出逃。

杜甫是臧玠兵乱的亲历者，他趁乱坐船逃离潭州，进入衡州。《入衡州》[147]和《逃难》[148]诗就是在这个背景下创作的。诗中描述了这场可怕的兵变和潭州百姓遭受的灾难。

衡州刺史阳济、道州（今湖南道县）刺史裴虬和澧州（今湖南澧县）刺史杨子琳出兵讨伐臧玠叛乱，很快就将这场兵乱平息下来。

臧玠兵变后，一场更大的兵变扰乱了湖南。770 年，朝廷派辛京杲任潭州刺史兼湖南观察使。这个人奸险狡诈、贪财成性。他手下有个牙将叫王国良，驻守在邵州武冈县（今湖南武冈市）。王国良家在当地富甲一方，辛京杲竟利欲熏心，给王国良安了个罪名，定了死罪，以达到霸占其财产的目的。

王国良听到这个消息后，悲愤交加，"遂散财聚众，据县以叛"，并联合"西原蛮"侵掠州县，成为当地一害。朝廷下诏周边各道"合兵讨之"，但都没有办法扑灭。直到 780 年，新上任的潭州刺史李皋了解到这一内情，写信劝王国良归顺，并单骑进入王国良兵营，成功招抚了他，这场长达十年的兵乱才得以平息。

眼疾

343

这些是杜甫去世后发生的事情。但是从臧玠兵变和王国良兵变中，我们可以了解到大唐中晚期各地军阀混乱的景象。再去读杜甫的诗，我们就会更加理解杜甫对"重镇如割据，轻权绝纪纲"（《入衡州》[147]）的痛心和忧虑。

楼上 [145]

天地空搔首①，频抽白玉簪。皇舆三极北，身事五湖南。

恋阙劳肝肺，论材愧杞楠。乱离难自救，终是老湘潭。

小寒食舟中作 [146]

佳辰强饮食犹寒，隐几萧条带鹖冠。

春水船如天上坐，老年花似雾中看。

娟娟戏蝶过闲幔，片片轻鸥下急湍。

云白山青万余里，愁看直北是长安。

杜甫在《楼上》[145]诗中说"恋阙劳肝肺"，在《散愁二首》诗说"恋阙丹心破，沾衣皓首啼"，恋阙就是思恋宫阙，比喻心不忘君。杜甫无论身居庙堂还是漂泊江湖，他的家国情怀一点都没有改变。

杜甫在《自京赴奉先县咏怀五百字》[24]说："入门闻号啕，幼子饥已卒。……默思失业徒，因念远戍卒。"他的幼子饿死了，悲痛之余想到的还是普通百姓的日子怎么过，这种惦念和忧虑展现出杜甫宽广的胸怀。

杜甫痛恨"君侧有谗人"（《百舌》），揭露他们"惜哉俗态好蒙蔽，亦如小臣媚至尊"（《石笋行》）。杜甫虽然是一介儒士，但他却有着强

① 脑梗促使局部血栓形成，使动脉狭窄加重或完全闭塞，导致脑组织缺血，有时候会头皮发麻、发痒。

烈的责任意识和大局意识，"安得覆八溟，为君洗乾坤"（《客居》[94]）。

安史之乱爆发，杜甫是受害者也是见证人，从此以后，对时局和国家安危的忧虑就成了他诗中的主题。"国破山河在，城春草木深。"《春望》[26]和《北征》[30]及"三吏三别"等一系列诗作，表现出杜甫对大唐帝国无休止战乱的满怀忧虑。"少陵野老吞声哭，春日潜行曲江曲。"（《哀江头》）杜甫为自己哭，更为这个满目疮痍的帝国而哭。

杜甫从叛军中逃出，第一时间不是先回家看望老小，而是"麻鞋见天子，衣袖露两肘"（《述怀一首》），去寻找流亡朝廷。当时这个新成立的朝廷前途未卜，你会发现杜甫对朝廷的忠心是发自内心的。

在成都草堂，一场秋风吹破茅屋，在杜甫最无助、最沮丧的时候，他却发出了"安得广厦千万间，大庇天下寒士俱欢颜"（《茅屋为秋风所破歌》[64]）的呐喊。这种情怀和胸襟并非每个人都能理解，也许有些人会说他在作秀。但若是把杜甫前后的经历和一生的作品细读一遍，我们就会发现，杜甫比任何一个在官场里混的人都真实，他对朝廷的忧虑和对时局的担心是发自肺腑的。

眼疾

345

晚年的杜甫身处乱世，四处漂泊，居无定所，甚至可怜地到处乞求施舍来维持生计。但他的现实关怀并未减少，反而更加强烈。他反复咏叹："时危思报主，衰谢不能休"（《江上》），"长怀报明主，卧病复高秋"（《摇落》），"霜天到宫阙，恋主寸心明"（《柳司马至》），"此生那老蜀，不死会归秦"（《奉送严公入朝十韵》），"尚想趋朝廷，毫发裨社稷"（《客堂》[96]），"冯唐虽晚达，终觊在皇都"（《续得观书，迎就当阳居止，正月中旬定出三峡》）……

"位卑未敢忘忧国"，这种情怀在杜甫的许多诗篇里都有体现，读者可以去细细地去品读和体味。杜甫的诗诠释了他一生的经历，是他全部生命、生活的实践。杜甫对国家、对君主的感情，是发自他的本性，而不仅仅是一句口号。他真正践行了中国儒家"人溺己溺，人饥己饥"^①的理念。

我们经常所说的"七情"，包括喜、怒、忧、思、悲、恐、惊。忧为肺之志，忧伤肺，忧则气郁。中医认为肺主气，忧悲过度会引起肺气郁滞不畅。因为忧与思分不开，所以也能伤及脾，出现恶心、呕吐、腹胀、腹泻等一系列症状。忧虑过度，对人对事会产生愤怒和怨恨，若得不到及时宣泄，又会伤及肝，出现肝失疏泄、肝气郁积、肝血瘀阻、肝阳上亢等病症，所以杜甫才感叹"多忧增内伤"（《入衡州》^[147]），"恋阙劳肝肺"（《楼上》^[145]）。

入衡州（节选）[147]

兵革自久远，兴衰看帝王。汉仪甚照耀，胡马何猖狂。

老将一失律，清边生战场。君臣忍瑕垢，河岳空金汤。

重镇如割据，轻权绝纪纲。军州体不一，宽猛性所将。

嗟彼苦节士，素于圆凿方。寡妻从为郡，兀者安堵墙。

凋弊惜邦本，哀矜存事常。旌麾非其任，府库实过防。

恕己独在此，多忧增内伤。偏裨限酒肉，卒伍单衣裳。

元恶迷是似，聚谋泄康庄。竟流帐下血，大降湖南殃。

烈火发中夜，高烟焦上苍。至今分粟帛，杀气吹沅湘。

福善理颠倒，明微天莽茫。销魂避飞镝，累足穿豺狼。

隐忍枳棘刺，迁延胝趼疮。远归儿侍侧，犹乳女在旁。

久客幸脱免，暮年惭激昂。萧条向水陆，汩没随鱼商。

报主身已老，入朝病见妨。悠悠委薄俗，郁郁回刚肠。

……

---

① 出自《孟子·离娄下》第二十章："禹思天下有溺者，由己溺之也；稷思天下有饥者，自己饥之也，是以如是其急也。"

逃难 [148]

五十头白翁，南北逃世难 ①。疏布缠枯骨，奔走苦不暖。

已衰病方入，四海一涂炭。乾坤万里内，莫见容身畔。

妻孥复随我，回首共悲叹。故国莽丘墟，邻里各分散。

归路从此迷，涕尽湘江岸。

杜甫出现了食欲减退的症状，他在《小寒食舟中作》[146] 说"佳辰强饮食犹寒"，在《回棹》[150] 诗中也说"强饭莼添滑"。

这一症状可能是糖尿病引起的。一方面，糖尿病并发症出现神经病变后，极有可能累及胃肠神经，出现腹胀、便秘，影响进食；另一方面，最新的研究成果发现，糖尿病的病因可能是胃肠菌群紊乱，这样也会影响到胃肠动力。

杜甫的肝硬化和甲旁亢也会影响肠胃的消化吸收功能。肝功能的减弱，会使胃肠道出现不适，如恶心、呕吐等，若病情加重，会出现疲倦乏力、腹泻、腹痛，甚至出现消化道出血、腹水等症状，不想进食。特别是甲旁亢能引起骨钙大量流失，使人的四肢、腰背畸形，身体变得矮小。"疏布缠枯骨"不仅仅说杜甫瘦弱，还表现出他有一种灯枯油尽的感觉。

现在杜甫的肺心病应该进入失代偿期，可能出现了显著的体循环瘀血，表现为水肿和胃肠道瘀血。胃肠道出现瘀血就会影响食欲，还可能引起腹胀等相关表现；肺心病同时也能导致肝脏瘀血。

杜甫的眼睛开始出现毛病，他说自己"老年花似雾中看"（《小寒食舟中作》[146]）。

唐朝时期已经用树蜡、桐油和菜油照明，但皇宫和贵族才有资格使用

---

① 王嗣奭曰："肃宗上元二年（761），公五十，时东川节度使段子璋反，崔光远牙将花敬定斩之，而兵不戢，遂大掠，故公率妻子而逃；始则京师乱而逃蜀，既反北而南，今南又乱而逃，故云'南北逃世难'。"（《杜臆》）

蜡烛或菜油灯照明，一般家庭照明用桐油灯。那个时代，士子们焚膏继晷地苦读，不少文人都患上了眼疾。被孟郊戏称为"穷瞎张太祝"的张籍（约767—约830）患有眼病，几乎要失明了。他收到老朋友寄来的车前子后，赠诗感谢："开州午日车前子，作药人皆道有神。惭愧使君怜病眼，三千馀里寄闲人。"（《答开州韦使君寄车前子》）车前子有清肝明目的功效，常常用于治疗目赤障翳等眼疾。菊花、决明子和青葙子等配伍，也可以治疗视力模糊和视力减退等。杜甫在长安时，小院里就种着决明和甘菊。

白居易在《眼病二首》中描述了自己的症状："散乱空中千片雪，蒙笼物上一重纱。纵逢晴景如看雾，不是春天亦见花。僧说客尘来眼界，医言风眩在肝家。"从这里看，他患上了典型的老年白内障，视物模糊。白居易后来自己学习医书，开始服用滋养肝脏的中药，还用民间验方黄连的汁点眼。

人上了年纪，明亮绚丽的世界开始变得黯然无色，或远近模糊，或扭曲断续，或暗影遮掩，十有八九是眼睛出了问题。老年眼病中，最典型的就是"白青黄红"四种：大家都知道的是白内障，晶状体混浊；第二是青光眼，由于它是不可逆的，其实比白内障的危害更大；第三种是黄斑病，只要看电线杆变弯了，眼前有固定黑影或视物变形，都有可能是患上了黄斑病；第四种与红色有关，是指眼底缺血或者出血，这跟高血压、糖尿病、动脉硬化等疾病引起的视网膜动脉或者静脉栓塞有关。

杜甫第一次提到眼睛不好是患疟疾后，757 年他说"头白眼暗坐有胝"（《病后遇王倚饮赠歌》）[15]。杜甫视力不好是肯定的，他患疟疾期间，视力肯定受到了影响。762 年他在梓州逗留期间，在《谒文公上方》[75] 诗中说："金篦刮眼膜，价重百车渠。"767 年秋天，杜甫在夔州瀼西时说："金篦空刮眼，镜象未离铨。"（《秋日夔府咏怀奉寄郑监李宾客一百韵》[119]）这两次杜甫尽管没明确提到眼睛，但"金篦刮眼"是指古代中医的金针拨障术。杜甫肯定没有做这种手术。他说价钱很贵，以他的财力肯定做不起。

杜甫再一次提到眼病就是 768 年，他患过糖尿病脑梗后突发耳聋，视力也下降得厉害："眼复几时暗，耳从前月聋。"（《耳聋》[123]）

梳理杜甫的眼疾过程，我们能得知杜甫一定也患有白内障，但是他的眼睛真正出现问题，是上面所说的与红色有关的眼底缺血或者出血。杜甫的糖尿病、动脉硬化等引起眼底视网膜血管变窄、变硬，形成血栓，或者出现眼底渗血，而导致视网膜血管阻塞。短时间内出现视力障碍或视力极度减退，眼前部分被遮挡，有固定黑影，是这种病的特征。

视网膜静脉堵塞也引起他视力的下降，但不至于致使完全失明。所以杜甫在诗中说"君看灯烛张，转使飞蛾密"（《写怀二首》[130]），"老年花似雾中看"（《小寒食舟中作》[146]）。杜甫的耳聋和眼障都是突发性的，不结合其整体病情，单纯从诗的描述看，一些研究者可能误解杜甫患的只是白内障。

眼疾

349

白居易在《眼病二首》第二首中把眼病写得更详尽："眼藏损伤来已久，病根牢固去应难。医师尽劝先停酒，道侣多教早罢官。案上漫铺龙树论，合中虚撚决明丸。人间方药应无益，争得金篦试刮看。"

白居易比杜甫明白，他知道眼睛损害后，病根很难去除，医师劝他要戒酒，道友劝他罢官清修。不过，白居易的白内障可以用金篦刮眼，但是杜甫的眼病是脑梗引发的视网膜血管堵塞，很难康复。

有些人把唐宋文人的眼病都说成是白内障，不是很严谨。比如刘禹锡（772—842）在《赠眼医婆罗门僧》中说："两目今先暗，中年似老翁。看朱渐成碧，羞日不禁风。"从刘禹锡描述的症状看，把红色看成绿色，怕光怕风，应该是结膜炎的症状。

对于花眼、白内障、青光眼等眼科疾病，明朝有一个文人曾写过一首打油诗，很有意思："笑君两眼忒稀奇，子立身边问是谁？日透窗棂拿弹子，月移花影拾柴枝。因看画壁磨伤鼻，为锁书箱夹断眉。更有一般堪笑处，吹灯烧破嘴唇皮。"把月光下的花影当柴枝，看墙上的画碰伤鼻子，锁书柜把眉毛夹住，吹灯烧坏了嘴皮。古人很幽默，以此调侃视力不好的人闹出的各种笑话。

现在的杜甫头发稀白、腿瘸、耳聋、眼瞎、臂枯、齿落，一身疾病，"迁延胝趼疮"（《入衡州》[147]），"疏布缠枯骨"（《逃难》[148]）。他身上长满了茧和疮，布衣下是一副瘦骨嶙峋的躯体。

在前方，还会有什么苦难等着这位老人呢？

饫死

杜甫在《入衡州》[147] 的结尾说，他们一家可能要去郴州，因为他的舅舅崔伟在那里摄州事。这位舅舅可能是他母亲的一位堂兄，之前杜甫写过一首《奉送二十三舅录事之摄郴州》。

耒水是湘江最长的支流，从衡州向东南，溯耒水而上到郴州，水路大概是四百三十五公里。当船行到耒阳（今湖南耒阳市）时，江水大涨，杜甫一家被困在方田驿（今耒阳市高炉乡龙王庙），这里到耒阳走陆地还有四十里路。耒阳聂县令听说后，写来书信，并派人给杜甫送来酒肉。杜甫写了《聂耒阳以仆阻水，书致酒肉，疗饥荒江诗得代怀，兴尽本韵至县呈聂令陆路去方田驿四十里，舟行一日，时属江涨，泊于方田》[149]，以表感谢。

坊间有个千年之谜一直在流传，即杜甫"饫死耒阳"。这个事到底是怎么流传开来的呢？

据唐人郑处诲的《明皇杂录》记载："杜甫客耒阳，游岳祠。大水遽至，涉旬不得食……尝馈牛炙白酒，甫饮过多，一夕而卒。"

这可能是唐代小说家的故事演绎，而新旧《唐书》又将这个演绎故事收录其中，于是杜甫在耒阳被酒肉撑死就成了正史。

除了"饫死"说，杜甫在耒阳食物中毒、溺水而亡、死于糖尿病这三种说法也流传很广。

提出食物中毒说的是现代学者郭沫若。他在晚年的封笔之作《李白与杜甫》一书中指出，杜甫不是因为饱饫而死，而是死于食物中毒。

据郭沫若推测，因为在耒阳遇大水时，正是炎炎夏季，杜甫的身体已经很衰弱。县令送来牛肉。吃了变质的牛肉，别人可能最多拉几天肚子，杜甫却因此丢了命。他又喝了大量的白酒，酒精加速了毒素在血液中的循环，所以中毒而亡。

溺水而亡的说法也是有记载的。据唐朝《杜拾遗补遗》记载："江水暴涨，（甫）为惊湍漂没，其尸不知落于何处……聂令乃积空土于江上，曰：'子美为牛肉白酒胀饫而死，葬于此矣。'以此事闻。"还有人假借韩愈（768—824）的名义，作了一首《题杜工部坟》，诗中说"三贤所归同一水"。意思是说，战国时期的屈原不愿与世俗同流合污，在汨罗江怀沙自沉；唐朝的李白和杜甫同样拥有这样高洁的情怀，不忍心目睹生灵涂炭，也选择了沉水自尽。

还有一种说法是死于糖尿病。杜甫在耒阳被大水围困，多日不得食，聂县令送来了牛肉和白酒，他狂吃海喝一顿。对于糖尿病患者而言，饱食容易引起酮症酸中毒或者心脑血管病急性发作。杜甫在暴饮暴食后，当夜就去世了。

这三种说法都是基于"饫死耒阳"的演绎，只不过改变了版本。

北宋的刘斧在《青琐撷遗》中又编了一个故事，为这些说法自圆其说。他说杜甫从蜀中出发，在行程中于耒阳停留。有一次杜甫喝醉了酒，宿在江边一个酒家。晚上江水大涨，醉酒的杜甫被波涛冲走。后来唐玄宗想念杜甫，下诏寻杜甫进京见驾。曾经给杜甫送过酒肉的聂县令找不到杜甫，又害怕皇帝怪罪，就在江边筑了坟头，谎称杜甫因为吃酒肉过多而胀死，葬在耒阳江边。

聂耒阳以仆阻水，书致酒肉，疗饥荒江诗得代怀，兴尽本韵至县呈聂令

陆路去方田驿四十里，舟行一日，时属江涨，泊于方田 [149]

耒阳驰尺素，见访荒江眇。义士烈女家，风流吾贤绍。

昨见狄相孙，许公人伦表。前期翰林后，屈迹县邑小。

知我碍湍涛，半旬获浩溔。麾下杀元戎，湖边有飞旐。

孤舟增郁郁，僻路殊悄悄。侧惊猿猱捷，仰美鹡鸰矫。

礼过宰肥羊，愁当置清醥。人非西喻蜀，兴在北坑赵。

方行郴岸静，未话长沙扰。崔师乞已至，澧卒用矜少。

问罪消息真，开颜憩亭沼。

回棹 [150]

宿昔试安命，自私犹畏天。劳生系一物[①]，为客费多年。

衡岳江湖大，蒸池疫疠偏。散才婴薄俗，有迹负前贤。

巾拂那关眼，瓶罍易满船。火云滋垢腻，冻雨裹沈绵。

强饭莼添滑，端居茗续煎。清思汉水上，凉忆岘山巅。

顺浪翻堪倚，回帆又省牵。吾家碑不昧，王氏井依然。

几杖将衰齿，茅茨寄短椽。灌园曾取适，游寺可终焉。

遂性同渔父，成名异鲁连。篙师烦尔送，朱夏及寒泉。

[①] 赵次公曰："既知安命畏天，则一任其所适。盖人之劳生，不免系著一物，若利若名，若行若止，皆是一物耳。"（《新定杜工部古诗近体诗先后并解》）

另外一个被唐玄宗赐死的版本更加不靠谱。这一说法记载于《杜拾遗补遗》，其中提到杜甫在 770 年被唐玄宗赐死。且不说《新唐书》中明确记载"（甫）数尝寇乱，挺节无所污"，唐玄宗没有理由赐死他。就算李隆基再不讲理，他在 762 年已经去世了，也不可能在八年后诈尸出来再赐死杜甫。

杜甫到底是不是死在耒阳，从他的诗中可以推敲。

杜甫在耒阳困水被救急后，他写了一首长诗感谢聂县令，诗题和正文共一百七十九个字，很难想象杜甫暴食酒肉后，在食物中毒或者患糖尿病并发症的极其痛苦的状态下，又写下这长长的感谢诗。

溺水而死，就更难置信。杜甫在诗的结尾说"问罪消息真，开颜憩亭沼"。作此诗时，杜甫可能已经到了县城，听说杨子琳率将士已经自澧州到达潭州进行平叛。他憩舟亭畔，静待捷音，心情也不错，所以说杜甫暴毙耒阳似说不通。

据考证，杜甫在耒阳遇险后，他又作了《回棹》[150] 和《江阁卧病，走笔寄呈崔卢两侍御》[151] 等七首诗。

在《回棹》诗中，杜甫写道："清思汉水上，凉忆岘山巅。"汉水、岘山都在襄阳附近。从这里可以看出，杜甫从耒阳大水消退后，稍作停留，并没有再继续往南前往郴州，而是转而向北，过衡州、潭州，过洞庭湖，想从岳阳再去襄阳。可能他最想的，还是经襄阳回洛阳老家。

元稹给杜甫写的墓志铭中，有一句"扁舟下荆楚间，竟以寓卒，旅殡岳阳"。假如说杜甫死于耒阳，耒阳离岳阳三百六十多公里，并且中间还隔着一个偌大的洞庭湖，在炎热的夏天，孤儿寡母把杜甫的遗体运到这么远的地方去安葬，手头又没有钱，这似不符合常理。

杜甫还有一首诗《长沙送李十一》："与子避地西康州，洞庭相逢十二秋。"西康州就是同谷县。杜甫于 759 年十月在同谷住过一段时间，与李衔同避于此地。用诗中的"十二秋"来推算，他与李衔相逢在长沙，应该是 770 年的秋天。这也从另一个侧面佐证了杜甫似并没有在 770 年夏天死于耒阳。

杜甫在耒阳遇阻后，写下《回棹》，应是返回潭州，暂居江阁。杜甫晚年的诗就像一张精细的湘江地图，岳阳楼、青草湖、白沙驿、乔口、铜官渚、凿石浦、津口、空灵岸、花石戍、晚洲、方田驿……现在，杜甫停留的地方有的被开发成旅游景点，有的早已废弃、被人遗忘，或者更改了名称，但湘江从来没有忘记过这位老人。它收容了杜甫的苦难和悲悯，也留存下他的漂泊与诗歌。

杜甫记录了一千多年前离乱的时代，记录了自己颠沛流离的一生，却无法记录自己的死亡。目前，杜甫在全国的墓地至少有八处。从杜甫的生活历程看，湖南平江杜甫墓可能是记载最准确的一处墓地①。

---

①《平江县志》认为杜甫墓在平江小田。这是由于杜甫灵柩在大历年间因战乱归葬未成，杜甫的子孙就在平江生活下来。清同治《平江县志》沿袭《嘉庆志》的记载说："唐左拾遗工部员外郎杜甫墓在县南三十里小田。"李元度《杜工部墓考》也认为杜甫墓在平江小田。

绝汗

　　杜甫即将走完他的一生。770 年夏天，他写下《江阁卧病，走笔寄呈崔卢两侍御》[151]，又作《江阁对雨，有怀行营裴二端公》。在江阁卧病期间，他以诗代柬，向友人求助食物。

　　杜甫在潭州作完《暮秋将归秦，留别湖南幕府亲友》，就沿着湘江，踏上经岳阳、去襄阳的归程，有可能途中在小船上病逝。《平江县志》记载，杜甫北归时病重，转入汨罗江往昌江（今平江）求医，途中病逝，葬在平江小田村。现在的平江杜甫墓是 1883 年重修的，在 1984 年国家文物局主编的《中国名胜词典》中被认定为全国唯一杜甫墓葬。

　　杜甫病逝的地方可能在荆楚之间，应该离岳阳不远。《风疾舟中，伏枕书怀三十六韵，奉呈湖南亲友》[152]是杜甫的绝笔。我们根据"郁郁冬炎瘴，濛濛雨滞淫"等诗句判断，杜甫病逝，就在这年冬天。

　　我们探讨了杜甫一生的疾病，那他到底死于什么病，我们能否从他的"病历"中梳理出一点头绪？他的绝笔诗中有没有可供推断的线索？

杜甫在诗题中说"风疾舟中"。"风疾"一般解释有三：指风痹、半身不遂等症，也指麻风病，也指疯病。

在中医里，风疾是一种非常复杂的病，范围也非常广泛。在临床上，这种病经常会出现头痛眩晕、抽搐、痉挛、肢体颤抖、麻木、口眼歪斜、言语不利、步履不稳，甚至出现突然昏厥、不省人事或半身不遂等症状。中医里所说的风疾，很多类似西医所说的心脑血管病的症状。

前面我们已经探讨过杜甫的糖尿病并发症，在夔州时曾经引发过一次轻度脑梗，留下了偏枯、耳聋、眼疾等后遗症。由于血管斑块或者脑血管血栓的形成，也有可能第二次引发脑梗。但脑梗一般是急性发作，发作后可能留有偏瘫、失语、智力减退等后遗症，它的死亡率为百分之五到十五。

假如说杜甫最终死亡是因为脑梗，那应该是急症发作，一发作就会昏迷、休克或者猝死，他不可能大汗淋漓地强撑着作诗。从脑梗的病死率和急性发作这两点上看，可以初步排除，杜甫的死亡是因为糖尿病脑梗或者脑栓塞。

冬天气温低、温差大，会影响血管收缩，引起血管痉挛、血流不畅通，导致心血管供氧不足。冬季肺部疾病加重，同时也增加了心脏负担，容易诱发急性心肌梗死甚至猝死。即便是现在，对于患有高血压、心脏病、脑血管病的人来说，冬季也是"魔鬼时刻"，病情容易加重，或者发生意外死亡。

我们多次提到杜甫的肺结核、肺气肿引发的肺源性心脏病，因为这种病势是缓慢发展，发展到一定程度才会引发死亡。慢性肺心病晚期可以表现为呼吸困难加重，夜间经常头痛失眠、食欲下降，白天嗜睡，甚至出现表情淡漠、神志恍惚的肺性脑病的表现。

杜甫在舟中所说的"风疾"，就是头痛眩晕，是不是由肺心病引发的症状？再有一点，心脏供血不足会导致出汗胸闷，且是大汗淋漓，也就是杜甫诗中所说的"行药病涔涔"。当心力开始衰竭的时候，一般还会伴有烦躁不安、大汗、恐惧或濒死感。从这里推测，肺心病最终也会引起杜甫的心肺功能衰竭，而导致死亡。

江阁卧病，走笔寄呈崔卢两侍御 [151]

客子庖厨薄，江楼枕席清。衰年病只瘦，长夏想为情。

滑忆雕胡饭，香闻锦带羹。溜匙兼暖腹，谁欲致杯罂？

中医中有一种病症叫"绝汗"，又称脱病，即脏气衰绝、精血亡脱，这是病危时阴阳离决的见症之一。《素问·诊要经终论》载："绝汗乃出，出则死矣。"《灵枢·经脉》说："六阳气绝，则阴与阳相离，离则腠理发泄，绝汗乃出。"就是指人已油尽灯枯。浦起龙（1679—1762）评论说，"仇（仇兆鳌）本以是诗为绝笔，玩其气味，酷似将死之言。"

在临床上，冷汗淋漓如水，又称亡阳之汗；热汗黏而如油，又称亡阴之汗。不管是冷汗还是热汗，都会大汗不止，精神萎靡。临床上，一般见于心衰、虚脱的病者。

从中医角度分析，这也从侧面证实了杜甫的死亡不是由于糖尿病脑梗等脑血管疾病，而是心力衰竭所致。

770 年的秋天到冬天，在寒冷潮湿的江面上，杜甫可能就躺在小舟上漂着，无助的他就这样长眠于舟中，享年五十九岁 [①]。杜甫至死也没有实现回到故土的心愿。

杜甫带着遗憾离开人世。这一年，他的朋友岑参罢官后，东归不成，客死成都，享年五十六岁。

杜甫死后，家人无力安葬，只好把灵柩安放在岳阳。813 年，他的孙子杜嗣业把杜甫的遗体迁回老家，安葬在首阳山下。途中经过荆州，遇到诗

---

① 《唐诗鉴赏辞典》收录诗人一百八十二人，可知寿命的八十人，平均寿命五十九岁多一点。寿命最长的诗人贺知章（659—约744）享年八十六岁，寿命最短的诗人王勃（约650—约676）、李贺（790—816）享年二十七岁。

人元稹，他给杜甫写了一篇墓志铭《唐故工部员外郎杜君墓系铭并序》①。文中说："苟以为能所不能，无可不可，则诗人以来，未有如子美者。"

唐代文学家、思想家、哲学家韩愈（768—824）这样评价杜甫："李杜文章在，光焰万丈长。"（《调张籍》）北宋政治家、文学家司马光（1019—1086）说："古人为诗，贵于意在言外，使人思而得之，故言之者无罪，闻之者足戒也。近世诗人惟杜子美最得诗人之体。"（《续诗话》）北宋文学家苏轼说："古今诗人众矣，而杜子美为首，岂非以其流落饥寒，终身不用，而一饭未尝忘君也欤？"（《王定国诗集叙》）南宋诗人陆游说："文章垂世自一事，忠义凛凛令人思。"（《游锦屏山谒少陵祠堂》）

鲁迅先生说："我总觉得陶潜站得稍稍远一点，李白站得稍稍高一点，这也是时代使然。杜甫似乎不是古人，就好像今天还活在我们堆里似的。"②

美国诗人肯尼斯·雷克斯罗斯说："我的诗歌毫无疑问地主要受到杜甫的影响。我认为他是有史以来在史诗和戏剧以外的领域里最伟大的诗人，在某些方面他甚至超过了莎士比亚和荷马，至少他更加自然和亲切。"

南宋理学家、思想家朱熹（1130—1200）评价李白说，李白看到永王李璘起兵，便脑袋一热跟着去了，文人就是没什么脑子。他说白居易假清高，是个官迷："乐天，人多说其清高，其实爱官职，诗中凡及富贵处，皆说得口津津地涎出。"那朱熹又是怎样评价杜甫的呢？他列举在中国历史上可称为"伟大"的五个人：诸葛亮、颜真卿、韩愈、范仲淹、杜甫。朱熹评价说，杜甫光明磊落，在人格层面堪称楷模。

从 768 年春天离开夔州到临终，杜甫漂泊荆湘，其间共留存诗歌一百五十首，其中六十多首提及衰老和疾病。但杜甫从来没有把病单独成

① 杜甫的外祖母是李世民的孙子义阳王李琮的女儿，下嫁到崔氏家，育有二女。一女嫁杜闲，生杜甫，一女嫁郑家，生郑宏之，故杜甫与郑氏子弟如郑虔、郑审、郑潜曜等有姨表亲关系。而元稹母亲是郑家女，外祖父是郑虔之侄，元稹与杜甫是有着姻亲关系的。（《唐代荥阳郑氏家族——世系与婚姻关系考》作者谢思炜 王昕 燕雪平，上海古籍出版社 2019 年）
② 厦门大学中文系编《鲁迅论中国古典文学》，福建人民出版社，1979 年版。

诗，他通常是把疾病或病症掩藏在一句或一联，将病融于诗，而不掩盖漂泊、战争、忧世等主题，仅仅给诗歌披上一层悲剧的色彩。这种融合技巧随手拈来，天衣无缝，不着痕迹。①

风疾舟中，伏枕书怀三十六韵，奉呈湖南亲友 [152]

轩辕休制律，虞舜罢弹琴。尚错雄鸣管，犹伤半死心。

圣贤名古邈，羁旅病年侵。舟泊常依震，湖平早见参。

如闻马融笛，若倚仲宣襟。故国悲寒望，群云惨岁阴。

水乡霾白屋，枫岸叠青岑。郁郁冬炎瘴，濛濛雨滞淫。

鼓迎非祭鬼，弹落似鸮禽。兴尽才无闷，愁来遽不禁。

生涯相汩没，时物自萧森。疑惑尊中弩，淹留冠上簪。

牵裾惊魏帝，投阁为刘歆。狂走终奚适，微才谢所钦。

吾安藜不糁，女贵玉为琛。乌几重重缚，鹑衣寸寸针。

哀伤同庚信，述作异陈琳。十暑岷山葛，三霜楚户砧。

叨陪锦帐座，久放白头吟。反朴时难遇，忘机陆易沉。

应过数粒食，得近四知金。春草封归恨，源花费独寻。

转蓬忧悄悄，行药病涔涔。瘗天追潘岳，持危觅邓林。

蹉跎翻学步，感激在知音。却假苏张舌，高夸周宋镡。

纳流迷浩汗，峻址得欹嵚。城府开清旭，松筠起碧浔。

披颜争倩倩，逸足竞骎骎。朗鉴存愚直，皇天实照临。

公孙仍恃险，侯景未生擒。书信中原阔，干戈北斗深。

畏人千里井，问俗九州箴。战血流依旧，军声动至今。

葛洪尸定解，许靖力还任。家事丹砂诀，无成涕作霖。

① 参见法国汉学家胡若诗（弗洛朗斯·胡·斯德赫克）的《唐诗与病》。

最后让我们再次读一遍杜甫的绝笔，看一下这位传奇老人在临死前的内心世界。

这首诗起联以轩辕休律、虞舜罢琴开篇，喻自己将死；接下来七联，述说疾病缠身，异地思乡；再七联回首为官往事，感叹物是人非；再五联回忆两川、荆湘漂泊，一切富贵荣辱都无法计较，但无愧于心；再五联感叹北归无望，尽管被病魔和贫穷所困，但不愿流于世俗；再四联感谢湖南幕府亲友给予的救助和厚意；再四联表达出对时局的担心和对军阀割据、战乱频发的忧虑；结尾两句寄望亲友在自己死后能够伸出援助之手，给家人以照顾。①

无论哪个时代，对人类命运和生存的思考，都是永远不过时的主题。杜甫的绝笔，是对自身悲苦遭遇、对国家蒙难忧患的挽歌。杜甫一次次被现实碾压揉搓，几乎被逼到绝境，但他内心依然有爱。临死前，他感恩这个世界和曾经帮助过他的人，愧疚自己没有照顾好家人，忧心大唐帝国的未来兴衰。"葛洪尸定解，许靖力还任。家事丹砂诀，无成涕作霖。"杜甫的泪水是为自己的凄凄无助、颠沛奔波而流，为百姓的流离失所、家破人亡而流，为国家的兵革不断、满目疮痍而流。

---

① 仇兆鳌曰："此章起结各四句，前两段各十四句，中两段各十句，后两段各八句。排律整齐，集中类然。"（《杜诗详注》卷二十三）

附：杜甫诗歌索引

索
引

363

索引